JN457627

마음으로 떠나는 그림책 여행 2

마음으로 떠나는 그림책 여행 2

김용찬 지음

학지사

매일 멋진 아들 정엽이와

항상 예쁜 딸 지윤이를 위하여

"누가 나를 위해
그림책을 읽어주는가?"

프롤로그

스토리텔링을 활용한 그림책 수업의 의미

어렸을 적으로 기억한다. 초등학교 2학년 때쯤, 학교에서 돌아온 아들은 책가방을 벗어 던지고 엄마부터 찾는다. 집 안에서 음식을 하던 엄마는 아들을 반갑게 맞이한다. 이때, 얼굴 가득 함박웃음을 지으며 아들이 말한다.

"엄마~ 옛날이야기 해줘요~!!"

엄마는 음식 만드는 손을 놓지 못하고 말씀하신다.

"아들~ 음식 마저 다 하고 들려줄게."

아들은 엄마의 손을 잡고 흔들며 고집을 부린다.

"아잉~ 엄마! 지금, 지그음~!!"

결국 엄마는 만들던 음식을 내려놓고 아들과 바닥에 앉는다. 이때다 싶은 아들은 냉큼 엄마의 무릎에 머리를 대고 누워 버린다. 아들의 머리를 쓰다듬으며 엄마가 옛이야기 한 자락을 들려주신다.

"옛날 옛날에~ 흥부와 놀부가 살고 있었어요……."

다 큰 어른이 된 지금도 그 순간의 느낌과 이야기가 기억난다. 부드러운 엄마의 살결과 머리를 쓰다듬는 엄마의 손길을 느끼면서 행복했던 한때가. 그리고 들려주신 이야기 '흥부와 놀부'. 몇 번을 들어도 좋았던 이야기다. 흥부가 제비 다리를 고쳐줄 때의 고마움과 함께 '얼마나 아플까?' 하는 걱정까지 들었었지. 그리고 놀부가 욕심을 부리다가 도깨비한테 혼이 나는 장면에서는 '까르르' 웃으며 방바닥을 뒹군 기억이 난다. 그 순간의 통쾌함은 아직도 찌릿찌릿하다. 그 후로 그렇게 통쾌한 감정을 느낀 적은 별로 없었던 것 같다. 그래서일까? 이야기가 끝나는 순간, 아들은 최대한 귀여운 표정으로 애교를 부리며 말한다.

"엄마! 또 이야기 해줘!"

"그래! 이번엔 무슨 이야기를 해줄까?"

아들은 씨익 미소를 지으며 말한다.

"흥부와 놀부 이야기~!!"

아들은 그 행복한 순간을 빠져나오기 싫었나 보다. 그래도 좋았던 건 엄마가 계속 흥부와 놀부 이야기를 해주셨다는 거다. 그 당시 아들이 느낀 감정은 이런 것이었다.

'야~ 착하게 살아야겠구나~!!'

권선징악이 무엇인지도 몰랐지만 엄마가 들려준 이야기에서 앞으로 어떻게 살아야 할지에 대한 방향이 자연스럽게 정해졌던 것은, 이야기 한 자락이 나를 설득했기 때문이다. 이것이 스토리텔링의 힘이다.

그리고 나는 지금도 그렇게 살고 있다고 믿는다. 우리 반 급훈이 '착한 어린이'임은 어릴 적 스토리텔링의 힘이 아직도 유효함을 증명해 준다 하겠다. 그런 스토리텔링의 힘을 다른 아이들과 선생님, 부모님에게도 전해 주고 싶은 마음에 펜을 들었다.

그러면, 어떤 도구로 할 것인가. 단언컨대 '그림책'이다. 아이를 키워본 부모님들은 그림책의 매력을 접해 보았을 것이다. 예술적 아름다움과 함께 감성적 공감마저 불러일으키는 그림책의 매력을 말이다.

그림책은 존재의 가벼움에도 불구하고 전 세대를 아우를 수 있는 흡입력이 있다. 아이들만 감동하고 즐기는 것이 아니다. 그림책을 읽는 어른들도 감동하고 눈물을 흘릴 때가 많다. 사람의 내면 깊숙한 곳을 건드리는 그림책의 스토리텔링은 우리들의 마음속 상처를 치유하는 힘을 가지고 있는 것이다.

전 세계 유명한 그림책 작가들의 원화를 소장한 일본 치히로 미술관의 다케사코 유코 부관장은 "그림책은 0세부터 100세까지 누구나 즐길 수 있는 문화이며, 나라와 민족을 넘어 서로를 이해할 수 있도록 돕는 훌륭한 매개체"라고 강조하였다.

그림책은 그림과 글로 작가의 마음을 전하며, 풍부한 감성과 예술적인 섬세함으로 아이들의 마음에 다가간다. 학교에서 벌어지는 여러 가지 문제 상황에서 교사와 학생이 정서적인 교감을 나누는 가장 효과적인 방법 중 하나가 그림책을 활용한 수업이다.

저자는 2005년부터 상황별, 주제별, 영역별로 그림책을 연구하고, 독서동아리 활동(그림책 식구들)을 통해 다양한 그림책을 수업에 적용해 보고 그 치료적 효과를 눈으로 직접 확인하였다.

그림책 수업은 아이들에게 밝고 사랑스러운 꿈과 모험, 희망과 함께 두려움과 방황, 위로의 세계도 느끼게 해주어 아이들 자신이 내면의 상처를 치유하고 다른 사람을 이해할 수 있는 공감능력을 키워 준다.

그림책 수업은 책 속 주인공의 갈등 해결 과정과 결과를 보고 자신의 가족과 친구 관계에서 오는 심리적 갈등 상황을 해결할 수 있는 힘을 길러 준다.

그림책 수업은 그림책에 담겨 있는 다양한 주제와 상황을 통하여 아이들 내면의 힘이 쑥쑥 자랄 수 있도록 도와주는 참된 길잡이가 된다.

이렇듯 아이들의 힘들고 지친 마음을 다독이며 활기차게 성장할 수 있도록 도와주는 게 바로 스토리텔링을 활용한 그림책 수업인 것이다.

이런 이유로 1권에서 아쉽게 담아내지 못했던 그림책들을 2권에 담게 되어 무척 기쁘게 생각한다. 특히 이번 그림책 여행은 예쁜 딸을 낳은 1권의 공저자였던 김숙영 선생님을 두고 혼자 떠난 여행이라 기대와 함께 걱정도 섞인 여행이었다. 하지만 그렇기에 부담없이 하고 싶은 이야기를 더 할 수 있었던 것도 사실이다.

2권이 1권과 다른 점이 있다면, 독후활동의 사진 자료와 활동지를 지양하고 그림책을 만난 과정과 아이들과 나눈 이야기에 중점을 두었다는 것이다. 독후활동의 자세한 안내는 독자들이 자신만의 방법으로 그림책을 아이들에게 적용하는 데 방해가 될 수도 있겠다는 생각에, 최소한의 안내만 두었다. 그러므로 이번 2권을 통해 독자들이 더욱 다양한 방법으로 독후활동을 즐기기를 희망해 본다.

한 번 더 강조하지만, 교육은 어떤 형태로든 '의도'를 가지고 해야 한다. 또한 스토리텔링을 활용한 그림책 수업이 빛을 보는 건 우리 아이들에게 적용했을 때이다. 학교에서는 그림책 수업으로, 가정에서는 그림책 읽어 주기로 아이들 마음에 감동의 흔들림을 전해 주길 바란다.

그림책 여행 계획

CONTENTS

프롤로그 - 스토리텔링을 활용한 그림책 수업의 의미 • 6

part 1 나와 가족의 일상 속으로

세상에 이런 아이가 있을까? 『리디아의 정원』 • 16

스토리텔링의 힘은 치유다!! 『피터 래빗 이야기』 • 25

이렇게 살지는 말자~!! 『행복한 우리 가족』 • 33

세상 일은 마음먹기에 달렸다 『엄마를 화나게 하는 10가지 방법』 • 41

이렇게 통쾌하신 엄마가 있다니~!! 『도깨비를 빨아 버린 우리 엄마』 • 46

아무도 나를 방해하지 마. 하지만…… 『무엇이든 삼켜버리는 마법상자』 • 54

우리 엄마 안 오? 『엄마 마중』 • 61

자연의 숨겨진 비밀을 찾아서! 『동강의 아이들』 • 76

part 2 내 친구들의 세계 속으로

어린이의 속마음을 알고 있나요? 『친구를 데려가도 될까요?』 • 84

부모님의 사랑 표현 방법 하나 『안녕, 친구야』 • 91

너는 어떻게 생각해? 『사랑과 사랑』 • 99

교실에서 일어날 수 있는 일 『방귀 만세』 • 111

너에게 일어날지도 모를 일 『윌리와 악당 벌렁코』 • 120

어떻게…… 그럴 수 있어? 『어느 개 이야기』 • 127

그 속에서 놀던 때가 그립습니다 『고향의 봄』 • 133

part 3 우리들 마음속으로

나를 사랑한다는 것은 멋진 일이야~!! 『난 내가 좋아!』 • 144

하늘땅 별땅 각기별땅~!! 『빨간 매미』 • 150

내 행동의 이유는 무엇이었을까? 『고릴라 왕과 대포』 • 159

나에게 '새로운' 그림책이 다가왔다 『줄무늬가 생겼어요』 • 166

우연이 필연으로 느껴진다는 건 이런 거야~!! 『다이빙을 사랑한 한국인 소년 새미 리』 • 174

나만의 스승님은 계셨던 걸까? 『고마워요, 선생님!』 • 181

긍정의 힘, 칭찬의 힘 『괜찮아』 • 191

part 4 신나는 상상 속으로

종합 엔터테인먼트란 이런 것? 블록버스터급 그림책 출현~!! 『어떤 목욕탕이 좋아?』 • 200

글 없는 그림책 RE-ZOOM으로 시각 여행을 떠나자 『이게 다일까?』 • 207

자전거 주인을 상상해 봐! 『누구 자전거일까?』 • 213

엄마를 잡아먹어 버릴 거야! 『괴물들이 사는 나라』 • 219

어렸을 때 무언가에 빠져 본 사람은 행복하다 『낱말 수집가 맥스』 • 229

너도 상상을 해봐~!! 『이상한 화요일』 • 235

글쓰기 소재가 필요해? 『해리스 버딕의 미스터리』 • 241

평범한 사람 vs 비범한 사람 『파란 의자』 • 248
그림책, 3D로 튀어나오다~! 『이상한 나라의 앨리스』 • 256
세종대왕님도 감탄할 한글 자음의 상상력~!! 『움직이는 ㄱㄴㄷ 』 • 263
우째 이런 문제가? 『세상에서 가장 아름다운 달걀』 • 271

part 5 또 다른 세상 속으로

호랑이 굴에 들어가도 정신만 차리면 된다! 『호랑이 뱃속 잔치』 • 284
마음을 곱게 써야 하는 이유 『똥벼락』 • 298
우리는 정말 환경을 보호하고 있을까? 『숲을 그냥 내버려 둬!』 • 307
진실의 힘 – 꿈꾸는 자와 이루는 자 『쌍둥이 빌딩 사이를 걸어간 남자』 • 314
귀신이 도와주겠다고 한다면, 어떻게 할래? 『어리석은 농부와 귀신들의 합창』 • 322
침묵을 지킬 수는 없었니? 『마지막 거인』 • 330
옛날 옛날 먼 옛날에~ 『샌지와 빵집 주인』 • 336
마음속에 큰 뜻을 품었으면, 이제 펼쳐봐! 『줄줄이 꿴 호랑이』 • 344
아껴 두던 숀 탠의 '도착'을 읽는다 『도착』 • 353

part 6 그림책의 비밀 속으로

그림책의 한계 – 넘어서는 영화 • 362
숨겨진 이야기 – 작가의 장치 • 365
그림책의 향신료 – 음악 • 369
번역의 재미 – 그 통쾌함과 불쾌함 • 372
독자의 판단 – 지극히 주관적인 좋은 그림책과 나쁜 그림책 • 380

부록 교사를 위한 도서관 독서캠프

여름 독서캠프: 환경 • 386
겨울 독서캠프: 스토리텔링 • 397
또 다른 독서캠프: 관찰력 & 상상력 • 409

그림책 읽기에 도움이 되는 책들 • 417
그림책 수업에 좋은 영역별, 주제별, 대상별 그림책 목록 • 419
에필로그 – 그림책은 철학책이다 • 425
책을 읽고 흔들림을 적다 • 428

part 1 나와 가족의 일상 수다

세상에 이런 아이가 있을까?

리디아의 정원
데이비드 스몰 그림
사라 스튜어트 글
이복희 옮김
시공주니어

주제 사람을 기쁘게 해주는 사람 또한, 행복하다!
대상 현재의 자리에서 최선을 다하고 싶은 친구들

마음의 흔들림

몇 년 전 학교 도서관에서 최윤정의 『그림책』이란 책을 읽었다. 그림책 평론집 형태로 이루어진 것이었는데, 첫 번째 텍스트로 『리디아의 정원』을 다루었다. 그 당시 나는 그 그림책을 읽지 않은 상태였다.

'잘 됐네, 리디아의 정원을 자세히 속삭여줄 글을 먼저 읽고 그림책을 읽으면, 또 얼마나 재미있을까?'

어떤 책을 만나게 되는 인연은 우연에서부터 시작됨을 느끼면서 이 평론집을 읽어나갔다. 그런데……. 점점 이상했다. 아니, 주인공이 현실적이지 않다고 해야 할까. 책에 나온 리디아의 행동과 마음 씀씀이는 어린아이의 그것이 아니었다. 남을 배려하는 넓은 마음, 가족을 사랑하고 자신을 사랑하는 올곧은 자세, 힘든 현실을 당당히 마주하는 용기 있는 태도, 웃음을 잃지 않는 긍정적인 정신, 희망을 놓지 않는 듬직한 믿음……. 그 무엇 하나 올바르지 않

은 구석이 없는 아이가 리디아였다! '세상에 이런 아이가 있을까?' 그런 의구심이 먼저 든 게 나의 솔직한 감정이었다. 도무지 현실감이 없는 주인공이라니. 하지만 『그림책』의 첫 번째 텍스트로 선정된 이유가 있을 것이다. 그만큼 훌륭한 작품임을 말해 주고 싶어서이지 않았을까. 그런 생각은 글을 다 읽었을 때 확실하게 느껴졌다. 왜냐하면 원작도 안 읽은 내가 평론만으로 감동의 눈물을 흘렸기 때문이다.

'도대체 얘는 어떤 아이야? 어떻게 이렇게 밝을 수가 있지? 너무 만나고 싶다. 리디아!!'

하지만 좋은 일일수록 뜸을 들이는 것도 필요하다. 그래서 난 이런 감동을 하루 묵혀 두기로 했다. 다음 날 만날 리디아의 모습을 상상하면서!

여러분도 만약 『리디아의 정원』을 만나고 싶다면, 먼저 최윤정의 『그림책』을 꼭 찾아 읽기를 바란다. 명작을 만난다는 준비로서, 마음가짐을 차분히 하는 것도 필요한 것 같아서 말이다.

책 속으로 풍덩~!!

이 그림책은 1935년에서 1936년 사이에 일어난 가상의 이야기를 담았다. 그 당시의 미국은 어떤 해였을까? 1929년에 일어난 대공황의 여파가 있던 시대였다. 국가적으론 경기침체가 일어나고 모든 주가가 폭락한 혼돈의 시대, 우리나라로 치면 IMF가 발생한 1997년보다 더욱 안 좋은 시절이었다. 개인적으론 부모님이 실직하여 먹고 살기 힘들었던 시대가 이 그림책의 배경이 된다. 이러한 배경에 대해 아이들과 이야기 나누는 시간을 가진 후에 그림책을 꺼낸다.

표지를 보면 붉은 벽돌의 건물 옥상에 한 여자아이가 서 있다. 한 손에는 해바라기가 핀 화분을 들고, 다른 한 손에는 꽃삽을 들고 말이다. "어? 선생님! 여자아이가 마치 자유의 여신상 같아요!" "어라? 정말 그러네? 하하. 그럼 자유의 여신상은 어느 나라에 있더라?" "미국이요, 미국!" 리디아가 사는 나라를 알리기에 좋은 질문을 한 아이가 고마웠다. "그럼 리디아의 정원 속으로 들어가 볼까요?" 하며 책을 보여 준다.

한 장을 넘기면 온통 초록의 뜰이 그려진 앞면지가 나타난다. 아무런 설명도 없다. 보통의 앞면지는 의미 없는 패턴의 그림도 그려져 있지만 깊이 생각해 보면 그림책 본문과 굉장한 연관성을 가지고 있다. 영화로 치면 '프리퀄(prequel)' 부분으로, 앞으로 일어날 일의 시작점을 알리는 중요한 장면인 것이다. 그곳에 리디아가 할머니와 있다. 무릎을 꿇은 리디아가 할머니에게 토마토를 바치는 듯한 모습이 흥미롭다. 뭔가 섬세한 농부의 냄새가 난다.

또 한 장을 넘기면 양면을 넓게 활용한 속표지가 나온다. 이 장면에도 이야기가 흐른다. 자세히 보면 언덕 아래의 뜰에서 할머니와 리디아가 올라오고 있고, 오른쪽의 집 앞에 아빠와 엄마로 보이는 분들이 심각하게 서 있다. 그리고 이어지는 장면에는 설명글 대신 편지글이 실려 있다. 이 부분이 특이하다.

"어, 선생님! 이 책은 편지글로 되어 있나요?" "그래요, 잘 보았네요. 이 그림책의 큰 특징은 모든 글이 리디아의 편지로 이루어져 있다는 것이에요." '오호~ 신기하다'는 듯이 아이들이 눈망울을 굴리며 쳐다본다. (보통 그림책 수업을 할 때는 그림에 집중할 수 있게 글 부분을 지워서 보여 준다. 하지만 이 책만은 글자를 지우지 않았다. 오히려 아이들한테 보여 줘야 하기 때문이다. 리디아의 마음이 담긴 편지글을.) 그러면 나는 남자아이들에게 양해를 구하고 편지글을 소리내어 읽어줄 여자아이들을 뽑는다. 한 명이 하나의 편지를 읽는 방식으로 수업을 진행한다. 읽는 아이는 더욱 감정이입이 잘되는 표정이다.

상황 설명이 없어도, 리디아의 편지를 읽으면 알 수 있다. 부모님이 일자리를 구하고 집안 형편이 나아질 때까지 '짐'이라는 외삼촌네에 가서 살아야 한다는 것을. 하지만 편지 안에는 씩씩한 리디아의 성격이 그대로 묻어나 있다. 그리고 펼쳐진 그림에는 할머니와 함께 짐을 싸는 리디아의 모습이 보인다. "아, 안됐다……." 누군가 작게 한마디 한다. 그리고 조용해진 교실. 감정이입이 시작되려나 보다.

리디아는 기차역에서도 편지를 쓴다. 외삼촌에게 자기를 알리는 편지. 원예는 꽤 알지만, 빵은 전혀 못 만든다는 이야기. 그리고 그곳에 꽃씨를 심을 만한 데가 있는지도 궁금해한다. "이 편지를 읽어 보니 어때요?" 물어보면, "리디아가 씩씩해요!"라거나, "자기가 할 일을 찾아서 하려는 모습이 보여요." 한다. 아무래도 리디아란 아이, 호감형인 것 같다. (그림엔 시골 기차역에 있는

가족의 모습이 덩그러니 놓여 있다. 앉아서 손을 잡아 주는 할머니와, 등을 돌리고 괴로워하는 아빠의 모습이 애절하다. 그 옆에 있는 강아지도 서운한지 무표정이다.)

기차 안에서 리디아는 엄마, 아빠, 할머니께 편지를 쓴다. 모두에게 사랑을 담은 감사의 편지. "선생님! 리디아 혼자 가요?" 아이들이 깜짝 놀라는 눈치다. 그러면서도 리디아의 용기에 감동했나 보다. 감정이입 2단계 돌입. (기차에 앉아 있는 리디아의 머리 위로 각종 꽃씨를 담은 봉투가 떨어지고 있다. 그것이 불안한 장면에 미소를 얹어 준다. 기차 안은 초록이다.)

다음 장면은 온통 검은색만 있는 도시의 기차역. 그 삭막함을 표현하려 했는지 사람들의 모습도 전부 검은 형체로만 슬쩍 그려져 있다. 저 아래 한구석에 리디아만 밝은 색으로 남은 채. 이 장면만큼 우리의 마음을 졸이게 하는 것도 없는 것 같다. 아이들의 탄식이 간간이 삐져나온다.

드디어 도착한 외삼촌의 집. 아이들은 이미 외삼촌이 빵집을 할 줄 알았다는 듯이 말한다. 두 번째 편지에서 감 잡았다고! 편지글 여기저기에 다양한 정보가 있음을 아이들도 눈치챘나 보다.

여기서도 편지를 쓴다. 무뚝뚝하게 택시기사에게 차비를 건네는 외삼촌보다도 집의 구조와 화분이 먼저 눈에 들어오는 리디아. 얼마나 긍정적인 마음을 가지고 희망적인 미래를 구상하는지 편지를 보면 다 알 수 있다. 글은 그 사람의 성향을 나타내니까. (약간 황량한, 흙바람이 부는 길거리와 건물들의 모습은 아직도 불안을 내포하고 있는 듯하다.)

그리고 시작된 새로운 곳에서의 생활! 우리의 리디아는 새로운 이웃을 만나고, 빵 반죽하는 걸 배우고, 긴 시를 써서 외삼촌께 드리고, 고양이랑 친구가 된다. 그렇게 6개월이 흐르던(편지의 날짜를 계산해 보면) 어느 날, 멋진 비밀 장소를 발견한다! 바로 건물의 옥상이다. 그곳에 올라선 리디아가 본 것은 더러운 공간이었지만, 리디아의 작은 미소는 이미 아름다운 정원을 향하고 있음을 알 수 있다! 게다가 외삼촌을 깜짝 놀라게 할 '어마어마한 음모'를 꾸미면서 말이다.

할머니가 보내 준 흙이 쏟아질 때 당황한 리디아의 모습은 순진한 아이의 모습 그대로였다. 심성이 곱고 철이 들었지만 역시 아이는 아이인가 보다. 그 모습이 더욱 사랑스럽다~!!

드디어 '어마어마한 음모'가 밝혀지고, 감동한 외삼촌의 모습과 행복한 결말이 기다리고 있는데 여기에서 다 다루진 않겠다. 아이들은 기차역에서 헤어지는 외삼촌이 리디아를 꼭 껴안았을 때 흐뭇한 감동을 느꼈다고 한다. 이렇게 사랑스러운 아이가 우리에게 준 행복 바이러스는 평생 치유되지 않을 것 같다. 아, 생각만 해도 흐뭇한 눈물이 난다. 왜…….

쓰고 보니 너무 길어졌다. 나도 그만큼 깊은 감동을 받았나 보다. 집으로 돌아간 리디아는 어떻게 생활하고 있을까? 뒷면지를 보면 한 번 더 웃게 될 것이다! 그래서 우리반 교실에는 뒷면지를 코팅해서 붙여둔 액자가 있다. 보면 볼수록 행복해지는 장면이니까~!!

맨 마지막에는 책의 앞표지와 뒤표지를 활짝 펼쳐 보여 주자. 아이들의 감탄 소리와 함께 리디아의 정원으로 올라가는 계단이 입체처럼 나타날 테니!

함께 해보기

❶ 우리 반 친구들의 잘하는 점 찾아보기

아이들마다 자신이 잘하는 일이 있다. 공부나 축구, 미술 같은 커다란 장점이 아니라 작지만 내가 뿌듯하게 해낼 수 있는 일, 그 일을 하는 순간마다 즐거움을 느낄 수 있는 일들 말이다. 리디아처럼 꽃을 잘 키운다거나, 정리정돈을 잘하는 아이, 연필을 예쁘게 깎을 수 있는 아이, 옷맵시가 잘 드러나게 입는 아이, 웃음이 상큼한 아이, 레고 놀이를 즐기는 아이, 우리 아들처럼 전과 만화를 오려서 작은 책을 만들며 노는 아이들을 찾아보자. 자신이 모르는 장점이 있기에 친구들의 관찰과 발표가 더욱 필요하고, 인정을 받을 수 있는 의미 있는 시간이 된다.

"그럼, 선생님의 작은 장점은 뭐예요?" 물어볼 만하다. 엄청난 대답이 쏟아져 나오니, 마음 단단히 먹고 물어보시라~!!

Tip

글을 쓴 사라 스튜어트와 그림을 그린 데이비드 스몰은 부부 사이다. 그들이 함께 만든 작품으로는 『도서관』이 있다.
작품으로서 완성도와 만족도가 가장 높은 경우는 작가가 글과 그림을 혼자 할 때다. 작가의 상상력이 온전히 통일되게 그려질 테니까. 하지만 『리디아의 정원』은 '그럼에도 불구하고' 높은 완성도와 감동으로 칼데콧 아너 상을 수상했다. 그만큼 부부 사이의 공감과 소통이 잘 이루어졌다는 뜻이 아닐까 한다.
이렇듯 그림책 세계에서는 두 작가가 협동하여, 마치 한 사람이 만든 듯한 그림책들이 있다. 우리나라에는 '지원이와 병관이' 시리즈의 고대영(글), 김영진(그림) 작가가 있고, 외국에는 '마녀 위니' 시리즈의 코키 폴(그림), 밸러리 토머스(글) 작가와 '패러디 형식 그림책'으로 유명한 존 세스카(글), 레인 스미스(그림) 작가 등이 있다. 통일된 완성도를 맛보시기에 좋은 명작들이다.
또한 작가의 삶을 들여다보면 그 작품을 더 깊이 있게 느낄 수 있다. 그림 작가인 데이비드 스몰이 자신의 삶을 만화로 그린 책이 있다. 『바늘땀』. 관심 있는 사람은 꼭 한번 읽어보길 권한다. 그렇게 아름다운 그림을 그린 사람의 어린 시절이 암흑 같았다면 믿으시겠는가. 역시 모든 일은 마음먹기에 달린 것이다. 리디아처럼!!

『심야 식당』이란 만화책을 보면 '어제의 카레'라는 메뉴가 나온다. 어렸을 적 많이 먹어 봤을 어제 만든 카레. 냉장고에서 하룻밤 숙성된 카레의 맛은 아는 사람은 안다. 또 하나, 나는 집에서 떡볶이를 잘 만들어 먹었는데 일부러 많이 만들어서 절반은 남겨 둔다. 하루 동안 숙성된 떡볶이를 다음 날 먹는 재미는~ 음, 나만 아는 건 아니겠지? 그림책도 마찬가지란 얘기를 하고 싶었다!

함께읽기

『도서관』(사라 스튜어트 글 / 데이비드 스몰 그림 / 지혜연 옮김 / 시공주니어)
『괜찮아』(최숙희 글·그림 / 한림출판사)
『바늘땀』(데이비드 스몰 글·그림 / 이예원 옮김 / 미메시스)
『마녀 위니』(코키 폴 그림 / 밸러리 토머스 글 / 김중철 옮김 / 비룡소)
『수학의 저주』(존 세스카 글 / 레인 스미스 그림 / 여태경 옮김 / 시공주니어)
『존 버닝햄』(존 버닝햄 글·그림 / 엄혜숙 옮김 / 비룡소)
『앤서니 브라운 나의 상상 미술관』(앤서니 브라운, 조 브라운 지음 / 홍연미 옮김 / 웅진주니어)

스토리텔링의 힘은 치유다!!

피터 래빗 이야기
베아트릭스 포터 글·그림
신지식, 김서정 옮김
한국프뢰벨주식회사

주제 어린 시절의 장난도 추억이 된다.
대상 천진한 말썽꾸러기 친구들

마음의 흔들림

그림책의 역사로 본다면 영국이 유럽의 그림책 세계에 끼친 영향력은 지대하다. 섬세한 목판화로 이루어진 그림책은 유럽의 아이들 마음을 흔들기에 부족함이 없었다. 게다가 천재적인 그림책 작가가 세 명이나 동시에 나타난 시기의 영국은 아이들에겐 천국이었을 것이다. 영국의 3대 그림책 작가인 월터 크레인, 렌돌프 칼데콧, 케이트 그린어웨이가 이끈 그림책의 황금시대는 아이들 마음에 한 걸음 더 가까이 들어갈 수 있는 계기가 되었다. 또 하나, 그들을 후원하고 편집을 도와준 걸출한 출판인 에드먼드 에번스(Edmund Evans, 1826~1910)가 아니었다면 3대 그림책 작가는 발굴되지 못했을 것이다. 그들의 안목을 먼저 들여다보는 안목을 가진 사람. 이 모든 것이 맞아떨어진 시대의 아이들은 얼마나 행복했을까.

지금도 '영국' 하면 떠오르는 그림책 캐릭터들이 있다. '곰돌이 푸우'와

'피터 래빗'. 하지만 전 세계 어린이의 사랑을 받은 주인공들은 나중에 다른 길을 걷는다. 푸우는 미국의 디즈니에 그 판권이 팔려서 상업용 애니메이션으로 재탄생된다. 그래서 더욱 알려졌으니 나쁘다는 뜻은 아니다. 하지만 그림책의 순수성을 어느 정도 빼앗긴 건 사실이다. 그림책을 사랑하는 사람으로서는 아쉬운 대목이다. 그럼 피터 래빗은 어떻게 되었을까? 1902년에 출판된 『피터 래빗 이야기』는 최초로 저작권의 보호를 받는 캐릭터가 되었고, 전 세계 25개국의 언어로 번역되어 1억 부 이상 판매되었다. 또한 작가인 포터는 책의 인세 수입을 내셔널 트러스트라는 자연보호단체에 기부함으로써 자연의 보전과 보호를 몸소 실천하게 된다.

상업적으로 팔지 않은 덕분에 우리는 피터를 그림책으로 만날 수 있고, 포터가 살았던 레이크랜드의 넓은 녹지대에는 아직도 피터 래빗 시리즈 속의 주인공들이 살고 있다. 나중에 영국을 여행하게 된다면, 그곳에 발을 들여놓는 순간, 마음의 치유를 느낄 것 같다. 생각만으로도 치유가 되는 기분이다.

그럼 베아트릭스 포터가 그림책을 그리게 된 사연을 만나 보자. 그 당시 포터의 가정교사의 아들 노엘이 아팠다. 포터는 아픈 노엘을 위해 편지를 쓰기 시작했고, 집에서 키우던 토끼를 주인공으로 '피터 래빗 이야기'를 들려주었다. 편지지에는 물론 예쁜 토끼들을 그려 넣었고! 그러던 것이 쌓여 출판인과 연결이 되고 드디어 책으로까지 출간된 것이다. 이 얼마나 순수한 출발인가? 진심이 담긴 스토리텔링으로 만들어진 피터 래빗 이야기는 노엘도 치료하고 전 세계 어린이들의 마음도 치유해 주었다. 더불어 그림책을 읽어 주는 모든 부모님의 마음도 말랑말랑하게 쓰다듬어 준다.

스토리텔링의 힘은 치유인 것이다!!

책속으로 풍덩~!!

가로, 세로가 한 뼘 정도 되는 작은 책. 표지는 온통 흰색 바탕이다. 그 안에 주인공 피터가 있다. 파란 윗도리를 입고 어디론가 달려가는 피터. 책의 네 귀퉁이에는 연파랑의 꽃줄기가 그려져 있다.

한 장을 넘겨보자. 세상에서 가장 아름다운 면지가 나올 것이다. 나는 이 면지를 사랑한다. 이야기 속 주인공들이 한 자리에 모여 훌륭한 테두리를 완성한다. 자세히 보면 주인공들의 이름이 새겨져 있다. 우리의 피터 래빗은 오른쪽 면지 아래에 자리를 잡았다. 그의 둘도 없는 말썽쟁이 친구 벤자민 버니는 왼쪽 면지 끝에 있다. 그리고 이름만 들어도 안타까움이 묻어나는 제미마 퍼들덕이 벤자민 위에 있다. 제레미 피셔(개구리), 티기 윙클(고슴도치), 톰 키튼(고양이) 등 숲 속 친구들이 모두 나와 있다. 그리고 비어 있는 가운데 공간, 그곳 아래에 두 가지 물건이 놓여 있다. 무엇일까? 왼쪽 면지에는 보자기가 있다. 누가 흘리고 간 것일까? 오른쪽에는 접시 위에 맛있는 케이크가 있다. 그걸 바라보는 동물들의 표정이 귀엽다.

한 장을 또 넘기면 속표지보다 먼저 나오는 그림 하나. 자그마한 나무 침대 위에 어린 토끼가 이불을 뒤집어쓰고 있다. 옆에서는 인자한 표정으로 무언

가를 먹이려는 엄마 토끼. 아무래도 컵 속에 약이 들어 있는 듯하다. 이 장면은 무얼 말하려고 한 것일까? 앞으로 일어날 일의 작은 단서를 주는 것이다. 그러한 기대를 갖고 책 속으로 들어가 보자.

"옛날에 꼬마 토끼 네 마리가 있었습니다. 토끼들의 이름은 플롭시, 몹시, 코튼테일 그리고 또 한 마리는 피터였습니다."

아, 형제들이 있구나. 사형제 중 막내인가? "옛날에~"로 시작되는 친절한 말투로 이야기가 시작된다. 엄마와 함께 사는 토끼 가족. 아빠의 존재가 궁금할 우리를 위해 더욱 친절히 말해 준다.

"들판이나 울타리 사잇길에서는 얼마든지 놀아도 되지만 맥그리거 씨네 정원 안으로는 절대 들어가지 말거라. 너희 아버지도 그곳에서 사고를 당하셨잖니. (붙잡혀서 맥그리거 씨 부인이 만든 요리 속에 들어가는 신세가 되어 버렸어요.)"

아, 아! 그랬구나. 특히 괄호 안에 쓴 설명은 아이들에게 웃음을 자아내게 한다. (처음 읽는 어른은 너무 잔인한 것이 아닌가 고민하지만, 아이들은 대수롭지 않게 받아들인다. 의인화된 토끼 가족이지만 현실적인 상황도 겹쳐지는 것이 아이들에겐 더욱 현실감을 일깨워 주는 장치가 된 것이다.)

세 토끼들에겐 빨간 윗도리를 입히고, 피터에겐 파란 윗도리를 입힌 부분도 재미있지만, 꼼꼼히 단추를 채워 주는 엄마의 사랑도 보인다. 그리고 숲으로 가는 엄마의 모습은 영락없이 '빨간 모자 이야기'가 된다. 보는 아이들한테 자꾸 무언가를 연상시켜 주는 장면들이 재미있다.

그럼 꼬마 토끼들은 어디를 갔을까? 착한 꼬마 토끼들은 산딸기를 따러 울타리 사잇길로 갔다. 하지만 말썽쟁이에 장난꾸러기인 피터는 곧장 맥그리거 씨네 정원으로 달려간다. 역시!! 보는 사람의 기대(?)를 저버리지 않는다. 허허. 가장 먼저 당근을 집어먹고, 싱싱한 무도 조금 맛보는 피터. 내 어렸을 적 모습과 겹치는 이 장면이 너무나 재미있다. 보는 내내 미소가 피어난다. '이 장면, 스캔해서 책상 위에 놓고 싶네~!'

어슬렁거리던 피터는 누구를 만났을까? 그래, 맥그리거 씨를 만난 거다! 두 눈이 마주친 순간, 피터의 뒷모습이 굳어버린 느낌이다. 고래고래 소리를 치는 맥그리거 씨를 피해 피터는 무작정 도망간다. 울타리 문으로 가는 길이 생각나지 않아, 정원 안을 뱅글뱅글 돌다 양배추 밭에 신발 한 짝, 감자 밭에 신발 한 짝을 잃어 버린다. 그게 문제인가? 맨발로 마구 뛰던 피터는 그만 그물에 걸리고 만다. 윗도리의 금단추가 말썽인 것이다. 이제는 다 틀렸다 생각된 피터는 굵은 눈물방울을 뚝뚝 흘린다. 그때 착한 참새들이 기운 내라고 위로해 주는 장면은 재미도 있지만 안타깝기도 하다. 맥그리거 씨한테 잡히는 순간, 피터는 윗도리를 벗어던지고 도망가 버린다. '아, 다행이다.'

그 후로도 이곳저곳에 숨으려는 피터의 노력은 계속되고, 보는 우리들의 손엔 땀이 난다. 화분을 뒤엎으며 창문으로 빠져나가는 모습엔 스릴까지 느껴진다. 다른 문을 찾았지만 잠겨 있어서 피터는 울고 만다. '엄마 말을 안 들은 게 얼마나 후회가 될까?' 아마 그런 생각으로 울고 있는 듯하다.

연못 앞의 하얀 고양이를 보고는 '말을 걸지 말고 그냥 지나가는 게 낫겠다.'고 직감적으로 느낀 피터. 그 위험한 순간에도 정신을 차린 것이다. 힘든 여정을 거치고 무사히 울타리 문 밑으로 기어 나온 피터는 한 번도 뒤돌아보지 않고 집으로 달린다. 집에 오자마자 발랑 드러누운 피터와 그 모습을 보며 '옷을 또 어디다 두고 왔을까' 생각하는 엄마 토끼. 여느 집의 풍경과 다름없어 보인다.

그날 저녁 엄마는 피터를 위해 몸에 좋은, 그러나 쓰디쓴 족제비쑥차를 끓였다. “자기 전에 꼭 한 숟가락 마셔야 한다!”라는 말과 함께. 아하! 이제야 속표지 앞의 장면이 떠오른다. 이런 결론으로 끝날 것을 미리 알려준 것이구나.

무사히 돌아와서 다행인 피터 래빗의 이야기는 아이들에게 엄청난 모험을 보여 준 것이다. 그 흥분과 스릴은 보는 내내 아이들이 즐기기에 충분했다. 그러면 책을 다 읽은 아이들은 어떤 생각을 할까? 묻지 말자. 스스로 생각하게 놔두자. 어른의 간섭으로 그림책의 효과를 깎아먹는다면 읽어 준 보람이 없지 않은가. 엄마의 말씀을 잘 들어야겠다거나, 말썽을 부리면 벌을 받는다거나 하는 걸 기대하며 묻지 말자. 그냥 아이들이 느끼게 두어야 한다. 그만큼 충분한 모험을 한 것이니까! 뭐, 엄마 토끼처럼 따뜻한 우유 한 잔이나 핫초코 한 잔을 주는 것도 좋겠지만.

주인공이 말썽쟁이인 이유는 무엇일까? 아이들은 말썽을 부리는 것이 당연한 존재다. 어린 시절의 말썽들이 나중에 추억으로 남는 것을 아는 작가는 우리에게 어린 시절의 추억을 일깨워 주고 싶던 것이 아닐까? 생각만 해도 흐뭇해지는 독서는 인생을 풍요롭게 해주니까~!!

함께 해보기

❶ 책읽기의 완성 단계 경험하기

책읽기는 ‘읽는 것’만으로 끝나지 않는다. 책을 읽고 토론하고, 다시 글을 쓸 때 책읽기의 모든 과정이 완성된다. – 〈호모부커스〉

그렇다. 좀 더 큰 아이들과 독서 후에 이야기를 나누고 싶다면 이렇게 하자. 아이들과 함께 책을 읽었는가? 그럼 서로 토론하라. 그리고 생각이 뚜렷해졌다면 그것을 글로 쓰라. 책을 읽은 후의 감동을 고스란히 녹여내려면 서로 이야기하고 생각을 차분히 정리하는 시간이 필요하다. 그 후에 이루어지는 글쓰기는 마음의 흔들림이 고스란히 남아 있는 '진정성' 있는 글이 될 것이다.

Tip

마음이 아픈 건, 더 이상 큰 판본의 피터 래빗 시리즈를 구할 수 없는 우리나라의 현실이다. 절판된 것이다. 그럼 나는 어떻게 구했을까? 『피라니아 이야기』란 책에 보면 이런 구절이 나온다. '당신의 인생에서 필요한 것이 있다면, 요구하라.' 그래서 나는 나에게 요구했다. "어떻게 해서든지 피터 래빗 시리즈를 구하라고!" 결론부터 이야기하면 시리즈를 두 세트(1996년판, 1999년판)나 구했다. 방법은 이랬다. 첫째, 친척들을 돌아보면 아이가 많이 큰 친척이 있기 마련이다. 어렸을 때 봤던 그림책들을 더 이상 안 볼 나이가 된 친척들의 집을 방문하여 인심 쓰듯이 말한다. "누나, 저 책 내가 치워 줄까? 우리 아이한테 보여 줘도 좋고, 집도 깨끗이 정리돼서 좋잖아!" 둘째, 직장에서 동료들에게 메시지를 보낸다. '집에서 더 이상 보지 않는 그림책이나 그림책 세트가 있으신 분들은 연락주세요. 제가 예쁜 선물로 바꾸어 드립니다!' 하고 말이다. 좀 더 구체적인 설득을 하고 싶다면, 바꿀 선물들 목록(축구공, 책, 학용품 등 그 자녀의 나이에 맞는 선물)을 보내주는 센스!
언제든 구할 수 있는 물건으로, 더 이상 구할 수 없는 물건을 얻는다는 것은 매력적인 물물교환이다~!!

함께 읽기

『벤자민 버니 이야기』(베아트릭스 포터 글·그림 / 신지식, 김서정 옮김 / 한국프뢰벨주식회사)
『제미마 퍼들덕 이야기』(베아트릭스 포터 글·그림 / 신지식, 김서정 옮김 / 한국프뢰벨

주식회사)
『글로스터의 재봉사』(베아트릭스 포터 글·그림 / 신지식, 김서정 옮김 / 한국프뢰벨주식회사)
『베아트릭스 포터의 집 : 피터 래빗의 어머니』(수전 데니어 글 / 강수정 옮김 / 갈라파고스)

이렇게 살지는 말자~!!

행복한 우리 가족
한성옥 글·그림
문학동네

주제 분노하라~!!
대상 가짜 인생으로 살기 싫은 사람들

마음의 흔들림

글과 그림이 다르게 진행되는 그림책들이 있다. 글은 분명히 한가로운 산책을 말하고 있지만 그림은 위험천만한 상황들을 늘어놓는다거나, 글만 보면 따분한 하루 일과가 적힌 일기인데 그림과 함께 보면 굉장한 반전이 있다거나 하는 것 말이다. 전자의 예는 『로지의 산책』이란 그림책이고, 후자의 예는 『오늘의 일기』란 그림책이다. 이러한 그림책 스타일의 매력은 글과 그림의 부조화에서 오는 유머와 쾌감에 있다.

'로지'라는 닭이 산책을 나간다. 마당을 가로질러 연못을 빙 돌아 건초더미를 넘고 방앗간을 지나 울타리를 빠져나가는 산책은 저녁밥 먹을 시간에 돌아오는 것으로 끝이 난다. 이것은 글로만 읽을 때 느껴지는 한가로운 산책이다. 그러나 그림을 보면 음흉한 여우가 로지를 잡아먹으려고 무섭게 달려든다. 다만, 운이 좋은 건지 여우의 모든 범죄(?)는 실패로 돌아가고 만다. 글과 그림의 부조화가 주는 통쾌함은 아이들에게 신나는 카타르시스를 전해 준다. 게다가 글에서는 마지막까지 '여우'라는 낱말이 등장하지 않는다. 이 얼마나 재치있는 작품이던가! 사회에서 약자인 아이들은 주인공의 위험한 과정을 보며 긴장도 하지만 무사한 결과에서 안도감을 느끼기도 한다. 그럼으로써 로지와 함께 즐거운 산책을 같이 한 느낌을 소중한 추억으로 간직한다.

또 다른 책의 주인공 아이는 아침에 일어나서 밥 먹고 책가방을 메고 학교에 간다. 공부를 하고 점심을 먹고 집으로 돌아온다. 아빠가 해주신 저녁을 먹고 책을 읽다 잠이 든다. 하루 일과를 담담하게 쓴 너무나 평범한 일기지만, 그림이 추가되면서 놀라운 반전이 일어난다. 결코 평범하지 않은 그림으로 인해 우리는 상상력의 위대함을 느끼고, 즐기고, 감탄하게 된다.

이러한 그림책 스타일 목록에 오늘, 또 한 권의 책을 추가하려 한다. '행복한 우리 가족'이란 제목이 예사롭지 않다. 왜냐하면 '우리'의 '우'자에서 'ㅇ'이 '금지'를 뜻하는 '⊘'로 되어 있기 때문이다. '어? 행복한 우리 가족인데 왜 저런 표시를 했을까?' 하는 생각으로 표지의 가족을 봤다. 그다지 착해 보이지 않는 표정들. 뭔가 가식적인 모습이 보인다. 게다가 표지의 바탕색이 온통 붉다. '뭔가 심상치 않아…….' 하며 책 표지를 넘기면 누군가가 흰 페인트로 써 놓은 듯한 커다란 글자가 나온다. '빵'…… 이라니? 뭐지? 뭐가 터졌나? 알 수 없는 찜찜한 마음으로 '행복한 가족'을 찾아가 본다.

첫 장면을 보면, 어딘가로 나들이를 가나 보다. 카메라도 챙기고 음식도 챙기고 있는 그림이 나오니까. 그림 밑에 아이의 일기 한 줄이 나와 있다.

"오늘은 엄마 아빠랑 미술관으로 봄나들이를 나갔다."

이렇게 시작되는 봄나들이가, 읽는 나에게 커다란 분노로 다가올 줄 몰랐다. 이 책을 읽으실 분들은 마음을 단단히 먹고 읽기 바란다. 미치고 환장하지 마시고…….

책 속으로 풍덩~!!

"여러분은 요즘 가족 나들이를 한 적이 있나요?" 물어보면 여기저기서 발표를 한다. 놀이동산에 갔다느니, 산에 갔다느니, 먼 친척집에 갔다느니 한다. 아니면 대형마트에 가서 서너 시간씩 있다가 온다는 아이도 있다. 장도 보고, 점심도 먹고, 실내 놀이터에서 뛰놀기도 한단다. "참 다양한 나들이 코스가 있구나." 하고 서로 이야기한다. 그러면서 한 가족의 나들이가 담긴 그림책을 읽어 준다고 한다. 아이들은 벌써부터 상기된 표정으로 기대하는 눈치다. (하지만 나는 그 기대가 어떻게 변할지를 기대하며 책을 보여 준다.)

우선, 표지만 보여 주고 아무 말도 하지 않는다. 이 당황스러운 표지를 아이들이 다양하게 탐험하도록 놔둔다. "선생님, 표지가 이상해요!" "맞아요, 좀 무서워요. 제목도 으스스해요!" 한다. 아이들은 제목의 의미와는 다른 '무언가'를 그림에서 읽어낸다. 한 장을 넘기니 크게 '뺑'이라고 써진 앞면지가 나타난다. 아이들은 웃고 난리다. '뺑'이란 글자가 써진 그림책은 본 적이 없었기 때문이다! 아이들이 깊게 생각하기 전에 본문으로 들어간다('뺑'의 의미는 나중에 스스로 깨달을 수 있도록 기회를 준다).

봄나들이를 준비하는 분주한 가족의 모습. "와~ 놀러가나 봐요. 좋~겠다." 벌써부터 부러워하는 아이들이 있다. 가족 나들이는 항상 즐겁지. 휴대전화를 놓고 나온 엄마, 가족은 엘리베이터를 잡고 있다. 뭐, 아파트에 사는 사람들의 일상적인 모습들이 나온다. 자동차를 타고 가다 마트에도 들른다.

아이가 맨 앞에 서 있는 계산대에 사람들이 줄을 길게 섰는데 저 뒤에서 엄마가 물을 들고 달려온다. 줄 선 사람들의 표정이 화난 듯하다. “우리도 가끔 저러는데!” “크크크, 우리 엄마랑 똑같네~!!” 한다. 어느 정도 인정을 하고 있나 보다. 그런데 다음 장면이 문제다. “어? 위험하게 차를 돌리네?” 아이들이 그림책을 자세히 살펴본다. 유턴하는 곳에서 급하게 차를 돌리는 가족과 화가 난 다른 차의 운전자 모습이 나온다. 더 자세히 본 아이는 이렇게 말한다. “선생님~! 중앙선 밟았어요~!!” “맞네!” “불법이네~!!” 아이들이 한마디씩 거든다. 이제 이 가족을 곱지 않게 보는 시선들이 생긴 것이다.

다음 장에는 이런 말들이 나온다. “와~! 우리 차가 더 빠르다~.” “여보, 저기 단속카메라!” “아마 저거 가짜일걸~!” 아, 솔직해도 너무나 솔직한 대화들에 아이들은 불편함을 느낀다. 게다가 아빠는 운전을 하면서 휴대전화로 통화까지 한다. “고속도로라서 괜찮아, 통화해도 돼.”라는 말까지 뻔뻔히 하면서. 화가 난 우리반 아이들과는 상관없이 그림 밑에는 이런 일기가 적혀 있다. “산과 들에는 알록달록 봄꽃이 가득했다. 창으로 들어오는 바람에 가슴까지 시원해지는 것 같았다.”

어쨌든 미술관에 도착한 가족. 거기서도 눈살을 찌푸리게 한다. 들어가지 말아야 할 조각상 앞으로 들어가서 사진을 찍는 거다. 그리고 거기서 만난 친구랑 사방을 뛰어다닌다. 사람들의 찌푸린 표정은 아랑곳없이 엄마는 친구 엄마랑 떠들고 있다. "에이~ 너무하네!!" 이젠 노골적으로 화를 내는 아이들이 다음 장에서는 한숨까지 쉰다. 잔디밭 앞에 〈음식물 반입을 하지 맙시다.〉라고 분명히 써놓았는데 버젓이 들어가서 점심을 먹고, 아빠는 잔디밭을 밟고서 온다. "뭐, 이런 가족이 다 있어!!" "말도 안돼~!!" 아이들은 이제 이 가족 때문에 서서히 분노하게 된다. 한 개씩 받아야 하는 기념품도 두 개씩 받아가고, 연극을 보는 장면에서는 킥킥대며 친구랑 떠드는 아이……. 공중도덕이란 것은 쥐뿔만큼도 없는 뻔뻔한 가족의 모습을 보고 우리는 점점 화가 나는데, 참을 수 없는 이 가족은 정점을 찍고 만다. 식당 옆자리의 떠드는 꼬마들을 보고 '제멋대로'라고 한다. "누가 제멋대로인데?" "너나 잘해~!!" 반 아이들은 한계에 다다랐다.

책 속 아이의 일기장엔 '즐거운 하루'였다고 쓰여 있고 아빠는 '마침' 빈 자리가 있다며 '장애인 주차구역'에 차를 댄다…….

이런 가족의 엽기행각은 가족 블로그에 올린 사진으로 끝을 맺는다. 공중도덕을 어기고 찍은 가족 사진을 보며 "우리 사진 정말 잘 나왔죠?" 한다. 정말 "헐!"이다.

아이들은 어떻게 저럴 수 있냐고 분노했다. 처음 엘리베이터 잡아두는 장면과 마트에서 줄 선 장면은 그럴 수도 있다고 생각했지만, 점점 공중도덕을 무시하고 '넘지 않아야 할 선'들을 죄다 넘어버리며 행복해하는 가족의 모습은

도가 지나쳤다는 것이다.

아이들이 학교에서 배우는 올바름과 도덕이 실생활에서는 잘 지켜지지 않음을 슬퍼해야 하고, 우리만이라도 잘 지키자는 이야기를 하며 책을 덮는다.

장애인 주차구역에 차를 대는 마지막 장면에서 우리는 이런 생각을 했다.

'그 가족은 정신적으로 장애가 있기 때문에 거기에 댔을 거라고.'

함께 해보기

❶ 무작정 분노에서 나를 돌아보는 시간 갖기

'행복한 우리 가족'에서 '뻔뻔한 재네 가족'으로 바뀐 그림책을 보고 우리는 분노했다. 공중도덕을 모르는 가족의 행태가 마음에 들지 않는 것이다. 거기에 대해 열띤 토론을 나누고(사실은 분노의 공감을 나누고), 분위기가 가라앉으면 차분하게 우리 자신을 돌아보는 시간을 갖는다. 나는 그동안 공중도덕을 잘 지켰는지!

종이를 나눠주고 내가 어긴 공중도덕에 대해 써본다. 무단횡단을 하지 않았는지, 새치기를 하지 않았는지, 함부로 침을 뱉은 적은 없는지, 공연장에서 떠들지 않았는지, 미술관에서 뛰지 않았는지 말이다.

"남의 눈의 티는 보여도 내 눈의 대들보는 보이지 않는다." 남의 잘못은 잘 보이나 자신의 잘못은 안 보이는 게 일반적이다. 저 가족의 모습을 보고 타산

지석으로 삼는 것뿐만 아니라 자신의 모습을 올바로 하는 기회도 가져보자.

❷ 앞면지 "뻥"의 의미 찾기

"뻥"하고 시작된 그림책. "그 '뻥'의 의미는 무엇이었을까?" 하고 아이들에게 물어본다. 그런데 해석은 다양하게 나온다. 주로 다음과 같은 해석이 일반적인데 좀 더 다른 해석이 나올 수도 있으니 꼭 물어보는 시간을 갖자.

- 표지를 보니 폭탄이 있었다. 저런 불법 가족을 터뜨려버리고 싶다.
- 생활에서 뻥을 치며 사는 가족들이란 의미다.
- 이 모든 이야기가 뻥이었다. 아니, 뻥이었으면 좋겠다는 뜻이다.

마지막 뒷면지를 보면 터진 '뻥'의 잔해와 함께 먼지(혹은 연기)가 보이고, '뭐야'라는 말과 '켁켁!'이란 말이 쓰여 있다. 결국 이 이야기는 뭐란 말인가. 사람을 숨막히게 하는, 공해 같은 가족의 모습이 주는 해로움을 일깨우는 작가의 장치가 아닐까 한다. 우리는 이렇게 살지 말자.

Tip

그림책의 앞표지를 보면 '가족'의 '족'이란 글자 밑으로 길게 선이 내려가면서 둥근 물체가 그려져 있다. 처음엔 그것이 무엇인지 몰랐는데 지금 보니, 폭탄이었다! 아, 그래서 앞면지에 '뻥'이란 글자가 쓰여 있었구나~! 그림을 자세히 탐험하지 않으면 찾을 수 없는 부분이 있다. 아이들은 정말 잘 찾는다. 그런 면에서 아이들은 '그림책의 탐험가'가 맞다. 반면 어른들은 '그림 탐험'의 순수한 열정을 잊은 지 오래다. 세월이 어른들을 물들여 놓았다.

즐거운 탐험가로 돌아가고 싶다면 '아이의 눈'으로 세상을 보는 노력을 해야 한다. 잊었던 순수를 찾는 것도 노력 없이는 이루어지지 않는다. 생텍쥐페리는 말했다. '난 늘 어린 시절의 나이기를 소망한다.'고.
조언을 해준다면 평소 주변의 아이들을 자세히 관찰하는 시간을 가지면 좋다. 하루에 10분이라도 아이들을 지켜 보자. '즐거운 탐험가'들을 보고 그 순수에 물들어 보자~!!

함께읽기

『로지의 산책』(팻 허친스 글·그림 / 오정환 옮김 / 더큰 theknn)
『오늘의 일기』(로드 클레멘트 글·그림 / 김경연 옮김 / 풀빛)
『사라, 버스를 타다』(윌리엄 밀러 글 / 존 워드 그림 / 박찬석 옮김 / 사계절)
『창 너머』(찰스 키핑 글·그림 / 박정선 옮김 / 시공주니어)

세상 일은 마음먹기에 달렸다

엄마를 화나게 하는 10가지 방법
실비 드 마튀이시왹스 글
세바스티앙 디올로장 그림
이정주 옮김
어린이 작가정신

주제 역지사지의 지혜를 깨닫자
대상 엄마를 화나게 하고 싶은 모든 친구들

마음의 흔들림

어렸을 때 엄마에게 혼이 나면 별별 생각을 다 하게 된다. 나도 그랬다. 엄마에게 심하게 혼이 나고, 어디 있을 데가 없어서 이불장 속에 들어가 이불 위에서 잠든 적이 있었다. 잠들기 전까지 온갖 생각과 주문을 걸면서. 예를 들면 이런 거였다. '제가 불치병에 걸려서 가족이, 특히 엄마가 울면서 후회하면 좋겠어요.'라든가, '어디라도 다쳐서 병원에 입원하면 모두 나한테 잘해 주겠지?' 하는 생각들 말이다. 유치하지만 위험한 발상이란 걸 요즘 깨닫게 된다. 그런데 지금도 이상한 건, 대체 내가 무슨 일을 벌였기에 혼이 났냐는 거다. 어린 나의 마음속엔 원인은 사라지고 단지 그 결과만 남아 삼십 년이 넘게 기억이 난다. 허 참.

그래도 그때 난, 단지 생각만으로 그쳤었는데 여기 그런 생각을 정성껏 10가지나 계획하여 적은 아이가 있다. 처음 이 그림책을 만났을 때 얼굴이 살짝 찌푸려졌다. 표지의 주인공이 너무나…… 뭐랄까, 만나고 싶지 않은 얼굴(?)을 하고 있었다.

'아, 저런 아이를 만나면 참 난감하겠다. 게다가 표지에 누가 더럽게 먹과 물감으로 낙서까지 해 놓은 거 있지?'

혀를 쯧쯧 차다가 자세히 들여다보니 그건, 낙서가 아니라 원래 표지가 그런 거였다. '음, 그래도 마음에 안 들어.' 하며 책을 넘겼는데 앞면지 또한 내가 보기에 비정상적인 아이의 행동과 표정들로 가득 차 있어서 충격이었다.

그림책임에도 불구하고 정말 더럽게(!) 구성된 그림책! 게다가 '엄마를 화나게 하는 10가지 방법'의 첫 번째가 '무조건 어지르기'다. 그 밑에는 아주 친절하게 그런 일을 부추기는 악마의 속삭임을 잘도 써 놓으셨다.

"네 방을 실컷 어질러 놓는 거야. 엄마는 네 방에 들어갈 때마다 장난감 자동차를 밟고 벌러덩 넘어지거나……, 그러다가 방구석에서 곰팡이 슨 과자나 둘둘 말아 놓은 양말을 보시면 드디어 부르르 떠시겠지."

'와우~ 최곤데?' 당신이 아이라면 당장 이 아이의 계획을 숙지해야 하고, 부모라면 아이가 벌일 나머지 아홉 가지를 읽고 미리미리 대처하기 위해, 이 책을 펼쳐야 한다!

책 속으로 풍덩~!!

표지를 보여 주면 아이들은 난리가 난다. "어? 저게 뭐예요? 그림책이 왜 이렇게 더러워요?"부터, "와~ 정말 우리가 찾던 책이네!" 하는 소리까지! 벌써부터 아이들은 표지의 흥미진진함만으로 책 속에 뛰어들 준비가 되었다. 풍덩~!!

더러운 앞면지를 넘기니 속표지가 나왔다. 아이는 한쪽 구석에서 마치 우리에게 인사를 하듯이 손을 들어 보인다. 이런 방법들을 알려주게 되어서 기쁜가 보다. 하하. (웃어도 이건 웃는 게 아니다. 난 교사다.)

첫 번째 방법부터 아이들은 환호성을 지른다. 마치 자신들의 방이 생각났다는 듯이. 온통 어질러진 방 안. 심지어 주인공 아이는 침대 밑에 들어가서 놀고 있다. 그 방은 말 그대로 발 디딜 틈이 없이 완벽하다.

아이들은 기대하며, 나는 불안해하며 두 번째 방법을 펼친다. ‘온종일 비디오 게임 하기’, “오예~!!!!!” 아이들은 이미 한 목소리다. 그 밑의 속삭임 묘사가 너무 구체적이라 아이들의 공감을 얻고 있다. “최대한 바보 같은 표정을 짓고, 소리를 최고로 높이고, 바닥에 죽치고 앉아 비디오 게임을 하는 거야…….” 그 장면의 아이는 이미 개구리만 한 눈이 충혈된 상태다.

‘불량식품 입에 달고 살기’나 ‘서둘러야 할 때 꾸물대기’ 등은 정말로 아이들과 부모님이 온몸으로 느낀 바를 옮겨 놓은 듯하다. 공감 백배!

'못 들은 척하기'와 '안 씻기' 등을 포함한 열 가지를 다 보고 나면 아이들과 나는 온몸에서 힘이 빠져나간다. 아이들은 자기 마음을 알아줬다는 기쁨에 겨워, 나는 평소 겪은 내용들이 또 나왔다는 슬픔에 겨워.

하지만 반전이 있음을 알아야 한다. 친절하게 '결론'까지 써 준 아이의 '덧붙이는 글'을 읽는 아이들은 뭔가를 깨닫고 눈을 반짝이게 될 테니까!

함께 해보기

❶ '아빠를 화나게 하는 10가지 방법' 찾아 쓰기

이번엔 아빠가 목표다. 어떤 행동을 하면 아빠가 화가 날까를 생각해서 10가지 정도를 적어보게 한다. 정말로 아이들은 신나서 다양한 방법을 찾게 된다. 그리고 중요한 점 하나! 10가지를 다 적은 후에는 '덧붙이는 글'을 꼭 써서 스스로 깨닫게 해주는 순간을 갖자.

아이들이 신나게 발표를 하고 서로의 생각을 공유하면, 한 가지 정보를 준다. 이미 지은이가 '아빠를 화나게 하는 10가지 방법'을 책으로 썼다고. 작가의 상상과 대결해 보는 기회를 갖는 것도 멋진 일이 아닌가! 우리들의 생각과 작가의 생각을 비교하기 위해서라도 가슴 두근거리며 도서관을 찾아갈 아이들이 눈에 선하다.

❷ '○○를 화나게 하는 10가지 방법' 찾아 쓰기

○○ 안에 친구, 짝꿍, 선생님, 이성 친구, 불친절한 사람들 등을 넣어 새로운 상상을 해봐도 좋다.

Tip

그림책 최고 말썽쟁이 주인공들이 한 자리에 모이면 어떤 일이 일어날까? 『안돼, 데이빗』의 데이빗과 『난 토마토 절대 안 먹어』의 롤라가 만난다면? 『괴물들이 사는 나라』의 맥스와 『혼나지 않게 해주세요』의 주인공이 만난다면? 오히려 서로의 비슷한 점을 발견하고 절친한 사이가 될지도 모를 일이다. 오늘 한번 일기장에 이 주인공들의 모임을 상상해서 써보는 건 어떨까?

함께 읽기

『아빠를 화나게 하는 10가지 방법』(실비 드 마튀이시왹스 글 / 세바스티앙 디올로장 그림 / 이정주 옮김 / 어린이작가정신)

『동생을 화나게 하는 10가지 방법』(실비 드 마튀이시왹스 글 / 세바스티앙 디올로장 그림 / 이정주 옮김 / 어린이작가정신)

『선생님을 화나게 하는 10가지 방법』(실비 드 마튀이시왹스 글 / 세바스티앙 디올로장 그림 / 이정주 옮김 / 어린이작가정신)

이렇게 통쾌하신 엄마가 있다니~!!

도깨비를 빨아 버린 우리 엄마
사토 와키코 글·그림
이영준 옮김
한림출판사

주제 결단력과 실천력이 통쾌하신 엄마를 닮자
대상 결단력과 실천력 주변에서 머뭇거리는 친구들

마음의 흔들림

책을 쓰게 될 때 중요한 몇 가지가 있다. 선택한 주제에 맞는 내용을 써야 하고, 그 주제로 된 책을 읽을 가상의 독자층을 파악해야 한다. 주제에 벗어나지 않는 일관된 글쓰기는 생각보다 어렵다. 그렇게 인고의 시간을 보내고 책이 완성되면 또 하나의 선택을 해야 한다. 바로 책의 문패와 같은 책 제목을 정하는 일이다.

책의 제목은 어떤 식으로 정해질까? 책 내용을 한마디로 요약해 줄 수 있어야 하고, 독자에게 흥미로우며, 신선한 제목을 붙이면 좋겠다. 이렇게 나온 제목을 출판사에서는 보통 '섹시한 제목'이라고 부른다. 그만큼 매력적이란 뜻이다. 우리 주위를 살펴보면 어떤 책들이 눈에 들어오는가. 내가 읽은 책 중에 오랫동안 기억나는 제목은 이렇다. '용의자 X의 헌신'(어울리지 않는 두 낱말의 이질감이 독특함), '나는 아내와의 결혼을 후회한다'(씨익 웃으며 손길 가게 하는 호기심), '미생. 아직 살아있지 못한 자'(낯선 낱말이 주는 신선함과 우리를 돌아보게 하는 흥미로움) 등이 그렇다.

그러면 그림책 중에는 어떠한가. 그림책의 대상은 0세부터 100세까지지만, 현실적인 출판사 입장에서는 아직도 어린이로만 한정하는 한계가 있어서 그런지 제목들이 대부분 무난하다. 혹은 간결하다. 어쩌면 심심한 제목으로 느껴질지도 모른다. 그런데 여기 유쾌상쾌통쾌한 제목의 그림책이 등장했다! '도깨비를 빨아 버린 우리 엄마'라니? 도대체 왜 도깨비를 빨아 버렸을까? 아니, 어떻게 하다가 그렇게 되었을까? 그 사연이 너무도 궁금해서 펼쳐보게 만드는 그림책! 이런 게 매력적이고 섹시한 제목이 아닐까 한다. 내용을 보면 더욱 놀랍다. 바로 우리집에 계신 엄마의 모습과 많이 겹쳐져서일까? 집안일을 하시는데도 유쾌한 엄마의 결단력과 통쾌한 엄마의 실천력을 보고 많이 배우는 시간을 가지면 좋겠다.

책 속으로 풍덩~!!

표지를 보여 주면 아이들의 얼굴이 흐뭇하게 바뀐다. "깔깔깔, 우히히~" 이미 아이들은 제목만 보고 마음을 열어 버렸다. 얼마나 통쾌한 제목이던가.

"여러분, 지금 엄마가 무엇을 하는 것 같아요?" "빨래요~!!"

엄마는 뜰 앞에 커다란 빨래통을 놓고 빨래판 위에서 빨래를 북적북적 비비면서 빨고 있다. 요즘 아이들은 세탁기가 다 해주니까 실제로 빨래통과 빨래판을 본 일이 적을 것이다. 예전에는 저렇게 빨래를 했다고 알려주고 책 속으로 들어가 본다. "어? 그런데 왜 도깨비를 빨아 버렸대요?" 글쎄, 그게 궁금하니 빨리 들어가 볼까?

속표지에는 "빨래하기를 아주아주 좋아하는 엄마가 있었습니다." 하는 글이 쓰여 있다. "아항~!" 이해의 소리. 날씨가 참 좋은 날에는 커튼도 바지도 양말도 홑이불도 베갯잇도 모두 빨아 버리기에 딱 좋지. 책 속의 엄마는 우리들의 엄마와 많이 닮았다. 게다가 한번 시작한 빨래를 그치기 싫으신지 아이들에게 빨 것을 찾아보라는 심부름까지 시킨다. 아이들은 돌아다니다 고양이를 발견한다. 하지만 고양이의 변명이 우리를 웃게 한다. "언제나 핥고 있으니까 난 깨끗해요." "푸하하~ 틀린 말은 아니네." 하며 아이들이 유쾌해한다. 이 고양이는 마치 씻기 싫어하는 우리 아이들 모습과 비슷하다. 심지어 주변 친구들에게 위험(?)을 알리기까지 한다.

"큰일 났어! 우리를 빨아 버린대." 이 한마디에 소시지를 먹던 개와 닭장의 닭들이 모두 달아난다. 이 소동 때문에 신발장의 슬리퍼와 구두, 우산들도 달아나기 시작한다. 그 순간의 그림이 정말로 재미있다. 놀란 눈을 하고서 열심히 달아나는 동물과 물건들이라니! 뒤를 따라가는 아이들은 신이 난 표정이다. 이 소동도 하나의 '놀이'라고 느껴진 걸까?

'다 도망가면 어떻게 하지?' 걱정을 하는 순간, 엄마가 크게 소리친다. "꼼짝 마!" 이 한마디에 마술에 걸린 듯 모두가 꼼짝을 못하고 엄마는 한꺼번에 빨래통에 넣고 눈 깜짝할 사이에 빨아 버린다. 빨래가 끝나고 엄마는 뜰에 있는 나무에 줄을 매었다. "엄마는 왜 이렇게 많은 줄을 나무에 매어 놓을까요?" 아이들에게 물어보면, "빨래 널려고요~!!" 한다. 보통은 빨래 건조대에 널었던 아이들도 넓은 뜰과 숲에 빨래를 널어놓는 모습이 시원하고 좋은가보다. 다음 장, 빨래를 널어놓은 장면은 정말 탄성을 자아내게 한다. 이야아~!! "빨래를 널고 나니까 속이 다 후련하구나!" 하시는 엄마의 말과 함께 아이들은 빨래 널은 장면을 속속들이 탐험한다. 여기서는 넘기지 말고 계속 보여 주시라. 잠시 후면 아이들이 낄낄거리며 소리치는 순간을 맞이할 테니.

"어? 선생님! 저기 오리가 걸려 있어요!" "어디? 어디?" 아이들이 한바탕 난리가 나고, 서로 또 다른 것을 찾아낸다. "저기 닭도 있어!" "엉? 선생님~ 크크, 저기 가운데에 아이들도 매달려 있어요." "이그~ 홀딱 벗었어요~!! 헤헤." 이 부분에선 아이들이 괜히 동요(?)할 수 있으니 얼른 또 찾아보라고 말해 준다. 한쪽 귀퉁이에 걸려 있는 쥐 네 마리도 발견하고, 아주 작지만

초록 개구리도 보인다. 이 장면은 마치 숨은 그림 찾기처럼 재미있는 놀이를 제공해 준다(세상에 숨은 그림 찾기를 싫어할 사람은 없겠지?).

한참을 탐험한 후에, 새로운 등장인물이 나타나는 부분으로 들어간다. 바로 제목에도 나왔던 도깨비! 천둥번개도깨비가 구름을 타고 가다가 빨래 널은 곳을 발견한 것이다. '저기에 가면 내가 좋아하는 은방망이 금방망이가 있을지도 몰라.' 하며 쌩 하고 내려오던 도깨비는 그만 빨랫줄에 걸려 바둥거리게 된다(역시 도깨비는 조금 단순한 건가). 빨랫줄을 '거미집'이라고 투덜거린 도깨비를 보고 엄마는 화가 나서 어떻게 했을까? 하하, 도깨비를 빨래통에 집어 던지더니 그만, "아이고, 맙소사! 정말 더러운 도깨비네!" 하시며 다 빨아 버린다. 과연 통쾌하신 엄마! 그런데 큰일이 생겼다. 그만 도깨비가 쭈글쭈글해지고 눈, 코, 입도 없어져 버린 것이다! "엄마가 너무 세게 빨았나?" 하는 아이들의 걱정과 상관없이 책 속 엄마는 한마디 하신다. "생각보다 단정하지 못한 도깨비로구나." 그러더니 빨래집게로 널은 후에 '탁탁' 쳐서 주름을 편다. "하하. 정말 대단하시죠?" 아이들도 어이없어 하는 순간, 엄마는 이 상황을 결단력 있게 해결한다. 바로 아이들에게 도깨비 얼굴을 그려보라고 한 것이

다. 아이들은 재빨리 크레용을 가지고 와서 그리기 시작한다. 엄마의 빨래 일에 참여하는 아이들은 신이 난다. "여러분! 아이들은 과연 어떻게 얼굴을 그릴까요?" 하며 생각해 보게 한다. 이 순간이 바로 '예측'의 순간이고 '상상'의 순간이다. 처음 도깨비의 얼굴은 숯덩이 눈썹에 왕방울 눈, 복코에 송곳니가 난 무시무시한 얼굴이었다. 하지만 아이들은 그 얼굴을 부드럽게 웃는 얼굴로 그려 넣었다. 한결 예뻐진 얼굴이 마음에 들었는지 도깨비는 좋다고 하면서 달아나 버린다.

이 정도면 이야기가 끝날 것 같았다. 하지만 모든 이야기에는 반전의 매력이 숨어 있는 법! 책 속 이야기는 다음 날 아침을 맞는다. 오늘도 날씨가 좋다고 하면서 엄마는 또 빨래를 하려 한다. 그 순간~!! 갑자기 시커먼 구름이 잔뜩 몰려온다. "번쩍 우르릉 쾅!" 아, 과연 어떤 일이 일어날 것인가? 아이들과 함께 예측해 보는 시간을 갖고 그 결과를 즐겨 보자. 그리고 엄마의 통쾌한 마지막 말을 반 아이들과 함께 외치며 수업을 마치면 좋겠다.

"좋아, 나에게 맡겨!"

함께 해보기

❶ 우리 엄마가 가장 잘하시는 일 찾아보기

아이들마다 엄마가 가장 잘하시는 일이 무엇인지 찾아보는 시간을 갖자. 우리 엄마가 좋아하는 일과 싫어하는 일도 함께 생각해 보는 시간은 우리들이 엄마와 더욱 가까워지는 계기가 될 것이다.

'누군가를 사랑하고 싶다면 그 누군가를 연구해야 한다!'

❷ 집에서 빨래판을 이용하여 손빨래 해보기

직접 손빨래를 해본 아이들이 얼마나 될까? 아이들에게 엄마의 일손도 도울 겸 빨래를 해보라는 숙제를 내보자. 큰 빨래는 안 되고 작은 빨래 중 자신의 물건으로 하면 좋다. 주로 양말과 손수건, 그리고 자신의 신발을 빨아 보는 경험을 갖자. 물론 빨래의 기술을 엄마에게 묻고 배우면서 말이다. 빨래판을 이용한 손빨래는 생각보다 재미있다. 엄마와 마주 앉아서 이런저런 얘기를 나누는 시간도 좋겠다. 빨래를 다 한 아이를 위해 '간식시간'을 갖는 것은 엄마의 센스~!!

Tip

그림책의 이야기가 끝나면 아쉬워하는 아이들이 있다. 그래서 이 책은 『도깨비를 다시 빨아 버린 우리 엄마』라는 속편이 나왔다. 그 밖에도 속편이 나온 그림책은 꽤 있다. 영화에서는 1편보다 나은 속편이 없다지만, 그림책의 세계에서는 그렇지 않다. 속편이 나오는 이유의 대부분은 바로 아이들이 원했기 때문인 것이다. 소개하면 이렇다.

· 데이빗 시리즈 : 『안돼! 데이빗』 『말썽꾸러기 데이빗』……
· 마녀 위니 시리즈 : 『마녀 위니』 『마녀 위니의 겨울』……
· 무지개 물고기 시리즈 : 『무지개 물고기』 『길 잃은 무지개 물고기』……
· 매리 홀 엣츠의 그림책: 『숲 속에서』 『또 다시 숲 속으로』

속편이 계속 만들어진다는 것의 의미는, 상업적인 어른들의 문제가 아니라 책의 주인공과 함께 살아가고픈 아이들의 희망에 있다.

함께 읽기

『도깨비를 다시 빨아 버린 우리 엄마』(사토 와키코 글·그림 / 엄기원 옮김 / 한림출판사)
『달님을 빨아 버린 우리 엄마』(사토 와키코 글·그림 / 고향옥 옮김 / 한림출판사)
『우리 엄마』(앤서니 브라운 글·그림 / 허은미 옮김 / 웅진주니어)

아무도 나를 방해하지 마. 하지만……

무엇이든 삼켜버리는 마법상자
코키루니카 글·그림
김은진 옮김
고래이야기

주제 내 마음대로 할 수 있는 능력에도 책임이 필요해~!!
대상 세상이 나를 슬프게 한다고 느끼는 친구들

마음의 흔들림

15년 전쯤 세계는 마법의 매력에 흠뻑 빠졌었던 적이 있다. 바로 조앤 K. 롤링의 『해리 포터』 시리즈 덕분이다. 어른인 내가 그 마법의 세계에 빠져 든 계기는 이랬다. 처음엔 우리반 아이들의 손에서 게임기를 놓게 해준 책이라는 호감에서, 다음엔 아이들이 밤을 새서 책을 읽는다는 일기장의 고백에 호기심이 일어서였다. 하지만 그 당시만 해도 어른이 소위 '엉뚱하고 비현실적인 마법의 책'을 읽는다는 것은 쉬운 일이 아니었다. 사실 수준 낮은 사람으로 오해받을 것 같은 창피함도 조금 있었다. 그래서 학년 연구실 구석에 앉아 아무도 없을 때 슬쩍슬쩍 꺼내 읽어보았다. 그런데~! 이게 장난이 아니었다!! 내 손에 본드가 붙었는지, 그 책을 놓을 수가 없었다!!! 수업시간에 교실로 들어가기가 싫어질 정도로 수업시작 종이 미웠다. 방과 후엔 열 일을 제쳐두고 퇴근 때까지 책을 읽었다. 집으로 돌아와서도 밥을 먹는 둥 마는 둥 하고 밤새

책을 읽어 갔다. 다음 날 나는 아이들처럼 눈이 퉁퉁 부어서 수업을 했던 기억이 있다. 후후. 솔직하게 아이들한테 『해리 포터』 읽다가 밤새웠다고 자백하며 함께 웃었던, 아이들의 열렬한 공감과 함께 열띤 토론을 했던 수업시간. 지나고 보니 그것이 '마음에 와 닿는 생생한 공부'가 아니었을까 생각된다. 참고로 『해리 포터와 불의 잔』 4권을 읽을 때는 계속 읽어나가는 지면이 아까워서 '몇 장 남았나?' 세며 일부러 천천히 읽으려고 했던 적도 있었다. 내 인생에 이렇게 아쉬움을 느끼며 읽었던 책이 몇 권이나 있었을까?

마법의 세상이 온다면 여러분은 어떤 마법도구를 갖고 싶은가? 물론 마법지팡이는 기본사항이다. 선택하고 싶은 마법도구 세 가지를 고른다면? 하고 아이들한테 물어보면 반드시~ 나오는 도구가 하나 있다! 바로 '투명 망토'. 그렇지, 나도 그것을 원한다. 그리고 선택할 후보군에는 '하늘을 나는 마법빗자루' '호그와트 비밀지도' '소망의 거울' '몸을 변화시키는 마법의 물약 폴리쥬스' '미래를 보는 수정구슬' '순간 이동을 시켜주는 포트키' '중요한 기억을 저장해 두는 대야 팬시브' 등. 아, 절대 받고 싶지 않은 화난 편지 '호울러'도 기억나는가? 게다가 쌍둥이 위즐리 형제가 개발한 '끝없이 늘어나는 귀' '이상하고 더러운 맛이 나는 사탕과 과자.' 크~ 그들은 정말 천재가 아니었을까? 그리고 동물들도 있다. 용과 거대한 타란툴라 거미, 편지를 나르는 올빼미 등.

마법 세상의 물건을 하나만 가지고 있어도 이 세상은 얼마나 재미있을까? 오늘은 그러한 마법도구를 발견한 아이의 이야기를 들려주고 싶다. 그 책을 소환하기 위한 마법의 주문을 외치며 들어가 보자. "아씨오~!!"

책 속으로 풍덩~!!

이 그림책은 마음의 준비 없이 그냥 들어가는 게 좋겠다. 원래 마법의 세계는 갑자기 나타나는 게 매력이니까! 아이들을 교실 바닥에 앉히고 바로 표지를 보여 준다. "무엇이든 삼켜버리는 마법상자!" 그리고 아무 말도 하지 않는다. "……." 아이들은 잠시 주춤하지만 표지에 시선을 고정하고 내용을 상상해 보려 한다. "……." 그리고 아이들이 웅성거리려 할 때 계속 읽어 준다(마법이 일어날 것 같은 엇박자의 미묘한 징조를 위하여?). "코키루니카 글 · 그림. 김은진 옮김. 고래이야기." 웅성거리려던 아이들은 멈칫, 하며 다시 화면을 본다.

속표지의 그림은 책 내용으로 들어가기 전에 하나의 단서를 준다. 아이들에게 주인공 아이를 찾아보라고 하면 어느 건물의 창가에서 아이를 찾는다. 그런데 옆 창문이 조금 이상하다. 마치 파티가 벌어지는 듯 소란스러운 느낌이다. "시끄러운 소리에 아침부터 짜증이 났어." 하면, '아하~ 옆집이 시끄러워서 아이가 귀를 막고 있구나.' 하고 아이들이 이해한다. 옆에는 젖먹이 동생이 있다. 동생이 귀찮게 매달리자 아이는 밀치며 짜증을 낸다. 그 순간! 엄마는 주인공 아이만 혼낸다. '뭐, 당연한 결과지'라며 아이들은 대수롭지 않게 받아들인다. 아마 집에서도 저런 상황이 자주 반복되지 않았을까 한다.

다음 장면, 주인공 아이가 엄하게 생긴 선생님한테 뒷덜미를 잡혀 복도로 쫓겨나고 있다. '벌을 받겠군.' 돌아오는 길엔 개한테 물리고……. 아, 다리를 물고 있는 개를 바라보는 아이의 표정이 너무 슬프다. 아이들도 안타까운 동정심이 생겨난다. 하루에 세 번이나 재수 없는 일이 일어난다면 누구나 저런 표정이지 않을까. 모든 게 싫어지는 순간, 우연히 마법상자를 줍는다. "마법상자. 이 상자는 당신이 싫어하는 건 무엇이든 삼켜버립니다." 진짜일까……? 하며 상자를 가져간 아이. 집에서 먹기 싫은 생선이 나오자, '생선 먹기 싫다니까…….' 하고 생각하는 순간, 생선이 뿅~ 하며 마법상자 속으로 들어가 버린다. 깜짝 놀란 아이! 방으로 들어가자마자 '옆집의 시끄러운 소리도 싫어.'라고 생각하자 소리들도 쏘옥~ 마법상자로! 이 순간의 아이 표정에는 평화로움이 가득하다.

다음 날. 학교에서 또 혼나는 아이는 '선생님과 친구들이 싫다.'고 생각한다. 그 순간 뾰뽕~!! 모두가 빨려 들어간다. 이 순간의 반응은 두 가지다. "이런~!!" 하는 아이와 "앗싸~!!" 하는 아이. 음…….

마법상자의 매력에 흠뻑 빠진 아이는 굉장히 기뻐한다. 하지만 다시 집으로 오자 눈앞에 동생이! "으윽 또. 난 동생이 싫어!" 동생이 상자 속으로 빨려 들어가는 장면을 본 엄마! 너무 놀라 무슨 말인지도 모를 말을 횡설수설 외치며 혼을 내자, 아이는 엄마마저 싫다고 생각해 버린다. 그 순간, 슬리퍼 한 짝만 남기고 사라진 엄마. 이 순간의 아이 표정은 조금 어둡고도 무서운 결심이 드러나 보인다. 아이들 내면에 있는 '편애'라는 억울함의 표현이 아닐까.

"이제 아무도 날 방해하지 못해!" 아이는 웃으며 혼자 실컷 텔레비전을 보지만, 밤이 되자 표정이 조금 쓸쓸해 보인다. 어둠이 깔린 거실, 커다란 소파에 혼자만 덩그러니 남겨진 그림은 그리 유쾌해 보이지 않는다. 이상한 기분이 든 아이는 "뭘 좀 먹으면 나을 거야!"

하며 컵라면을 먹지만, 그 순간 눈물이 한 방울 떨어진다. "왜 그럴까?" "가족이 아무도 없어서 그래요!" "반성하는 것 같아요." "너무했어요! 선생님과 친구들까지 가두다니요!" 여기저기서 '눈물의 의미'를 해석하는 아이들. 그리고 주인공 아이의 충격적인 한 마디. "난 내가…… 싫어! 미안해!" 자신의 잘못을 인정하고 반성한 아이는 마법상자로 빨려 들어간다. 그곳에서 만난 엄마와 동생을 껴안고 사죄의 눈물을 흘리는 아이. 그 아이를 보듬어 주는 엄마의 손길. 무언가를 느꼈을 엄마의 표정에서 앞으로 이 가족의 미래를 예측해 볼 수 있을 것 같다. 한편, 상자의 구석에는 선생님과 친구들이 멀뚱멀뚱 서 있다. 그들도 뭔가를 깨달았을 것 같은 눈치다. 조금 재미있는 부분은 바닥에 소음도 떨어져 있다는 것이다. 번개 모양으로.

마지막 장면. 등장인물 모두가 한 줄로 걸어 나오고 있다. 행복한 결말로 끝나는 그림책 이야기는 밝은 미래를 상상하게 해준다. 그런데, 과연 마법상자에서는 어떻게 빠져나왔을까? 책에 설명이 없어서 더욱 궁금한 결말이다.

함께 해보기

❶ 우리 아이에게 마법상자를 만들어 주기

그림책의 뒤표지를 보면 '아이에게 마법상자를 만들어 주세요!'라는 글이 쓰여 있다. 누구에게나 있을 '운수 사나운 날!' 괜히 짜증 내고 심통 부리는 날에 마법상자를 꺼내 그 상자에 무엇을 담고 싶은지 얘기해 보는 거다. 선생님과 아이들이 얘기하고, 엄마와 자녀가 얘기하는 시간을 가져보자. 갑자기 그런 얘기를 꺼내기 힘들다면 이 '마법 같은 그림책'이 그 갑작스러운 순간을 자연스럽게 선물해 줄 것이다!

학교에서는 종이로 상자접기를 하고, 다시 펼쳐서 그 안에 자신의 짜증과 스트레스를 적어서 가둬 두는 행사를 하자.

❷ 마법상자를 빠져나오는 방법 생각해 보기

그림책의 마지막 장면에서 어떠한 방법으로 빠져나올지 생각해 보자. 그리고 각자의 아이디어를 발표해서 가장 그럴듯한 방법을 선정하자. 어쩌면 이 책의 '옥의 티'일 수 있는 부분을 우리가 수정해 주는 기쁨도 느낄 것이다.

Tip

『해리 포터』에 나오는 다양한 마법 주문들을 다시 한 번 외워 보는 시간은 어떨까? 외치는 순간만으로 그때의 행복감을 느끼길!

· 레덕토 : 앞길을 가로막는 물체를 폭파시킬 수 있는 주문
· 루모스 : 작은 불빛을 만들어 내는 주문
· 릭투셈프라 : 간지럼 태우기 주문
· 스튜페파이 : 기절 주문
· 아다바 케다브라 : 살인 저주 주문
· 아씨오 : 소환 마법 주문

· 알로호모라 : 자물쇠 푸는 주문
· 윙가르디움 레비오우사 : 물건을 위로 드는 주문
· 익스펙토 패트로눔 : 패트로누스를 불러내는 주문
· 익스펠리아르무스 : 무장 해제 주문
· 임페리오 : 저주를 건 사람의 뜻대로 조종하는 주문
· 크루시오 : 고문 저주

함께 읽기

『마법 침대』(존 버닝햄 글·그림 / 이상희 옮김 / 시공주니어)
『마법의 설탕 두 조각』(미하엘 엔데 글·그림 / 유혜자 옮김 / 한길사)
『보글보글 마법의 수프』(클로드 부종 글·그림 / 이경혜 옮김 / 웅진주니어)
『잘가, 나의 비밀친구』(그웬 스트라우스 글 / 앤서니 브라운 그림 / 김혜진 옮김 / 웅진주니어)

우리 엄마 안 오?

엄마 마중
이태준 글
김동성 그림
보림출판사

주제 엄마를 기다리는 자식의 사랑
대상 일하는 엄마를 둔 자녀와 엄마

마음의 흔들림

몇 년 전에 그림책 공부를 같이 한 선생님들과 우리들만의 '추억 공유-프로젝트 북'을 만든 적이 있었다. 1집은 2009년에 우리들끼리 발표한 그림책을 가지고 나눈 이야기를 정리한 내용이었다. 거기엔 각자 좋아하는 그림책 작가를 인터넷이나 책에서 찾아 정리한 내용들도 넣었다(인터넷의 좋은 자료는 퍼가는 것만으로 언제나 도움을 준다^^). 마지막엔 선생님들 각자의 프로필을 재미있게 써서 표현했다. 그냥 추억으로만 기억될 시간들을 작은 책자에 모아서 공유한다는 것은 대단히 매력적인 작업이다. 지금도 가끔 그 책을 읽고 있는 나를 발견하니까.

그다음 해에 우리가 만든 1.5집은(1집은 그림책 수업에 대한 내용 위주이고, 1.5집은 광범위한 독서에 대한 내용을 담았다) '내 인생의 베스트 책 5권에 대한 만남과 이야기, 내가 추천하고 싶은 책과 작가, 나는 하루 중 언제 책을 읽는가, 나를 힘겹게 했던 책, 평생 100번 이상 읽을 마이북(My Book) 프로젝트, 책읽기는 다. 나의 뇌구조' 등을 넣었다. 지금 읽어도 피식피식 웃음이 나오는 우리만의 추억책이다.

그런데 그 책의 속면지에 나름 장치를 해두었었다. 바로 『엄마 마중』의 아가를 활용해서. 그림책에 처음 등장하는 아가를 보면, 아가가 걸어가는 모습이 나온다. 아가가 아장아장 왼쪽에서 오른쪽으로 지나가는 장면인데 묘한 재미가 있다. 처음엔 독자를 바라본다, 멈추지도 않고 걸어가면서. 그리곤 무심하게 그냥 자기 갈 길을 가버린다. 이 첫 장면에 나는 마음 한 켠이 찡~ 했다. 그 떨림을 우리 그림책 식구들에게도 전하고 싶어서 우리들의 '추억 공유-프로젝트 북 1.5집' 면지에 넣었던 것이다.

그리고 지금, 『엄마 마중』의 아가를 여러분에게 소개하게 되어 무척 기쁘다.

책 속으로 풍덩~!!

옅은 노랑을 한지에 칠한 듯한 표지 위, 애기똥풀에서 묻어버린 듯한 진노랑 겨울한복을 입은 아가와 마주 선다. 아가도 우리를 바라본다, 똑바로. 머리 위에는 아가의 사명인 양 '엄마 마중'이란 글자가 칠해져 있다. "알았어. 너를 만나러 책을 펼칠게." 그런 혼잣말을 하며 책장을 펼치면 양면에 걸쳐 너무 먼, 먼 시절의 산동네가 그려 있다. "아마 아가가 사는 동네가 아닐까?" 말하자마자 터벅터벅 소리를 내며 아가가 걸어간다. 왼쪽 끝에서 등장하며 나를 슬쩍 보더니, 이내 자기 갈 길을 타박타박 걸어간다. 그 걸음걸이엔 어떤 당당함과 함께 외로움도 얼핏 보인다.

추위에 코가 새빨개진 아가가 전차 정류장으로 걸어 나와 '낑' 하고 안전지대에 올라서는 모습이 어찌나 씩씩하고 의젓하던지 보는 내내 대견함이 느껴진다. 그리고, 아무런 글이 없다. 정류장의 아낙네들은 봇짐을 지거나 갓난이를 업고 서 있다. 중절모를 쓴 할아버지는 지팡이를 짚고 한 손을 허리에 댄다. 거기, 그 자리에 쭈그려 앉은 아가는 나무막대기로 바닥에 금을 긋는다. 옆에는 아름드리 커다란 나무가 가지를 흔들며 서 있고, 아래로 전차가 지나간다.

다음 장, 아가는 갸웃하고 차장더러 물었다. "우리 엄마 안 오?"……이 얼마나 천진하고 순수한 질문인가! 아가가 엄마 마중을 나왔으니 자신처럼 모든 사람들이 엄마를 알 것이라는 확고부동한 믿음! 하지만 현실의 차장은 그렇지 않다. "너희 엄마를 내가 아니?" 하고 지나간다. 아가의 순수한 질문에 나쁜 대답을 해버린 거다. 그런 말이 아가를 얼마나 불안하게 하는지 생각해 보지 않는 어른이 밉다. 또다시, 아무런 글이 없다. 정류장에는 새로운 사람들이 서 있고 아가는 정류장 깃대를 잡고 다음 전차를 기다린다. 그 짧은 두 장면이 참기 힘들 만큼 고요하다. 또 전차가 오고 “우리 엄마 안 오?” 하는 말에, “너희 엄마를 내가 아니?” 하는 무뚝뚝한 대답. 한 번 더 기다리며 바닥에 쪼그린 아가의 모습이 너무 작아 보인다.

그다음 전차가 오고, 아가는 갸웃하며 묻는다. “우리 엄마 안 오?” 아, 이번에도 나쁜 대답이면 어쩌지…… 생각하는 순간, 놀라운 대답이 내려온다. “오! 엄마를 기다리는 아가구나.” 하고 이번 차장은 직접 내려와서, 다칠지 모르니 엄마가 오시도록 한 군데만 가만히 서 있으라고 친절하게 말해 주는 것이 아닌가! 차장을 빠꼼히 쳐다보며 새겨듣는 표정의 아가가 참으로 예쁘다.

그다음 장면, 빠르게 지나가는 거리의 사람들과 자전거, 수레 앞에 아가 혼자 서 있다. 이미 어둠이 깔려오고 있지만 아가는 바람이 불어도 꼼짝 안 하고, 전차가 와도 다시는 묻지도 않고, 코가 새빨개져도 가만히 서 있기만 한다. 아가의 머리 위 어둠을 밝히려는 듯 흰 눈이 뿌려진다. 온 동네에 뿌려진다. 아가의 동네에도 뿌려진다. 그렇게 그림책은 끝이 난다.

그 잔잔한 여운과 함께 엄마를 기다리는 아가의 순수한 마음이 느껴지는 그림책이다. 이쯤 되면 가장 궁금한 것이 하나 있다. '과연 아가는 엄마를 만났을까?' 괜히 걱정도 된다. 그런 독자라면 마지막 장면을 자세히 들여다보라고 말하고 싶다. 아가의 동네를 말이다.

함께 해보기

❶ 엄마를 기다려 본 적이 있는지 발표해 보기

엄마를 기다려 봤다면 언제, 어디에서, 무엇을 하다가 기다려 봤는지 발표해 본다. 예를 들어, 학원 끝나는 시간에 엄마를 기다렸는데 늦게 오신 적이 있었는지, 맛있는 것을 사러 나가신 엄마를 문 앞에서 기다려 본 적이 있었는지 말이다. 그리고 그때의 기분이 어땠는지도 물어보자.

❷ '기다림'이란 글감으로 시를 써보기

엄마를 기다렸던 순간의 기분과 감정, 그 느낌을 살려서 시를 써본다. 연과 행도 나누지 말고 줄줄이 써본다. 형식에 신경 쓰지 말고 그 순간의 기억에 충실하자고 말해 준다. 짧은 시간에 쓴 시를 서로 발표하고 들어 보자. 그리고 순간의 감정을 잡아내는 것이 훌륭한 시를 쓸 수 있는 기본이라 말해 주고, 참고 작품으로 함복민 시인의 '눈물은 왜 짠가'를 보여 주고 읽어 주는 것도 좋다.

Tip

어떤 모임을 만들고 활동을 하게 된다면 적어도 일 년 단위로 모임 활동을 정리하는 게 좋다. 아무리 좋은 추억도 기록으로 남지 않으면 서서히 퇴색되기 때문이다. 부족하지만, 우리들의 모임 '그림책 식구들'의 일 년 활동들을 담은 1집과 1.5집의 콘텐츠를 '쉬어가기' 코너에 간략히 소개한다.

함께 읽기

『삐약이 엄마』(백희나 글·그림 / 스토리보울)
『엄마의 의자』(베라 B 윌리엄스 글·그림 / 최순희 옮김 / 시공주니어)
『내가 엄마고 엄마가 나라면』(이민경 글 / 배현주 그림 / 대교출판)
『엄마가 화났다』(최숙희 글·그림 / 책읽는곰)
『우리 엄마 어디 있어요?』(기도 반 게네흐텐 글·그림 / 서남희 옮김 / 한울림어린이)

쉬어가기: 저자의 그림책 연구 모임인 '그림책 식구들'의 활동집 소개

1집 내용 – 자기 소개서(추억을 공유할 만한 정보와 내용들), 그림책 수업을 하게 된 동기(마음의 흔들림)와 수업 내용(책속으로 풍덩)과 독후활동(함께 해보기) 정리, 좋아하는 작가의 일생과 작품소개(인터넷에 무궁무진하다), 나와 닮은 그림책 주인공 찾기, 내게 감동을 준 그림책들과 그 이유, 모임 활동 일지(날짜별로 간단히 작성. 토론한 책과 초대한 강사와 강의에 대한 짧은 기록) 등을 담았다.

1.5집 내용과 저자의 예

❶ 내 인생의 베스트 책 5권

내 삶에 색을 더해준 책

고등학교 때였다. 우리집은 서점을 운영하고 있었고, 나는 집에 돌아오면 항상 서점에서 이 책 저 책을 기웃거렸다. 그러다 만난 책. 바로 『배짱으로 삽시다』.

처음엔 제목이 웃겨서, 두 번짼 내게 배짱이 부족해서, 세 번짼 어떻게 살아야 할지 몰라서 읽게 되었다.

나도 안 믿어지지만, 초등학교 때부터 나는 좀 얌전한 아이였다. 쉬는 시간엔 화장실 가는 것 빼고 제자리(앞에서 두 번째

줄)에만 앉아 있었던 것 같고, 점심시간에 남들이 축구할 때 나는 건물 뒤편에서 '쥐며느리'를 관찰하거나 친구들과 '땅따먹기'를 했던 기억이 있다. 뭐 나름 유쾌한 일이었다. 중학교 때도 얌전하게(엄마 말씀에 따르면 단 한 번도 속 썩이지 않고) 그런 인생을 살았나보다.

그러다 고등학생이 되고 몇몇 웃기는 친구들을 만나게 되면서, 내 몸속에 숨겨져 있던 그 '무엇'이 슬금슬금 나와 지금의 내가 되었다. 친구들은 오히려 나 때문에 자기들이 그렇게 되었다고 우기지만……!

이런? 이런! 지금의 내가 된 첫 번째 원인을 뽑으라면 바로 저 책이다. "아~ 이렇게 살면 되겠구나. 배짱만 있으면 다 되겠는데? 오호, 좋아~!! 그래, 배짱으로 살아보자~!! 안 되는 게 뭐가 있겠냐? 그까이 꺼!!" 뭐 이런 종류의 생각들을 그때의 일기장에 가득 쓴 기억이 있다. 그 후부터 나는 마음만 먹으면, 배짱만 가지면, 이 세상에 안 될 것이 없다고 생각하며 살았고 지금도 그렇게 살고 있다.

그 당시 일기장에 쓴 여러 가지 글들을 다시 찾아 나열해 보니,

'一切唯心造 : 모든 일은 마음먹기에 달렸다.'

'일단 부딪쳐 보고 난 뒤에 생각한다.'

'당신이 잠든 사이에도 경쟁자의 책장은 넘어간다.'

'Always try to make the most of your time!'

'一日一生 : 하루를 일생처럼 알차게'

〈6-9 제자 최동욱이 그려준 선생님 캐릭터〉

지금 나는 초등학교 교사다. 내 삶에 첫 번째 색을 입혀준 책, 『배짱으로 삽시다』. 내 반의 아이들에게도 알게 모르게 그 책에 쓰인 배짱을 강조하는 내가 문득, 보인다.

〈추억의 모습 간직하기-앞면〉

〈추억의 모습 간직하기-뒷면〉

"배짱은 사람을 자신감 있게 만들고, 인생을 즐겁게 만들고,
미래를 기대되게 만든다!!"

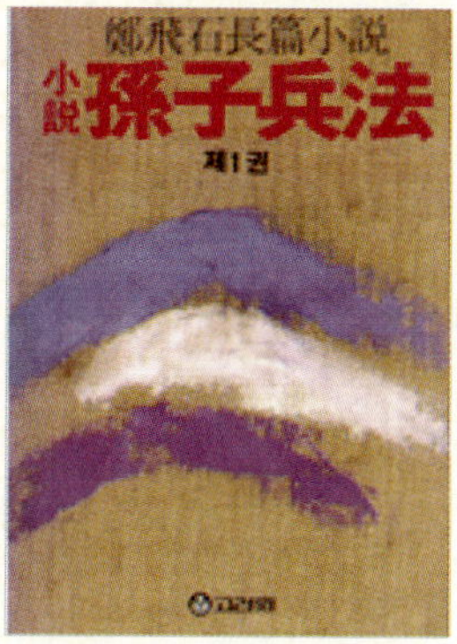

역시, 고등학교 때였다. 소설 손자병법을 읽고 잠을 이루지 못했다. 한마디로 사나이들의 인생, 신념, 의리, 복수! 10대의 남자아이에게 이보다 멋진 단어들은 없었다. 엄청난 이야기였고 그게 역사적 사실이었다는 것에 온몸이 흥분에 젖었었다. 그랬다. 그땐 순전히 그런 기분이었다. 그리고 결심한 한 가지! '이걸 영화로 만들어야겠다.' 그 당시 나는 영화배우 겸 감독이 꿈이었다.

'이렇게 격렬하고 스펙타클한 이야기를 영화로 풀어내지 않으면 안 되겠어.'

'그래, 복수는 이렇게 해야 해! 오자서~! 멋있어. 진짜 사나이야!!'

'손무의 책략과 사상은 정말 인간 심리를 꿰뚫고 있군.'

'손무와 오자서. 최고의 조합이야. 부러워.'

아시다시피 결국 내가 영화를 만들지는 못했지만, 신기한 건, 아직도 이런 이야기를 제대로 된 영화로 만든 사람이 별로 없다는 거다. 세계의 모든 영화감독은 바보다. 이번 방학 때는 꼭 한 번 다시 이 책을 읽고 싶다. 고등학생 때의 그 떨림과 흥분을 되돌리고 싶어서. 손무의 책략과 오자서의 의지~!! 그걸 난 고등학교 때 알게 되어서 기뻤다. 그 둘은 아직도 나의 롤모델이다.

손자병법 이후로 나는 중국의 역사에 풍덩 빠져버렸다. 가장 쉽게 접근한 것이(대부분의 사람들이 그랬겠지만) 고우영의 『만화 삼국지』였다. 이 책은 그 당시 우리 서점에서 판매되지 않아서 고등학교 친구의 집에서 빌려보았다. 한마디로 대.박. 이었다.

이렇게 맛깔스럽게, 이렇게 야~시럽게, 이렇게 통쾌하게, 원전에서 크게 벗어나지도 않게, 그 아슬아슬한 줄타기로 풀어낸 그림 솜씨와 이야기 전개는, 어린 고등학생이 봐도 흥미진진, 긴장백배, 반전묘미를 느끼지 않을 수 없었다.

그렇게 정비석과 고우영님의 소개로 중국 역사에 입문(?)한 나는 그 후 대학교에서도 열국지, 초한지, 이문열 삼국지, 사기, 자객열전, 중국의 붉은 별,

대장정 등을 읽어나갔다.

지금 소개하려는 내 인생의 책은, 사실 정식 책이 아니다. 내가 대학교를 가기 전 들른 1년의 노량진 생활 즈음 얻은 우리 서점의 〈월간 직장인〉 부록으로 나온 '권모술수'라는 별책부록이다. 그건 그야말로 중국 역사속 빛나는 영웅들의, 빛나는 영웅담을 담고 있었다. 바로 인생의 지침서가 될 만한, 한마디로 인생 처세술~! 그 부록을 읽고 아빠에게 달라고 얼마나 졸랐던지. 그리고 지금도 그 책은 내 책꽂이 한쪽에 소중히 자리하고 있다.

오기, 상앙, 소진의 합종책, 장의의 연횡책, 손빈과 방연, 오월동주, 손무와 오자서, 맹상군, 한비자와 마키아벨리, 이사, 여불위, 관중과 포숙…… 그 이름만으로도 벌써 미소가 번진다.

처음 읽었을 땐 정말 떨렸다. '아~ 사는 게 무섭구나.' 하는 생각도 들었지만 그들의 지혜와 혜안, 용기와 배짱, 의리와 배신, 권모와 술수를 알고 나니 인생 똑바로 정신 차리고 살아야겠다는 다짐도 들었었다. 그리고 이 책은 절대 다른 사람들이 읽지 말았으면 좋겠다는 욕심(?)도 들었다. 물론 살면서 딱 한 번 고등학교 절친에게만 빌려주었던 기억이 있다. 그 누구도 빌려주지 말고 너만 보라고 하면서!

이 책을 내가 만난 건 신혼시절을 보낸 안산의 상록서점에서였다. 안산에서 부천까지 출퇴근을 하려면 전철을 두 번 갈아탄다. 금정역과 구로역. 참 힘든 일 년이었다. 김밥집 아주머니가 말아준 김밥을 입에 물고 상록수역까지 뛰어가서 6시 40분 전철을 타야만 한다. 그 뛰어가는 시간에 김밥을 다 먹고 호일을 쓰레기통에 버리고 전철을 탄지 3개월쯤. 집으로 돌아오는 퇴근길에 상록서점이라는 꽤 큰 서점이 눈에 띄었다.

'그래, 여기서 잠시 숨 좀 고르고 가자.' 하며 신간서적이 있는 곳으로 갔다.

'아, 이렇게 많은 책들이 기다리는데…… 난 시간도, 돈도 없다니…….'

이렇게 신세한탄(?)을 하고 있을 무렵, 내 눈에 들어온 신간 하나. 바로 강우현 님의 책! 조금 탐색해 보니…… 저절로 이런 감탄사가!

"오옷~ 괜찮은데? 으음~ 기발한데? 어쭈~ 굉장한데? 와앗~ 최곤데?"

그리곤 바로 샀다. 그 책에서 논한 『사막의 공룡』이란 그림책도 그 서점에서 찾아 읽어보았다. (어쩌면 내가 최초로 본 그림책이었을지도 모른다. 나도 모르게 인연이 시작된 것?)

그렇게 또 하나의 책이 나에게 찾아와서 주위의 사람들에게 많이 홍보를 했는데…… 서점에 없어서 살 수가 없다고 한다. 그래서 찾아가 보니, 이미 신간코너에서 밀려 있었고 그리 잘 팔리는 책이 아니라 금방 절판이 된 듯하다.

'아, 역시 뭐든지 봤을 때 사야 후회를 안한다니까……. 옷이든, 책이든!'

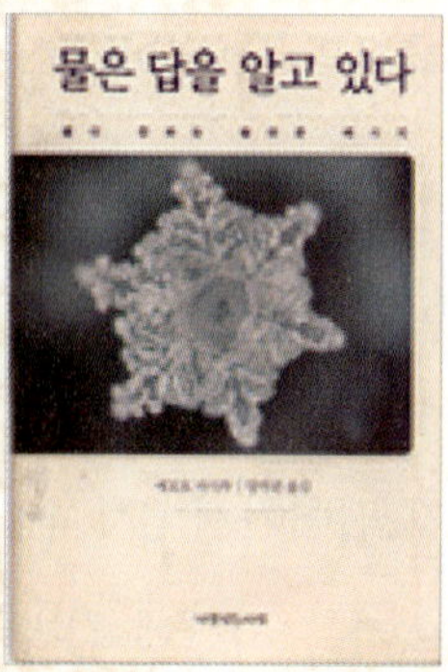

물은 답을 알고 있다.

물은 정말 답을 알고 있다.

물은 정말 교육의 답을 알고 있다.

물은 정말 교육에서 고민한 답을 알고 있다.

물은 정말 교육에서 교사가 고민한 답을 알고 있다.

물은 정말 교육에서 교사가 고민한 모든 답을 알고 있다.

물은 교실에서 내가 행한 나쁜 행동의 답답함을 알고 있다.

물은 우리가 어떻게 살아야 하는지에 대한 답을 알고 있다.

물은 당신이 지난 인생에 한 일도, 그 결과의 답도 이미 알고 있다.

소름이 돋았다. 후회가 들었다. 눈물이 흘렀다. 마음이 아팠다. 용서를 구해야 했다. 이 책을 읽고 난 후, 나는 쉽게 나쁜 말과 행동을 할 수 없게 되었다. 그리고 우리 몸의 70퍼센트에서 희망도 엿볼 수 있었다.

❷ 마이북(My Book) 프로젝트 – 내 평생을 읽을 책!

죽을 때까지 100번 넘게 읽을 책. 그래서 어떤 모임, 어떤 자리든지 마이북 이야기가 나온다면 그 작품과 작가의 모든 것을 막힘없이 이야기할 정도로 평생을 읽을, 내 인생의 책을 정하는 것이다.

그렇게 내가 정한 마이북은 『로마인 이야기』. 시오노 나나미가 15년 동안 쓰고 내가 8년 동안 읽었다.

'작가가 글을 쓰는 것이 빠른가, 독자가 그 글을 읽는 것이 빠른가?'

과연 어떤 것이 빠를까? 정답은 '아킬레스와 거북이의 달리기 시합'과 같다. 결국 작가가 빠른 것이다. 작가가 글을 쓰기 전까진 독자는 기다려야만 하니까. 이런 생각으로 책을 대한 적도 있었지만, 작가의 '생각'을 읽어주는 독자의 '지지'가 있어서 모두가 행복하지 않을까 한다.

그리고 나는 전작주의자다. 좋아하는 작가를 오롯이 이해하는 방법 중 하나는 작가의 모든 작품을 읽는 것이다. 이건 나의 꿈이다. 그 꿈의 범위에 세 명의 작가가 포착되었다.

시오노 나나미, 베르나르 베르베르, 앤서니 브라운.

그들의 책을 읽고, 공감하고, 느낀 점을 나의 '생각공책'에 적는다. 오랫동안 생각하고 정리해서 글을 쓰는 것이 아니라, 책을 덮은 순간 떠오르는 모든 감정과 기분을 빠르게 적는다. 생각은 자동으로 써지는 것이지 꾸미고 바꾸는 게 아니란 이야기다. 즉 솔직한 내면의 글이 탄생하는 순간이다. 이처럼 나는 글을 쓸 때 '자동기술'을 믿는다. 또한 나의 이런 생각을 지지해주는 작가도 언급하고 싶다. 『유혹하는 글쓰기』의 작가, 스티븐 킹! 그의 글쓰기는 주인공이 어디로 튈지 작가 자신도 모르게 써진다고 한다.

❸ 나는 언제, 어디서 책을 읽는가?

가장 많이 읽는 장소는 해우소. 혼자라서 좋다. 냄새 나서 싫다.

약속장소로 향하는 시간, 전철에서 읽는다. 기다리며 읽어서 좋다. 역을 지나쳐서 싫다.

가끔 하는 반신욕 시간. 한 시간 정도 읽을 수 있어서 좋다. 책이 젖고 눈이 아파서 싫다.

잠이 안 올 때 읽는다. 몰입할 수 있어서 좋다. 다음 날 피곤해서 싫다.

헬스용 자전거 위에서 읽는다. 뇌와 몸을 동시에 발전시켜서 좋다. 동시에 망칠 수도 있어서 싫다.

그리고 찾아가서 읽는 장소. 나만의 아지트, 세상의 모든 서점과 카페. 그리고 햇살 좋은 공원.

❹ 나를 힘겹게 했던 책

읽는 내내 정말로 화가 난 책들이 있지만 생략하겠다.

❺ 독서는 내 상상과 남 상상의 대련이다.

어렸을 적부터 나는 성룡 영화의 팬이었다. 영화에서 그가 한 모든 동작들을 따라하려고 무척 애를 썼다. 손에 땅콩을 놓고 '탁' 쳐서 입으로 먹기나, 손 안 대고 남의 집 문을 넘어가기나, 의자와 사다리 등을 이용하여 몸 통과하기나, 심지어는 〈용형호제 2〉처럼 얼굴에 바람을 쏘고 그걸 거울로 보려고도 했다. 흐흐. 그러니까 항상, 무엇을 보든 나의 결론은, '내가 저렇게 할 수 있을까?' 하는 실천의 문제였다.

독서도 마찬가지다. 누구의 글을 읽고 내게 깨달음이 온다면 바로 '실천'하려는 노력을 한다. 그 대표적인 것이 이해인 수녀님의 글이었다. 〈좋은 생각〉 잡지의 1996년 4월 6일자 글을 보면서 나는 제자들에게 줄 〈작은 보물섬〉이란 문집을 만들었었다. 그리고 또 하나, 아주 가끔이지만 어떤 작가의 글을 읽다보면 '어? 나도 그런 생각을 한 적이 있는데?' 하는 구절이 있다. 그런 일을 접할 때마다 난 더 상상하려 노력한다.

독서는 <u>독자의 상상과 작가의 상상과의 충돌이고 대련</u>이다. 대련을 많이 할수록 상상은 는다.

자연의 숨겨진 비밀을 찾아서!

동강의 아이들
김재홍 글·그림
길벗어린이

주제 소중한 자연, 소중한 아이들
대상 자연의 아름다운 비밀과 기다리는 마음을 알고 싶은 친구들

마음의 흔들림

동강. 딱 한 번 가봤다. 그렇지만 좋은 기억으로 남지는 않았다. 굽이치는 물살 위에 구명조끼를 입고 덜덜 떨면서 했던 레프팅 때문이다. 사실 난 대학생 때 동해 바다에 갔다가 빠져서 구조된 아픈 기억이 있어, 그 후론 수영을 못했다. 그리고 원래 자연 속에서 이렇게 활동적인 레저를 즐기는 사람도 아니었다. 다만 같이 간 일행들의 기대를 저버리기 싫어서 했을 뿐이었다.

만약 내가 혼자 갔다면, 강 주변을 따라 산책을 했을 것이다. 강가의 돌멩이들을 만지며 미소 지었을 것이고 물수제비를 떴을 것이다. 그리고 마음에 들어오는 산길을 발견했다면 숲 속으로 계속 걸어 들어갔을 것이다. 아, 얼마나 많은 나무들과, 꽃들과, 산새들과, 동물들을 만났을까? 빠르게 지나치면 못 보는 것들, 느린 걸음만이 찾아낼 수 있는 새로운 세상. 다시 자연 속으로 들어갈 기회가 생긴다면, 앞을 보기보다는 옆을 보면서 천천히 걸어가고 싶다.

그런 기억 속의 동강을 그림책으로 다시 만났다. 초록의 아름다운 강줄기를 표현한 그림과 의좋은 남매의 모습이 새겨진 표지. 마치 한 줌의 자연이 담겨 있는 듯해 조심스럽게 책을 받아들었다. 이 책은 후배 선생님이 선물한 책이다. 대학생 때 알았던 책인데 너무 좋아서 나한테 선물해 주고 싶었다는 말과 함께! 책을 선물 받는다는 건 준 사람의 취향까지 받는 것이다. 우리가 감명 깊게 읽은 책은 대부분 가장 가깝고 소중한 존재로부터 받은 책일 것이다. 이 책 『동강의 아이들』은 그렇게 아는 선생님의 손에서 내게로 다가왔다.

책 속으로 풍덩~!!

온통 초록의 표지. 자연의 모습. 그 안에 오빠가 동생을 업고 걸어간다. '시골의 정겨운 풍경', 그 편안한 인상을 받으며 책을 펼쳐 보았다. 여백이 풍부한 속표지의 아이들. 강물에 돌을 던지려나 보다. 나도 물수제비 잘하는데(기억나는 기록은 한 17번 정도?). 한 장을 넘기니 어머니는 장터에 가고, 남은 남매는 엄마가 사 올 색연필과 운동화를 기다리는 중이다. '음, 동강의 바위들이 참 크구나.' 하고 생각했다. 그런데 그 동강의 바위가 예사롭지 않게 생겼다. '희한하게 생겼군.'(나중에 그림책을 다시 보곤, 놀랐다!)

기다리다 지쳐 엄마를 마중 나가자고 조르는 동생 순이와 강가로 데려가며 달래는 오빠 동이. 엄마가 어디까지 오셨는지 궁금해진 순이가 큰새와 아기곰에게 물어본다. 그림 속에는 온통 바위뿐이었는데……. 자세히 보니 정말 큰새와 아기곰이 나타나는 것이다! '어? 아까까지는 없었는데?' 신기한 일은 계속된다. 엄마를 마중 나가자고 하는 동생에게 '망태 할아버지가 잡아가신다.' 고 겁도 주고 물수제비를 뜨며 달래주는 오빠. "통, 통, 통, 탁!" 하며 물수제비에 맞은 바위를 자세히 보니, 울퉁불퉁한 등허리와 사나운 눈의~ 공룡이 보이는 거다! 아이들은 깜짝 놀라 배를 타고 지나가시는 할아버지에게 말씀드린다. 그런데 다시 보니 험하게 생긴 바위에 누가 빈 병을 버려서 사나워 보였나 보다. 그걸 치워 주시는 할아버지의 표정이 흐뭇하다.

신기한 모양의 바위 앞에서 동이는 순이를 업어 주고 엄마와 아빠가 언제 오실지 얘기한다. "이따가, 이따가." 그러면서 올라서는 아빠 모습의 바위와 엄마 모습의 바위들. 아이들 눈에는 분명히 그렇게 보였을 것이다. 얼마나 놀라운가, 자연이 주는 이 위로는!

어느새 해님은 산 너머로 넘어가고 아이들은 '해님이 다 지기 전에 오신다.'는 엄마의 약속을 철썩같이 믿으며 동강 기슭에 서 있다. 마지막 장면, 황홀하게 굽이진 동강의 풍경 아래 저 멀리엔 엄마가 아이들 선물을 이고 들고 오신다. 그리고 반갑게 뛰어가는 아이들의 모습에서, 나도 안도의 눈물이 난다.

그림책의 맨 뒷장엔 '마음으로 보는 동강의 새로운 모습'이란 작가의 글이 있다. 그리고 함께 실려 있는 동강의 사진. 바로 작가에게 새로운 모습을 보여 준 그 사진이!

우리도 자연의 다른 모습을 발견할 준비가 되어 있다면 지금, 책을 세우지 말고 고개를 돌려서 사진을 보라. 웃고 있는 아기곰과 눈을 마주칠 수 있으니~!!

함께 해보기

❶ 자연의 새로운 모습 찾아보기

16세기 이탈리아의 화가 주세페 아르침볼도(Giuseppe Arcimboldo)의 명화 중에 〈채소 기르는 사람〉이 있다. 그냥 보면 평범한 과일 바구니 같지만, 위아래를 돌려보면 특별한 인물을 만날 수 있다~!! 칠판에 작품(코팅 후 자석을 붙인)을 붙여 두고 한 아이를 뽑아 직접 돌려보게 한다. 오오~!! 아이들에게 발견의 환희를 느끼게 해주자!!

또 〈봄〉, 〈여름〉, 〈가을〉, 〈겨울〉도 있다. 네 개의 작품을 칠판에 붙여 두고 계절 맞추기를 해보자. 그리고 한 명씩 나와서 계절을 순서대로 맞춰 놓아 보게 하자. 손으로 만질 수 있는 계절의 재미가 있다.

봄

여름

가을

겨울

❷ 숨은 그림을 찾을 수 있는 재미있는 책을 함께 읽기

앤서니 브라운의 『이상한 놀이공원』은 수많은 장치가 숨어 있는 독특한 팝업북이다. 아이들과 전철을 타거나 여행을 갈 때 가져가면 아이들의 만족도가 만점에 가깝다. 특히 그 책에는 다양한 얼굴이 나오는 으스스한 성이 있는데, 자세히 보면 한 얼굴에 두 가지 표정이 숨어 있다. 책을 돌려보는 방향에 따라서 다르게 보이는 모습이 동강의 새로운 모습을 발견했을 때만큼 즐겁다.

또 하나 『수잔네의 여름』이 있다. 4미터까지 펼쳐지는 특별한 그림책. 계절별로 4권이 나와 있다. 병풍처럼 펼쳐 아이가 자기만의 성을 쌓을 수 있어서 좋고, 4권이 모두 똑같은 장면인데 계절마다 다른 모습을 하고 있어서 재미있다. 그림책의 맨 뒷장에 나와 있는 사람, 동물, 물건을 찾아내는 놀이를 해도 좋다.

Tip

'섬집 아기'라는 노래는 들을 때마다 눈물이 난다. 나만 그런 것은 아닐 것이다. 우리 어릴 때, 일하러 나가신 부모님을 집에서 기다려 본 세대는 알 것이다. 그 노래가 얼마나 가슴을 아리게 하는지. 그런 노래를 어른이 된 대학생 때 다시 만난 적이 있었다. 과학을 가르치시는 교수님 중 한 분이 꼭 강의를 시작하시기 전에 이 노래를 부르게 했다. 우리는 건성으로 웃으면서 불렀지만, 시간이 갈수록 분위기가 가라앉았다. 다음 주엔 더, 그다음 주엔 더.
이 노래는 나이와 상관없이 '기다림'을 겪어본 사람에겐 '의미 있음'으로 다가올 것이다. 오늘, 이 책과 『엄마 마중』을 아이들과 함께 읽고 '섬집 아기'를 불러보는 건 어떨까.

함께 읽기

『엄마 마중』(이태준 글 / 김동성 그림 / 소년 한길)
『수잔네의 봄, 여름, 가을, 겨울』(로트라우트 수잔네 베르너 글·그림 / 윤혜정 옮김 / 보림큐비)
『이상한 놀이공원』(앤서니 브라운 글·그림 / 김향금 옮김 / 미세기)
『바로 또 거꾸로』(앤 조나스 글·그림 / 이상희 옮김 / 비룡소)

part 2 내 친구들의 세계 속으로

어린이의 속마음을 알고 있나요?

친구를 데려가도 될까요?
베니 몽트레소 그림
베라트리체 셍크 드 레그니에스 글
장미란 옮김
시공주니어

주제 어린이들에게 다가가는 능숙한 방법을 배우자
대상 친구와 함께하고픈 어린이의 마음을 알고 싶은 어른들

마음의 흔들림

몇 해 전 집 안의 다락방에 올라갔을 때 일이다. 작은 아파트지만 최상층이라 넓은 다락방이 있었고, 그곳은 아들과 나의 마음에 쏙 들었다. 12평 정도 되는 다락방의 절반은 장난감과 어우러진 놀이방이 되었고, 나머지 절반은 그림책과 철 지난 어린이 잡지들로 빼곡한 도서관이 되었다. 그곳에 필요한 책이 있어서 찾으러 올라갔는데 그만 나에게 질문을 던지는 책을 만난 것이다.

"친구를 데려가도 될까요?"

나는 이렇게 묻는 책들을 만나면 나도 모르게, "응!" 하고 대답하는 습관이 있다. 그리고 빼들은 그림책을 찬찬히 읽어 갔다. 표지의 그림부터가 왠지 '오래된' 냄새가 났다. 이 책은 고전인가, 하는 마음으로 책을 넘겨보았다. 네모난 무늬가 가득한 화면 속에서 규칙적으로 마름모 도형이 배치되어 있는 장면이 나타났다. '이건 뭐지?' 하는 궁금증과 함께 책 속으로 들어갔다.

순진한 표정의 아이가 손에 초대장을 들고 독자인 나에게 자랑을 하는 것 같다. 임금님과 왕비님이 일요일에 차 마시러 오라는 초대를 했다고. 그런데 아이는 친구가 있는데 같이 가고 싶다고 말하고, "우리 친구의 친구라면 누구든 데려와도 좋아요."라는 말을 듣는다. 그리고 데려간 친구는, 기린이었다. 세상에……. 역시 아이들의 엉뚱함은 놀라워! 그런데 더욱 놀라운 상황은 친구를 만난 임금님과 왕비님의 태도였다. 너무나 당연하다는 듯이 "안녕, 처음 만나는구나." "어머나! 만나서 반갑구나!" 하고 진심으로 환영해 주었다는 것이다. 이 얼마나 놀라운 태도인가! 게다가 다 같이 차까지 마시는 장면은 정말로 흐뭇해 보였다. 그 자리에서 임금님과 왕비님은 월요일 저녁에 스튜(고기와 채소를 끓여 만든 서양 음식)를 먹을 거니까 또 놀러오라는 말을 하고, 아이는 독자의 기대대로 친구랑 같이 오고 싶다고 한다. 대답은,

"그럼, 그럼. 우리 친구의 친구라면 누구든 데려와도 좋아요."

이 얼마나 배려심 깊은 대답인가? 좋은 일을 친구와 함께 하고 싶은 아이의 마음과, 그 마음을 소중하게 받아들이는 어른의 하모니. 아이들에게 다가가는 능숙한 방법을 배우기에 안성맞춤인 책이다.

화요일엔 또 어떤 친구를 데려올까? 일주일이 기대되는 미소 가득한 그림책이다.

책 속으로 풍덩~!!

"여러분이 어느 날, 임금님한테 초대를 받으면 어떻게 하겠어요?" 하며 물으면 반응은 두 가지로 나타난다. 저학년의 경우는 신이 나서 간다고 한다.

궁전에서 맛있는 음식도 먹고 넓은 뜰에서 막 뛰어다니며 놀겠다고! 역시 구김살이 없어서 좋다. 고학년의 경우는 다르다. "왜 초대를 해요? 왕이?"라거나 "그럴리가요." 하는 반응들이다. 자기는 초대받을 자격이 없다는 생각이 많나 보다. 왜 이런 반응이 나올까 생각해 보면 답은 간단하다. 요즘 아이들은 자아존중감이 낮은 것이다. 자신의 의지와 상관없이 여러 학원을 돌며 하루를 보내고, 밤늦게 집에 들어오면 쓰러진다. 그런 왜곡된 하루를 사는 아이들에게 자신을 존중하고 소중하게 생각하는 마음이 들 리가 없지 않은가.

"여기 임금님과 왕비님의 초대를 받은 아이가 있는데 한번 들어볼래요?" 하며 책을 보여 준다. 친구를 데려가고 싶다는 아이의 말에, "맞아! 나도 친구들과 함께 가면 정말 재밌을 거야!" 하고 말하는 아이들이 꽤 있다.

그런데 일요일에 데려온 친구가 기린이라니! 아이들은 "푸하~!!" 하며 웃기 시작한다. 그 상황이 신나고 즐거워서일까? 황당하고 어이없어서일까? 기린과 함께 차를 마신 임금님은 월요일 저녁 때 꼭 놀러오라고 하고 아이는 친구를 데려오고 싶다고 한다. "그래서 나는 친구를 데려갔어요."라는 한 줄의 글만 있는 장면을 천천히 넘기면, 아이들은 침을 꼴깍 삼킨다. 다음 장에, 두 면 가득히 아이가 데려온 친구는, 하마였다! 꼬리에 리본을 한 분홍색 하마. 반 아이들 모두가 "하하하~!!" 하고 웃는다. 점점 신이 나는 것 같다. 궁전의 끝에 서 있는 임금님과 왕비님은 조금 놀란 표정이다. 하지만 저녁을 같이했다. 물론 하마가 거의 모든 음식을 먹었지만 말이다. 그리고 놀라운 일 한 가지, 임금님과 왕비님이 아이에게 화요일에 점심 먹으러 꼭 오라는 카드를 보내신 거다. (허, 참. 어른인 내가 보기엔 쉽지 않은 결정인데.)

아이도 카드를 보낸다. 친구가 있는데 같이 가고 싶다고. 궁전에서 온 답장엔 심지어 이렇게 써 있었다. "친구를 많이 데려올수록 우리는 더 기쁘단다." 또다시 긴장되는 순간, 아이가 데려온 친구들은 원숭이였다!

"아유, 장난꾸러기 원숭이들이 왔구나." 하며 아이의 어깨를 감싸는 왕비님의 다정함이 느껴진다. 내가 대충 원숭이들을 세어 봐도 열두 마리는 넘는 것 같은데 난리를 치는 원숭이들 사이에서 식사를 하는 세 사람.

이번엔 수요일에 아침을 먹으러 오라고 뿔나팔 부는 아저씨를 보낸다. 점점 심각해지는 상황과는 다르게 '아무렇지도 않은 듯' 행동하는 임금님과 왕비님의 일관된 자세가 대단하다는 생각이 든다.

수요일 아침, 데려온 친구는 코끼리였다! 앉을 자리가 없어 결국 코끼리 등에 올라가 아침을 먹고 코끼리는 바닥에 차려진 음식을 코로 먹는다. 목요일엔 할로윈(어린이들이 유령 등으로 가장하고 집집마다 방문해 사탕이나 초콜릿을 얻어가는 서양의 축제) 파티가 있다고 또 초대한다. 다시 한 번 우리들은 긴장된 순간을 맞이하고, 나타난 친구들은 검은 가면을 맞춘 사자 일곱 마리! 사자의 "어흥" 소리에 약간 두려워하지만 곧장 금요일에 사과 파이를 먹는 날이라고 친구를 데려오라고 한다. 이 장면에선 정말 두 손 다 들었다. 대범하고 배려심 깊게 아이를 대하는 어른과, 친구를 위한 순수한 마음을 계속 보여 주는 아이의 모습에서 나 또한 감동하고 있는 것이다.

금요일에 데려온 동물친구는 임금님과 왕비님의 마음에 쏙 들었나 보다. 과연 어떤 동물이었을까? 그리고 드디어 토요일이 찾아온다. 하지만 이번엔 오히려 친구들이 임금님과 왕비님을 초대한다. 그토록 친구들을 잘 대해준 두 분이 고마웠나 보다. 그렇게 초대되어 찾아간 곳은 바로, 동물원이었다! 우리 속에 식탁을 차리고 차를 마시는 세 명과 동물친구들의 모습을 보면, 절대로 우리에 갇혀 있다는 생각이 안 든다. 우리 이곳저곳으로 삐져나온 동물들의 엉덩이와 꼬리, 기린의 목은 그저 자연스러운 나들이의 모습이었다.

이 책을 다 읽어 주면 아이들은 말한다. "와~ 우리도 저런 임금님한테 초대를 받고 싶어요~!!" "나도 친구들 많이 데려가고 싶어요~!!"

친구들과 함께라면 무엇이든 즐겁고 어디라도 행복할 것이라는 말로 마무리하는 수업이 되었다.

적절한 시간이 되면 '런던으로 가는 가장 빠른 길은?'이란 문제를 내어도 좋을 것 같다. 물론 답은 '친구'였다! 친구와 함께라면 먼 길도 심심하지 않고 금방 도착할 테니까.

함께 해보기

❶ 나의 친한 친구들 이름과 그 친구들의 재미있는 점 찾아 쓰기

유치원 친구부터 동네친구, 같은 반 친구들까지 나랑 친했던 친구들의 이름을 적어 보고 그 친구들의 재미있던 점들을 간단히 써본다.

❷ 아이들의 마음을 잘 알아주는 그림책 속의 어른 찾기

부모님에게, 그리고 선생님에겐 약간의 부담으로 다가오는 그림책 작가 존 버닝햄의 『검피 아저씨의 드라이브』를 보자. 검피 아저씨는 동네의 모든 아이들과 동물들이 함께 차를 타고 드라이브 하자는 말에 흔쾌히 차에 태운다. 갈등도 있고 아이들끼리의 다툼도 있지만 결국, 모든 아이들이 즐거운 드라이브를 마치게 해준다. 그 배려의 마음을 배우고 싶다.

또 한 명, 아이의 마음을 잘 이해하고 다독여 주는 삼촌 같은 존재가 있다. '셀레스틴느 이야기' 시리즈에서 작은 생쥐 아가씨 셀레스틴느와 함께 나오는 곰 아저씨 에르네스트! 그 따뜻한 이야기를 펼쳐보는 순간, 감정코칭의 대가를 발견하게 될 것이다.

Tip

'그림책을 향한 여행' 앞에는 여러 갈래의 길이 있다. 그중 하나.
우리집 다락방에는 내가 안 읽어 본 그림책들이 곳곳에 숨어 있다. 칼데콧 상을 수상한 그림책 50권을 싸게 판매하는 행사가 있어서 한 번에 산 적도 있었고, 아름다운 가게나 알라딘 헌책방에서 여러 권을 구입한 적도 많다. 그런 책들을 무작정 다락방 작은 도서관에 넣어 둔다. 그리고 나중에 무심코 책을 찾다가 만나는 좋은 인연을 기대해 본다. 마치 시립도서관에 가서 책장을 뒤지다가 만나게 되는 즐거운 인연을 고스란히 다락방으로 옮겨온 느낌이랄까. 여러분도 예상치 못한 책과의 즐거운 만남을 원하신다면, 준비해 보세요.

함께읽기

『월요일 아침에』(유리 슐레비츠 글·그림 / 양녕자 옮김 / 미래아이)
『지각대장 존』(존 버닝햄 글·그림 / 박상희 옮김 / 비룡소)
『검피 아저씨의 드라이브』(존 버닝햄 글·그림 / 이주령 옮김 / 시공주니어)
『검피 아저씨의 뱃놀이』(존 버닝햄 글·그림 / 이주령 옮김 / 시공주니어)
『비오는 날의 소풍』(가브리엘 뱅상 글·그림 / 김미선 옮김 / 시공주니어)
『박물관에서』(가브리엘 뱅상 글·그림 / 김미선 옮김 / 시공주니어)
『시메옹을 찾아 주세요』(가브리엘 뱅상 글·그림 / 김미선 옮김 / 시공주니어)
『일곱 마리 눈먼 생쥐』(에드 영 글·그림 / 최순희 옮김 / 시공주니어)
『코뿔소 한 마리 싸게 사세요!』(쉘 실버스타인 글·그림 / 지혜연 옮김 / 시공주니어)

부모님의 사랑 표현 방법 하나

안녕, 친구야
강풀 글·그림
웅진주니어

주제 경험으로 자라나는 아이를 위하여
대상 첫아이를 맞이할 준비를 하는 부모님들

마음의 흔들림

우리나라 최고의 스토리텔러에는 누가 있을까? 다양한 이야기를 맛깔나게 버무려서 독자에게 웃음과 눈물을 동시에 선물하는 재능이 있어, 한시도 책에서 눈을 뗄 수 없게 만드는 최고의 이야기꾼! 여러 사람이 떠오르겠지만 내가 개인적으로 좋아하면서 최고라고 느끼는 사람에는 두 명이 있다. 그것도 내가 좋아하는 만화가 중에! 한 명은 허영만이고, 또 한 명은 강풀이다.

인생의 다양한 경험을 바탕으로 맵고 짠 이야기를 우리에게 맛보여 주는 허영만 화백은 35년 전부터 나의 삶에 다양한 색과 맛을 넣어 주신 분이다. '각시탈'부터 시작해서 '무당거미' '쇠퉁소' '제 7구단' '미스터 Q' '아스팔트 사나이' '비트' '타짜' '식객' '사랑해' '말에서 내리지 않는 무사' 등등 수많은 이야기로 우리의 삶을 풍성하게 해주신 분이 바로 허영만 화백이다.

그리고 신선한 감각으로 작은 부분을 잡아내어, 감성적인 이야기로 이끌어가는 재능이 탁월한 강풀 작가 또한 이 시대의 젊은 이야기꾼이다. '순정만화'부터 '아파트' '타이밍' '26년' '이웃 사람' '바보' '그대를 사랑합니다' '당신의 모든 순간' 등 우리가 놓치고 사는 무수한 이야기를 섬세하게 엮어 우리의 삶을 따뜻하게 해주신 분이 강풀 작가다.

그렇다면 그 두 분의 공통점은 무엇일까? 여러 가지가 있지만 이 시대 최고의 스토리텔링 작가라는 점이다. 어떻게 그렇게 단언하냐고 묻는다면, 그들의 작품 대부분이 영화나 드라마로 만들어졌다고 말하고 싶다. 작품이 영상으로 많이 만들어졌다는 것은, 이 시대 사람들이 그들의 이야기에 크게 반응하고 기대한다는 반증이기 때문이다. 똑같은 옷을 입고 똑같은 음악을 들으면서 똑같은 유행을 따라가는 몰개성적인 사람들이, 이들의 독특하고 새로운 감각으로 만들어진 개성적인 이야기에 심취하는 이유는 지루한 인생에 생생한 감동을 느끼려 함일 것이다.

서두가 길었지만, 지금 말하고 싶은 사람은 강풀 작가다. 그는 만화가다. 이 시대 최고의 만화가. 그의 이야기에는 감동이 있고, 아픔이 있고, 희망이 있다. 그의 책들을 읽다가 눈물을 닦은 적이 얼마나 많았던가, 배를 움켜잡고 뒤집어진 적이 얼마나 많았던가! 그의 책은 우리를 힐링시킨다. 그래서 다 읽고 나면 신선한 정서의 순화를 느낀다.

그런 작가가 '그림책'을 한 권 만들었다! 대부분의 그림책은 '자녀들'과 연관이 많다. 수많은 그림책 작가들이 그림책을 만든 이유는, 바로 자신의 자녀들을 위해서였다~!! 강풀 작가도 자신의 첫아이 '은총이(태명)'를 위해 그림책을 만들게 되었다고 한다.

세상에 단 한 명, 자신의 아이를 위해 그림책을 만드는 부모의 사랑 표현만큼 성스러운 게 있을까?

책 속으로 풍덩~!!

이 그림책은 강풀 만화가의 첫 그림책이다. 그만큼 신선한 부분도 있고 아쉬운 부분도 있다. 하지만 만화책을 보는 것 같은 이야기 장면의 신선함과 작은 부분도 놓치지 않는 섬세함을 한 번에 느낄 수 있는 책이다. 만화를 좋아하는 아이들에게 어떻게 다가갈지 벌써부터 기대가 되는 그림책이 탄생한 것이다. 그럼 이야기 속으로 풍덩~ 뛰어들어가 보자.

한 아이가 문지방에 발가락을 찧었다. 꽝! 하는 순간 떠오른 그림책 『꽃밭』. '어째 비슷한 전개구나' 하며 다음 장을 봤는데 이해할 수 없는 순간이 나온다. '아무리 크게 울어도 엄마 아빠가 깨지 않았다니? 약 오른 아이가 더 크게 울었는데도…… 잠을 잘 자는 부모가 있을까? 현실감이 없어. 강풀 작가는 아직 아기를 키워 보진 않았구나. 아기 이름이 태명으로 되어 있으니 곧 태어나겠군.' 그 순간 고양이의 현실감 있는 한마디,

"그만 울어. 네가 그렇게 울면 사람들이 우리가 우는 줄 알고 싫어한단 말이야."

'아~! 맞다, 맞아!' 하고 고개를 끄덕이는 순간이다. 그리고 고양이를 따라나선 아이. 고양이와 눈 쌓인 담장을 걸어가다니? 이건 좀 만화 같은 설정이 다분하다. (만화가의 상상력은 위태로움도 대수롭지 않게 여기는 '여유'가 묻어 있지.) 그래도 펼친 화면 한가득, 담장에서 내려다보이는 골목길은 독자들의 어릴 적 추억을 떠올려 보게 하는 힘이 있다. 담장 위에 올라가 본 경험이 있는 사람

만이 볼 수 있는 높은 시선의 상쾌함을 말이다.

아이가 고양이에게 "너 엄마 아빠를 찾는 거야?" 하고 묻자 고양이가 대답한다. "야옹." '아…… 어쩌지? 이건 완전히 『구름빵』에서 아빠가 한 유명한 대사인데?' 자꾸 다른 그림책이 오버랩되지만 계속 읽어나가 본다.

집에서 너무 멀리 나온 것 같아 고양이가 걱정을 하자 아이는 씩씩하게 말한다. "괜찮아. 발자국을 따라 돌아가면 돼." 야~ 이건 참 차분한 아이의 대답 같은데? 당황하지도 않고 망설이지도 않고 저렇게 담대히 말하다니!(아마 아이는 '헨젤과 그레텔'의 이야기를 읽어 봤을지도.)

이 그림책의 가장 아쉬운 장면은 그다음에 나온다. 골목길에서 개를 만나고 도망가다가 아이가 그 개한테 고양이 부모님 소식을 물어보라고 하자 고양이가 안 된다고 말한다. "왜?" "저건 개잖아." 그다음 장면,

"아이는 고양이를 이끌고 개가 있는 곳으로 되돌아 왔습니다."

이것을 타협했을 것이라고 여겨야 할지, 강제로 끌고 왔다고 행간을 이해해야 할지 아쉬운 부분이다. 특히 아이들에겐 '하지만'이 빠져서 더 아쉽긴 하지만.

그러다가 쥐도 만나고, 음식물 쓰레기통을 뒤지는 검은 고양이도 만난다. 이 순간 '음식물 쓰레기통'이 어찌나 반가운지! 아무래도 현실에 있는 물건들

이 주는 안정감이 있나 보다. 마치 유명한 그림책인 '지원이와 병관이 시리즈'처럼 현실에서 일어나는 일상적인 얘기들 같은 느낌이랄까?

그리고 길을 가다 만난 갈림길. 그 앞에서 고양이와 아이는 어느 길로 가야 할지 몰라 구멍가게 앞 의자에 앉는다. 함박눈은 계속 내리고 둘은 각자의 집으로 돌아가기로 결심을 하고 헤어진다. 그런데 아이가 돌아가는 길에 큰일이 생겼다. 글쎄 길 위에 있던 발자국이 눈에 덮여서 보이지 않게 된 것이다. 걱정이 되는 마음에 내 입에선 '아, 어쩌지?' 하고 탄식이 나온다. 위기의 순간, 아이 앞에 나타난 친구들이 있었으니! 아까 만났던 검은 고양이가 길을 알려주고, 생쥐가 알려주고, 큰 개가 저쪽 길로 가면 너희 집이라고 알려 준다. 스치듯 만난 동물들에게 친절하게 대했던 아이의 행동이, 아이가 집을 찾아올 때 커다란 힘이 되어 주었던 것이다!

마지막 장면에서 아이는 창문턱을 넘다가 또 발가락을 찧고 말았다. 울었을까? 안 울었을까?

이 그림책은 작가가 첫아이인 은총이(태명)에게 선물하는 작품이라고 해설에 쓰여 있다. 역시 작가는 아직 아기를 키워보진 않았던 거야. 태명이 예쁜 작가의 아기가 건강하게 태어나서 빨리 아빠의 그림책을 보는 순간이 오길 소원해 본다.

마지막 지면엔 부모와 함께 돌아온 고양이 식구가 보인다. 강풀 작가가 길

★ 부모 편 ★

열하나) 사랑해 1~17 – 허영만, 김세영

열둘) 쥐 1, 2 – 아트 슈피겔만

열셋) 열 네 살 1, 2 – 다니구치 지로

열넷) 십자군 이야기 1, 2, 3, 4, 5 – 김태권

열다섯) 십시일反 – 인권위원회

열여섯) – [   ] 당신을 위해 비워둡니다.

함께읽기

『숲속에서』(매리 홀 엣츠 글·그림 / 박철주 옮김 / 시공주니어)

『나랑 같이 놀자』(매리 홀 엣츠 글·그림 / 양은영 옮김 / 시공주니어)

『사윗감 찾아 나선 두더지』(김향금 글 / 이영원 그림 / 보림)

『누나야』(김홍모 글·그림 / VOOXS북스)

너는 어떻게 생각해?

사랑과 사랑
오스카 브르니피에 글
자크 데프레 그림
박상은 옮김
미래아이

주제 사랑이란 무엇일까?
대상 인생에서 무수한 질문과 마주하는 당신

마음의 흔들림

잠깐만 생각해 보자.

"딸도 둘이고 엄마도 둘인데, 모두 합치면 세 명입니다. 어떻게 된 걸까요?"

이 질문에 먼저 대답할 시간을 갖자……. 음, 답을 찾았는가? 의외로 쉬운 질문이었을 것이다. 아직 답을 찾지 못했다면 읽기를 멈추고 조금 더 자신에게 시간을 주자. 가끔은 자신에게 관대하게 대하는 것이 정신건강에도 좋다.

우리는 살면서 무수한 질문과 맞닥뜨리게 된다. 그럴 때마다 어디에도 없는 정답지만 찾으려 노력한다. 인생? 그것은 정답이 없는, 의문문으로 가득 찬 교과서인 것이다. 그러니 밖에서 답을 찾지 말고 자신의 내면에서 답을 찾자. 내 인생의 정답은 내 안에 있으니까! 내가 어떻게 생각하느냐가 중요한 것이다. 일체유심조(一切唯心助). 모든 일은 마음먹기에 달렸다지 않은가.

또 다른 질문들을 더 만나 보자.

"아들이 아버지와 차를 타고 가다가 교통사고가 났다. 급히 병원으로 후송되어 왔는데 의사가 말했다. '이 앤 내 아들이오!' 어찌 된 일일까?"

"A4 종이를 꺼내서 가위로 커다란 구멍을 낸 후 그 안으로 자신의 몸을 통과시킬 수 있을까?"

"아킬레스와 100미터 달리기를 하는 거북이가 50미터 앞에서 달린다면, 과연 누가 이길까?"

"사랑이란 무엇일까?"

여기 철학박사이자 교육자인 작가가 내놓은 그림책 이야기로 내면의 답을 찾아보도록 하자.

책 속으로 풍덩~!!

"사랑이 뭘까요?" 하면 교실이 한바탕 난리가 난다. "어우~ 까아~ 웩~" 심지어 "변태"란 소리까지 나온다. 내 잘못이다. 급하게 선택한 질문 하나 때문에 변태로까지 몰리다니……, 선생님 체면이 말이 아니군. 질문을 바꿔 본다. "누구를 좋아해 본 적이 있나요? 가족이든 친구든 말이에요." 대부분 좋아해 본 적이 있다고 한다. "그러면 그때 자신의 감정은 어떠했어요?" "설레고 기뻐요!" "만나면 두근거리고 행복한 기분이 들어요!" "그럼, 누구를 좋아하는 게 더 기쁠까요? 아니면 누가 나를 좋아하는 게 더 기쁠까요?" 순간, 아이들은 당황한다. 그런 것까지는 생각해 본 적이 없나 보다.

"음. 여러분들이 영화나 드라마, 혹은 책을 보면 사랑하는 연인이 나오기도 하잖아요. 그 사람들은 사랑을 주면서 행복해하는지, 사랑을 받으면서 행복해하는지 생각해 봐요."

잠시 드라마나 책 속 연인들의 이야기를 나누어 본 후 그림책을 꺼내 든다.

"여기 사랑에 관한 여러 가지 생각들이 나오는 책이 있어요. 여러분이 생각하는 사랑과 비슷한 내용이 나오는 부분이 어디인지, 자신이 사랑을 어떻게 생각하는지 이 그림책을 보면서 알아볼까요?" 하며 그림책을 읽어 준다.

『사랑과 사랑』 그림책은 요즘 아이들이 좋아할 만한 3D 캐릭터로 그려져 있어서 아이들 마음에 다가가기 좋다.

첫 장면부터 예쁜 색의 캐릭터가 모두 나와 있다. '사랑이란 무엇일까?'란 주제로 서로 이야기하는 듯한 장면이다. 손에 큐브를 들고 있는 한 명만 뺀다면(이 아이는 다른 아이들과 다르게 흐릿하게 초점이 맞춰져 있다. 마지막에 이 장면이 한 번 더 반복된다).

"사랑에 대해 사람들은 저마다 다른 생각을 해. 때로는 서로 정반대로 생각하기도 하지."라는 말로 시작되는 이야기는 사랑에 대한 12가지 생각이 나온다. 처음에는 왼쪽 면에 '긍정적'인 생각이 나오고, 오른쪽은 '부정적'인 생각이 나오는 것 같아서, 왼쪽이 정답일 거란 착각을 했다. 하지만 중간부터는 그 경계가 모호해진다. 그러다가 책을 다 읽으면 어느 것이 맞는지도 모르겠고, 더 나아가 틀린 생각은 없지 않을까 하는 결론에 이르기도 한다.

사랑에 대한 개념으로 시작한 이야기는, 주는 사랑과 받는 사랑의 행복함을 다룬다. 그러다가 부모의 사랑에 대해 말하고, 형제자매로 영역을 확대하더니 사랑의 방법과 우정으로까지 발전한다. 자신에 대한 사랑과 주변 동물들, 그리고 일에 대한 열정을 이야기하고 마지막으로 이념과 인간을 사랑하는 경계까지 흐른다. 하지만 가장 중요한 장면이 남아 있다. 첫 장과 같은 장면에서 캐릭터들은 일제히 독자를 바라본다. 그리고 묻는다.

"너는 어떻게 생각해?"

결국 독자인 나의 생각이 중요하다는 결론이다. 내 안의 선택.

"그래, 인생은 자기가 어떤 생각을 하고 선택하느냐가 중요한 거지~!!"

이 수업을 할 때는 교사의 임기응변이 가장 중요하다고 생각한다. 그림책 하나에 무수한 질문과 선택이 담겨 있기 때문이다. 어떤 대목에서 아이들이 반응하고, 흥분하고, 격렬한 토론을 할지 우리는 모른다. 그러니 이 그림책 수업은 계획대로 진행하면 안 된다. 그냥, 자연스럽게 흘러가도록 놔두는 것이 좋다. 아이들의 사고와 생각이 흐르는 곳으로 따라가 주기만 하자. 진지한 표정과 공감하는 미소를 뿌려 주면서!

함께 해보기

❶ 추상적인 개념 정의하기

사랑에 대한 이야기를 나누어 봤으니 자신이 생각하는 '사랑'은 어떤 것인지 정리하는 시간을 갖는다. 이때 가져온 일기장에 써도 좋고 '생각공책'에 써도 좋다. (생각공책이란 항상 들고 다니면서 생각나는 모든 것들을 적어 두는 공책이다. 또한 책이나 잡지, 영화나 라디오에서 얻은 멋진 문구들을 옮겨 적어도 좋다. 일명 '아이디어 노트'라고 해도 좋겠다.)

그런 다음 '우정' '인생' '효' '공부' '미래' '봉사' '영웅' 등에 대한 개념도 토론해 보고 다양한 생각을 나눈 후에 자신의 생각을 정리하는 시간을 갖는다면, 그것이 내면의 성장이 되지 않을까?

❷ 추상적인 개념 정의하기에 도움이 되는 프로그램

열두 살 남자아이와 다섯 살 여자아이가 똑같이 좋아하는 TV 프로그램이 있다. EBS의 〈생방송 톡톡 보니하니〉. 아이들 덕분에 나도 자주 보게 되었는데 참 재미있는 내용이 많다. 미술부터 역사, 추리, 체조까지 다양한 콘텐츠가 좋았다. 아이들과 내가 가장 좋아하는 코너는 '미술탐험대'이다. 다양한 미술 작품에 대한 정보를 얻을 수 있어서 좋았는데, 며칠 전 나를 깜짝 놀라게 한 코너가 생겼다. 바로 '꼬마 철학자 휴고'였다. 자세히 알아보니 『사랑과 사랑』의 작가가 만든 것이다! 와우~!! 그날 밤 우리 가족은 모두 '휴고'를 만나고 '사랑과 사랑'을 읽었다.

'꼬마 철학자 휴고'의 주제는, 쉽지만 결코 쉽게 말할 수 없는 것들을 다룬다. 사랑, 진실, 늙음, 용기, 기억, 두려움, 호기심, 무한대, 영웅, 지식, 성장, 기다림, 집, 자연, 생명, 힘, 상상 등을.

마지막에 휴고가 우리를 쳐다보고 하는 중요한 질문이 있다.

"넌 어떻게 생각하니?"

이제 우리가 대답할 차례다. 우리가 생각하는 것을 적어 보자.

사랑이란
진실이란
늙음이란
용기란
기억이란
두려움이란

호기심이란
무한대란
영웅이란
지식이란
성장이란
기다림이란

집이란
자연이란
생명이란
힘이란
상상이란
?

Tip

〈고정관념을 깨는 재미있는 문제로 생각의 폭을 키우기〉

앞의 '마음의 흔들림' 부분에서 만났던 질문들에 대한 답을 맞혀 보는 시간이다.

• "딸도 둘이고 엄마도 둘인데, 모두 합치면 세 명입니다. 어떻게 된 걸까요?"
  답은 삼 대(할머니-엄마-딸)이다.
• "아들이 아버지와 차를 타고 가다가 교통사고가 났다. 급히 병원으로 후송되어 왔는데 의사가 말했다. '이 앤 내 아들이오!' 어찌 된 일일까?"
  답은 의사가 아들의 엄마이다(의사가 남자라는 고정관념을 깨는 문제).
• "A4 종이를 꺼내서 가위로 커다란 구멍을 낸 후 그 안으로 자신의 몸을 통과시킬 수 있을까?"
  답은 할 수 있다. ('쉬어가기' 코너에서 확인하세요.)
• "아킬레스와 100미터 달리기를 하는 거북이가 50미터 앞에서 달린다면, 과연 누가 이길까?"
  답은 거북이다('제논의 역설'에 따른다면).
• "사랑이란 무엇일까?"
  답은~! 당신이 생각하기에 달렸다!!

쉬어가기: 재미있는 수업, 재미있는 문제들 (졸저 '아이디어 교실'에서 인용)

❶ 성냥개비 문제 풀기

• 성냥개비 2개를 움직여서 돼지를 죽여라. (초급)

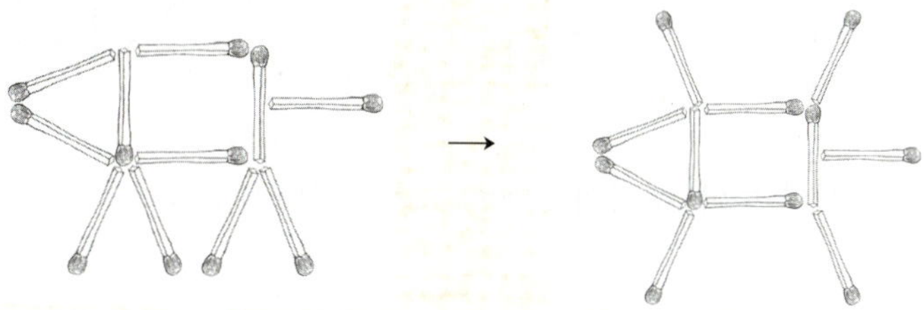

• 성냥개비 2개를 움직여서 쓰레받기 안의 쓰레기를 밖으로 빼라. 단, 쓰레받기의 모양이 변하면 실격! (중급)

• 성냥개비 2개를 움직여서 두 글자로 만들어라. 힌트는 영어로 된 두 글자 낱말! (고급-어른용)

❷ 연필로 한 번에 이어서 선 그리기

• 연필을 떼지 않고 한 번에 이어서 그림을 그려 본다. (초급)

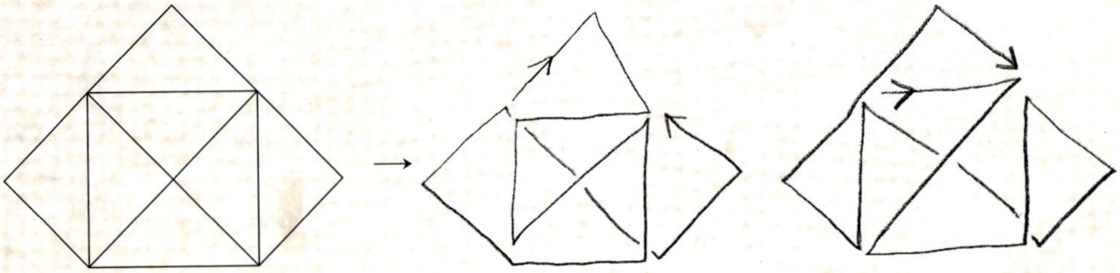

• 연필을 떼지 않고 한 번에 이어서 7888을 그려 본다. (중급)

7888 →

• 연필을 떼지 않고 한 번에 이어서 그림을 그려본다. (초초급)

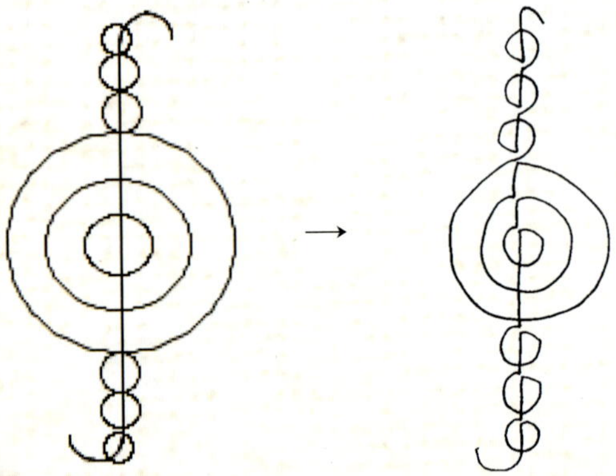

❸ 수학식 문제 완성하기

• 숫자 사이의 빈 곳에 알맞은 사칙연산을 넣어라.

2　2　2 = 6　→　$2 + 2 + 2 = 6$ 또는 $2 \times 2 + 2 = 6$

3　3　3 = 6　→　$3 \times 3 - 3 = 6$

5　5　5 = 6　→　$5 \div 5 + 5 = 6$

6　6　6 = 6　→　$6 \times 6 \div 6 = 6$ 또는 $6 - 6 + 6 = 6$

7　7　7 = 6　→　$7 - 7 \div 7 = 6$

❹ 숫자 연상하여 넣기

칠판의 위에서부터 아래로 다음과 같은 숫자를 쓴다. 일곱 번째 줄에 나올 숫자들을 맞혀 보라. 세 줄만 쓰고 맞혀도 된다. (베르나르 베르베르의 『개미』 중에서 응용)

1　　힌트 – 밑의 숫자는 위의 숫자를 설명한다.

11　　(11: 일이 하나)

12　　(12: 일이 두 개)

1121

122111

112213

[　　　]　　정답: 12221131

⑤ A4 종이에 구멍을 크게 뚫어서 사람 몸이 통과하게 만들기(2가지)

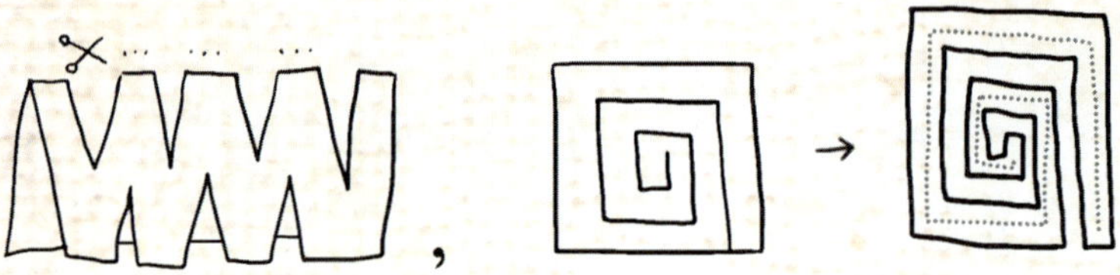

⑥ 마방진 만들기

• 마방진의 유래: 지금으로부터 약 4,000년 전에 중국의 낙수라는 강에서 큰 거북이 한 마리가 나왔는데 그 거북이의 등에는 이상한 모양이 그려져 있었다. 그런데 신기하게도 동그라미의 수를 가로나 세로, 대각선의 어느 방향으로 더하든지 15가 되었다.

숫자로 하면 이런 모양

8	1	6
3	5	7
4	9	2

그리하여 이러한 것을 '마방진', '마법진'이라 부르게 되었다.

마방진에는 홀수 칸과 짝수 칸 두 종류가 있다.

• 홀수 칸의 마방진 원리(3 × 3): 위의 마방진 참고.

- 1을 윗 칸의 중앙에 넣는다.
- 2는 1의 칸 오른쪽 위에 넣어야 하는데 칸이 없으므로 그 열의 맨 아래 칸에 넣는다.

- 3은 2의 오른쪽 위에 넣어야 하는데 칸이 없으므로 그 열의 왼쪽 끝에 넣는다.
- 4는 3의 오른쪽 위에 넣어야 하는데 그 칸에 1이 있으므로 3의 밑에 넣는다.
- 5는 4의 오른쪽 위의 칸에 넣는다.
- 6은 5의 오른쪽 위의 칸에 넣는다.
- 7은 6의 오른쪽 위에 넣어야 하는데 칸이 없으므로 6의 아래에 넣는다.
- 8은 7의 오른쪽 위에 넣어야 하는데 칸이 없으므로 그 열의 왼쪽 끝에 넣는다.
- 9는 8의 오른쪽 위에 넣어야 하는데 칸이 없으므로 그 열의 맨 아래 쪽 칸에 넣는다.

• 5 × 5 마방진 만들기(힌트: 합은 65)

		1		

→

17	24	1	8	15
23	5	7	14	16
4	6	13	20	22
10	12	19	21	3
11	18	25	2	9

❼ **다음 그림을 보고 떠오르는 것 50개만 말해 보기**(3학년 아이들도 50개 이상이 나왔다나 어쨌다나^^).

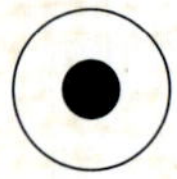

(예: 개구리 알, 두루마리 휴지, 연필, 우산, 솥뚜껑, 바퀴…….)

함께읽기

『아름다운 가치사전』(채인선 글 / 김은정 그림 / 한울림어린이)
『용기』(버나드 와버 글·그림 / 이혜원 옮김 / 반디출판사)
『왜 나누어야 하나요?』(클레어 레웨린 글 / 마이크 고든 그림 / 정유진 옮김 / 함께읽는책)
『지구별에 온 손님』(모디캐이 저스타인 글·그림 / 신형건 옮김 / 보물창고)

교실에서 일어날 수 있는 일

방귀 만세
후쿠다 이와오 글·그림
김난주 옮김
아이세움

주제 살아 있는 생물은 모두 방귀를 뀐다
대상 방귀로 인한 추억이 있는 모든 사람

마음의 흔들림

이 책의 표지를 보는 순간 떠오른 그림책이 있었다. 『틀려도 괜찮아』. 같은 작가일까? 조사를 해보니 다른 작가였다. 이 얼마나 다행한 일인가! 이토록 재미있는 그림책을 그릴 줄 아는 사람이 두 사람이라니!! 그림책 독자로서 얼마나 행운인가~!!

제목부터 예사롭지 않은 그림책, 『방귀 만세』는 1학년 교실에서 일어난 일을 가지고 우리에게 참 많은 이야기를 해주는 책이다. 드라마로 치자면 멜로와 심리 드라마이고 거기에 난관(?)을 헤쳐가는 교사의 감동 드라마이자 시 수업일 수도 있다. 이토록 복합적인 드라마를 한 편의 그림책으로 즐길 수 있어서 좋았다.

이 책을 읽으면서 교실에서 일어날 수 있는 일에 대한 이런저런 생각을 해보았다.

첫 번째는 수업의 흐름과 방향에 대한 생각이다. 많은 선생님들이 교재연구를 하고 수업계획을 짠 후에 수업을 한다. 수업 지도안에는 수업의 목표와 방법, 구체적인 수업활동의 흐름과 방향이 들어 있어서, 선생님들에게는 수업의 중요한 길잡이 역할을 한다. 계획한 대로 수업을 진행하면 아이들과 선생님 모두 만족도가 높아진다. 그야말로 흡족한 수업! 교재연구를 한 보람을 느끼는 순간이다. 하지만 세상 일이 그렇듯 이 작은 교실에서도 무수한 변수가 발생된다. 엉뚱한 질문으로 흐름이 끊기거나, 소란한 상황(거미가 나온다거나, 잠자리가 들어온다거나, 눈이 내리는 등)으로 환경이 바뀌거나, 예고 없는 사고(싸움이 일어나거나, 배탈이 나는 경우)로 당황스러울 때가 있다. 그것도 자주 있다! 그 순간에 필요한 건 뭐? 스피드~ 있는 임기응변이다~!! 자연스러운 행동과 말로 상황을 이끌어 갈 수 있다. 아이들과 같이 환호하며 그 상황을 받아들이고, 적당히 즐기다가 원래의 수업으로 돌아오는 방법이다. 그야말로 아이들의 기대치에 맞추어 행동해 준 후 그 상황을 소멸시키는 것이다. 또 하나는 아예 그 상황으로 뛰어드는 것이다. 준비한 수업계획을 포기하더라도 아이들의 '관심과 집중'이 최고일 때 그에 맞는 수업을 즉흥적으로 하는 것이다. 물론 선생님의 순발력이 중요한 요건이 되지만, 몇 년 하다 보면 감각이 생긴다. 중요한 건, 순간적 판단으로 수업의 방향을 '선택'해야 한다는 것이다. 그야말로 노련함이 묻어나는 선택이어야 한다. 그래서 경력이 많은 선생님들의 수업에는 막힘이 없다. 이렇듯 계획성과 즉흥성을 모두 익힌다면 아이들에게 존경받는 선생님이 될 수 있을 것이다. 지금 이 글을 읽는 선생님은 자신이 계획적인지, 즉흥적인지 그 비율을 생각해 보는 건 어떨까. 모르겠다면 다른 선생님들께 여쭈어 봐도 알 수 있다. 묻기 전에는 얻을 수 없는 것도 많으니까.

두 번째는 선생님과 아이들 간의 신뢰에 대한 생각이다. 이 그림책의 마지막 부분, 선생님은 시를 쓴 테츠오에게 조용히 말한다. '네 마음 들키지 말라'고. 특정한 아이에게 조언을 해 줄 때에도 두 가지 방법이 있다. 공개적으로 말을 해줄 때 효과적인 순간이 있고, 비밀스럽게 따로 불러 말해 줄 때 효과적인 순간이 있다. 물론 그 판단도 감각적 선택이지만 말이다. 그렇다면 받아들이는 아이들의 입장은 어떨까? 상대방과의 신뢰도에 따라 받아들이는 게 다르다. 그에 관한 이야기는 Tip부분에 넣었으니 참고하면 좋겠다.

책속으로 풍덩~!!

첫 문장부터 사건(!)은 시작된다. "방귀 소리가 온 교실에 울렸다." "뿌웅" 소리와 함께 모든 아이들이 놀란 상태로 정지화면이 된다. 모두가 동그란 눈을 뜨고 순간, 얼음이 된 것이다. 이 장면에서 가만히 아이들을 세어보았다. 4분단, 4줄, 모두 32명. 지금 우리반 아이들과 숫자가 같다. 그래서 아이들의 모습이 한눈에 쏘옥 들어오게 그린 이 장면이 난 좋다. 현실적이어서.

그건 그렇고 과연 누가 방귀를 뀌었을까? 아이들한테 누가 방귀를 뀌었는지 찾아보자고 한다. "아무래도 소리 난 주변을 찾아봐야겠지?" 아이들은 "몇 분단, 몇 째줄, 누구!"라고 난리가 난다. 정말 자세히 보면 3분단에 유독 눈을 크게 뜬 여자아이가 한 명 보일 것이다. 그리고 밝혀진 이름, 요코. 4분단 맨 앞에 앉은 테츠오가 선생님한테 일러바쳐서 반 아이들 모두가 알게 된 것이다. 교실은 난리가 났다. 그런데 왜 테츠오는 그런 말을 했을까? 간단한 설명이 나온다.

'공부도 잘하는 요코를 보면 왠지 늘 골려 주고 싶었습니다.'

정말 이런 마음이었다면 이 얼마나 얄미운 아이인가! 이때 남자 선생님의 중재가 들어간다.

"방귀는 건강하다는 증거다. 소리가 큰 것도 그만큼 건강하단 뜻이야."

선생님 말씀에 요코는 끝내 울음을 터뜨린다. 그리고 테츠오와 요코 사이의 빈 곳에 나온 테츠오의 속마음. ('에, 고거 잘 됐다. 울어라 울어.')

이런 상황에서 아이들의 솔직한 질문과 발표들이 빛을 발한다. 사토시란 아이는 방귀를 뀌면 안 되는 때가 있다고 말한다. 예를 들어, 밥 먹을 때나 엘리베이터 타고 있을 때, 그리고 수업을 할 때라고. 오른쪽 그림엔 엘리베이터 속에 많은 사람이 타 있고 한 글자가 쓰여 있다. '뿡'. 그리고 왼쪽엔 여전히 심통스러운 테츠오와 엎드린 요코 사이에 테츠오의 속마음이 드러난다. ('뭐야, 사토시 녀석. 혼자서 잘난 척하고…….')

여기서부터 선생님도 힘을 내서 멋진 말씀을 한다. '너희는 정해진 시간에 울리는 자명종 시계가 아니라 인간이라고. 자기가 언제 울지 언제 웃을지 모르는 것처럼 방귀도 마찬가지'라고. 이 얼마나 멋진 임기응변인가! 물론 테츠오는 다르게 생각하지만. ('치, 선생님 나빠. 요코 편만 들어주고…….')

이런 식으로 진행되는 이야기는, (테츠오처럼) 장난삼아 방귀를 뀌면 안 된다는 것과 방귀를 뀌지 않는 엄마를 걱정하는 아이(유지)와 수수께끼 레슬링 선수도 방귀는 뀐다는 것에서 선생님의 고양이도 방귀를 뀐다는 것으로 발전한다. 그러면서 내린 선생님의 결론이 멋있다!

"살아 있는 생물은 다들 방귀를 뀌는 거야. 방귀에 관한 결론이다. 다들 알았나?"

그러고도 계속 이어지는 테츠오의 속마음은 온통 요코에 가 있다. 오히려 걱정까지 해주는 테츠오. 요코를 좋아하는 것일까? 마지막에는 두 아이가 쓴 방귀에 대한 시가 나온다. 우리가 어렸을 때 느꼈을지도 모를 생각을 아이들은 순수한 시로 표현했다. 정말 동그라미 다섯 개를 받을 만하다!

1학년 교실을 살짝 엿보는 기분으로 이 책을 읽는다면 매우 즐거운 시간이 될 것이다.

그림책을 다 읽고 문득, 그림책의 선생님처럼 나도 습관적인 행동이 있음을 깨달았다. 무언가 곤란한 질문을 받거나 당황했을 때마다 귀를 만지작거린다. 세 살 때부터의 버릇이 남아 있는 것이다. 모르고 살았는데 예전에 6학년 아이가 지적해 줘서 알았다. 그 순간에도 곤란을 느꼈는지 귀를 만졌던 나! 크크. 괜찮다. 나도 방귀를 뿡뿡 뀌니까~!! 살아 있는 모든 생물은 방귀 뀌고 귀를 만질 수 있으니까~!!

함께 해보기

❶ 마음이 흔들린 순간을 잡아 시를 써보기

"시가 어렵고 멀리 있는 것 같다고요. 손을 펴서 자세히 보십시오. '시'란 글자가 보이지 않습니까?" 함민복 시인이 강연장에서 한 말이다. 시는 멀리 있지 않다. 지금 여러분의 손바닥을 보라. 시는 이미 우리 손에 들어와 있다.

시 수업을 할 때는 동기유발이 중요하다. '마음이 흔들린 순간을 즉석에서 담아낸다.'는 자세로 수업을 해보자. 그 후에 시를 다듬고 그림을 그려서 시화전을 열어도 재미있다. 아이들은 모두 타고난 꼬마 예술가니까~!!

❷ 선생님 설문조사 해보기

몇 년 전부터 주위 선생님들을 대상으로 할 재미있는 설문조사 문항을 작성하고 있었다. 솔직하고 재미있는, 그래서 내가 어떠한 선생님일지 알아보는 유쾌한 심리 테스트 같은 설문조사. 이 중 몇 개는 우리반 아이들이 직접 만들기도 했다. 이런 문항으로 선생님들을 알아보면 재밌겠다고. 심심할 때 한 번 체크해 보시기 바란다.

〈선생님을 위한 심리 테스트〉

- 내가 싫어하는 급식을 적게 받기 위해 남을 것 같아도 모른 척한 적이 (있다 , 없다)
- 내가 좋아하는 급식을 많이 받기 위해 아이들이 다 받고 남은 것을 먼저 더 먹은 적이 (있다 , 없다)
- 평소에 미운 짓을 하는 아이가 걸렸을 때 더 크게 혼낸 적이 (있다 , 없다)
- 체육시간에 옷 갈아입기 귀찮아서 이런저런 핑계로 실내에서 수업한 적이 (있다 , 없다)
- 수업의 효과를 높이기 위해서 선의의 거짓말을 한 적이 (있다 , 없다)
- 우유 안 먹은 놈(?)을 찾기 위해 1시간을 투자해서 기어코 잡아낸 적이 (있다 , 없다)
- 다른 선생님이 자기반 아이 자랑하는데 샘이 나서…… 나중에 우리반 아이들에게 화풀이를 한 적이 (있다 , 없다)
- 수업 시간에 너무 급해서 아이들 몰래 슈슉~ 소리를 내고 얼른 교실 반대쪽으로 간 적이 (있다 , 없다)
- 실내화가 뜯어져서 내빈용 실내화를 좀…… 오래 신고 다닌 적이 (있다 , 없다)
- 내 편의 때문에 시간표를 바꾼 적이 (있다 , 없다)
- 영화나 책이나 그 무엇을 보고 느낌이 좋으면, 반 아이들한테 얘기해 주고픈 욕심이 (있다 , 없다)
- 식당에서 주문을 할 때 웨이터한테 '선생님, 00 주세요.'라고 한 적이 (있다 , 없다)
- 퇴근 후 집에서 텔레비전을 켠 후, 서서 20분 이상 시청한 적이 (있다 , 없다)
- 다른 교실에 갔다 왔는데 나도 모르게 남의 볼펜이 손이 들려 있던 적이 (있다 , 없다)

(있다 10~14개) : 이런 당신은 참 아이 같은 교사입니다!!!
(있다 5~9개) : 이런 당신은 참 재미있는 교사입니다!!
(있다 1~4개) : 이런 당신은 차암……. ㅋㅋ

Tip

십여 년 전에 아이들과의 신뢰에 대한 생각을 수필로 적어 어느 신문에 실었던 글이 있어 여기에 소개한다.

"사제 간의 인간관계. 믿음, 그뿐--"

- 제갈량의 칠종칠금처럼

교사에게 있어 항상 대두되고 있는 문제는 '어떻게 이 아이들과 1년을 보낼 것인가' 하는 것이다.

내가 삼국지를 좋아하는 것은 수많은 인물들의 출연과 그들의 살아가는 방법이 멋들어지기 때문이다. 개인적으론 오로지 忠밖에 몰랐던, '진짜 남자'란 말이 잘 어울리는 조자룡을 좋아한다. 그러나 내가 살아감에 있어 항상 모델로 제시되는 인물은 바로 제갈량이다. 제갈량이야말로 주어진 환경에서, 최선을 다하여 삶(국가)을 꾸려가는 모습이, 연습 없는 우리네 인생살이에 가장 적합하지 않을까 하는 마음에서다.
교사가 된 지금의 나에게 한 가지 떠오르는 그의 일화가 있다.
'칠종칠금'. 남만의 맹획을 일곱 번 잡고 일곱 번 풀어 준 이야기. 왜 제갈량은 그를 잡고도 계속 놓아주었을까? 그는 생각했다. 힘으로 사람을 굴복시키면 결코 내 사람으로 만들 수 없다는 것을. 오직 그가 마음을 돌려 진정으로 자기를 믿게 할 때 그를 내 사람으로 만들 수 있다는 것을 말이다.
그렇다. 내가 이 이야기에서 하고 싶은 얘기는 아이들과의 인간관계에 있어서 가장 중요하고도 중요한 것은 '서로 간의 신뢰'란 것이다. 교사가 아동을 믿지 않고 아동이 교사를 믿지 않으면 형식적인 사이가 될 뿐이다. 진정으로 이 아이들을 내 아이로 만들고 싶으면 그들을 진심으로 믿어라. 그리고 내가 그들을 믿는다는 것을 생활에서 보여라. 그러면 그 아이들도 교사를 믿게 된다.
서로의 믿음이 성립된 관계에서는 작은 허물도 서로 덮어줄 수 있고 보기만 해도 기분 좋은 사이가 된다.

믿음, 그뿐 —— 교사와 아동 사이에 이보다 중요한 말은 없다.

함께 읽기

『1학년이 나가신다!』(후쿠다 이와오 글·그림 / 한영 옮김 / 미세기)
『틀려도 괜찮아』(마키타 신지 글 / 하세가와 토모코 그림 / 유문조 옮김 / 토토북)
『고양이가 나 대신 : 이상교 동시집』(이상교 글 / 박성은 그림 / 창비)

너에게 일어날지도 모를 일

윌리와 악당 벌렁코
앤서니 브라운 글·그림
허은미 옮김
웅진주니어

주제 신은 사람마다 특별한 재능을 하나씩 주신다
대상 내가 받은 재능을 알고 싶은 친구들

마음의 흔들림

덩치도 작고 힘도 세지 않은 침팬지 윌리가 있었다. 축구도 수영도 못하는 윌리는 무엇을 하든 다들 웃어대기만 했다.

전에 친한 사서 선생님한테 친구분 얘기를 들었다. 고등학교 국어선생님이신데 우리들이 '그림책 수업'을 한다는 걸 알고 본인도 하고 싶다고 했다는 거다. "오오? 재밌겠는데? 고등학생들에게 그림책 수업이라! 벌써부터 그 결과가 궁금해진다." 하며 우리들은 대환영을 했다. 그리고 몇 주 후, 결과를 들었다.

하지만 윌리는 책 읽는 걸 좋아하고, 음악 듣는 걸 좋아했다. 그런 윌리는 자전거 경주도 했다. 잘하지는 못하지만 무척 열심히 했다.

평소 수업시간에는 잠을 자거나, 딴 공부를 하거나, 멍한 표정으로 창밖만 보던 학생들이었는데 그림책을 읽어 주겠다고 하니 모두들 황당해하면서도 즐거운 표정이었단다. 그리고 보여 준 그림책. 신기하게도 모든 학생들이 집중해서 보았다는 얘기! 숨죽이며 보다가 크게 웃으며 공감하는 고등학생들의 모습을 상상해 보라. 이 얼마나 놀라운 일인가~!! 게다가 그날의 그림책은 소위 '유아들'을 대상으로 만들었다는 그림책이었다!

어느 날, 길모퉁이에 서 있던 윌리와 친구들은 악당 벌렁코와 딱 마주치게 된다. 친구들은 도망가고 혼자 남은 윌리. 악당 벌렁코는 아무 말 없이 주먹을 날린다! 과연 어떻게 될 것인가?

지금의 부모님들이나 고등학생들은 어렸을 적에 누군가가 자신을 위해 그림책을 읽어 준 경험을 가지고 있을까? 그렇다면 행운이다. 대부분의 청소년과 어른들은 그런 문화를 접하지 못했기 때문에 남이 자신을 위해 책을 읽어 주면, 그 감미로운 매력에 빠지지 않을 수 없게 된다. 한글을 뗀 후부터는 항상 스스로 책을 읽었는데 누군가가 달콤한 목소리로 읽어 주고, 아름다운 그림까지 보여 준다면 얼마나 황홀한 경험이 될까!!

위의 두 가지 이야기가 어느 날, 당신에게 일어날지도 모를 일이다.

책 속으로 풍덩~!!

결론부터 말하면 이렇다. 저학년 아이들이 가장 즐거워하고, 가장 감탄한 그림책이 바로 『윌리와 악당 벌렁코』였다. 의외의 결론이었다. 이렇게 단순한 구조의 이야기가 아이들에게 통하다니! 일 년 동안 수많은 그림책을 보여 주었지만 아이들이 이렇게 흥분(?)한 그림책은 없었다. 그 이유를 가만히 생각해 보면 아마도 학교에서 일어날 수 있는 바로 자신들의 이야기이기 때문이지 않을까 한다.

표지를 보여 주는 순간부터 교실은 폭소를 터뜨린다. "누가 윌리일까요?" 물어보면, "저기 조그만 원숭이요!" 한다. 덩치 큰 고릴라들 사이에서 얼굴만 살짝 보이는 윌리. 하지만 윌리만이 웃고 있는 장면. 이미 몇몇의 아이들은 윌리의 밝은 성격을 눈치챘을지도 모른다.

"윌리는 무엇 하나 잘하는 게 없는 것 같았어요." 첫 장면의 윌리는 소파에 편하게 누워 날아가는 나비를 바라본다. 배 위에는 노란 책이 한 권 놓여 있고, 소파 밑에는 마시다 만 음료가 놓여 있다.

"선생님, 윌리가 백수 같아요. 키키."

분명 그랬다. 요즘 텔레비전에 자주 나오는 백수삼촌들의 모습과 그대로 닮았다. 아이들의 눈은 예리하다. 그런 윌리도 책 읽는 걸 좋아하고, 음악 듣는 걸 좋아한다. 아이들은 자기들도 책 읽는 거 좋아한다고 말하고 음악 듣는 거 좋아한다고 말한다. '뭐야? 우리 반 녀석들도 윌리랑 비슷하잖아?' 그런 생각을 가지고 계속 읽어 준다.

여자 친구 밀리와 공원을 산책하는 장면에서는 앤서니 브라운 특유의 유머가 발휘되어 있다. 아이들이 먼저 알고 신나게 찾아낸다.

"선생님, 저기 나무 위에 고릴라가 타잔처럼 줄타기해요!"라거나, "산타할아버지가 있어요!" "저기 고릴라는 개 대신 바나나를 끌고 다녀요. 크크." 한다. 이 장면에서 아이들은 신나는 모습들을 찾는데, 이상하게 나는 정면에 크게 그려져 있는 벤치의 남녀 커플한테 관심이 간다. '아는 사이인 것 같은데 왜 저리 멀찌감치 떨어져 앉았을까?' 말하진 않았지만 어른인 나로서는 그런 게 걱정되나 보다.

축구는 못하지만 애를 쓰는 윌리의 모습에서 아이들은 난리가 난다. "푸핫~!! 너무 웃겨요!!" "그물이 찢어졌어요!!" 조금 과장된 모습에 아이들은 신이 난다. 윌리는 자전거 경주도 열심히 한다. 하지만 고릴라 친구들은 그런 윌리를 자주 놀리고 장난친다. 그러던 어느 날, 윌리와 친구들은 길모퉁이에서 무시무시한 인물을 만난다. 바로 악당 벌렁코~!! 이 장면이 압권이다. 어른들도 아이들도 위압감 넘치는 악당의 모습에 감탄하게 된다. (해병대 같은 모자에 선글라스를 쓰고, 목에는 징이 박힌 가죽 목걸이를 했다. 거기에 어울리는 징 박힌 가죽 점퍼를 입은 복슬복슬한 털복숭이의 굳게 다문 입! 이거야말로 최고 악당의 모습이 아니던가! 하지만 모자에 달린 노란 스마일 그림을 발견하는 사람은 의외로 적다. 아마 그 스마일 그림이 유일하게 벌렁코가 초등학생임을 알려주는 상징일 수도 있겠다.) 아이들은 달아나고 윌리만 남았다. 그 위험천만한 순간, 아이들도 마음 졸이며 지켜본다.

흔히 악당들은 기선제압을 위해 일명 '선빵'을 날린다. "앗~!!" 아이들도 놀라는 순간! 윌리는 몸을 구부렸다가(그림에서 주먹을 피하는 윌리), 다시 일어섰다(머리로 헤딩을 하는 윌리)!

"와아~~!!!!"

아이들은 신이 나서 기립박수를 친

다!! 이 얼마나 통쾌한 순간인가! 의도하지 않았지만 약한 윌리가 악당 벌렁코를 물리친 것이다! 그다음 장면은 더욱 재미있다. “아, 미안해. 괜찮아?” 하고 물어보는 윌리와 코를 훌쩍이며 엄마에게 달려가는 벌렁코! 아이들 사이에서 있음 직한 장면이다. 아니, 몇몇 우리반 아이들은 겪어봤을지도 모르겠다. 윌리처럼 해결했을지는 모르겠지만.

이 그림책은 학교에서 일어날 수 있는 일을 다루었다. 그리고 아이들에겐 대리만족할 수 있는 카타르시스를 전해 준다. 공감. 이 책을 읽은 아이들은 저러한 상황에서 당황하지 않고 지혜를 키울 수 있는 간접경험을 한 셈이다.

아, 마지막 두 장면이 남아 있다. 친구들 사이에서 영웅이 된 윌리의 모습과 소파째로 붕 떠 있는 모습은 바로 윌리의 기분을 나타내는 멋진 마무리가 된 것이다.

“어때요?” 하고 물어보면 아이들은 “정말 재밌어요!” “윌리는 힘이 없지만 용기가 있는 것 같아요!” 한다. 그리고 윌리의 장점에 대해 물어보면 “책을 많이 읽어서 똑똑할 것 같아요.” 하거나, “슬픈 영화를 보면서 눈물을 흘리는 걸 보면 마음이 따뜻한 친구 같아요.” 한다.

“그래요. 누구나 특별한 재능을 한 가지 이상 가지고 태어난대요. 여러분이 가지고 있는 재능에는 어떤 것이 있는지 생각해 봐요.”

함께 해보기

❶ 나의 특별한 재능 찾아보기

아이들이 가지고 있는 재능을 발표시켜 본다. 재능이 없다고, 뭔지 모르겠다고 하는 아이가 있으면 일으켜 세운다. 그리고 주위의 친구들이 대신 그 아이의 재능을 찾아서 발표하게 한다. 의외로 수많은 재능이 나온다. 서 있는 아이는 쑥스러워하지만 '친구들이 인정하는 재능'임을 선생님이 강조하면서 받아들이게 한다.

나를 아는 방법에는 여러 가지가 있다. 일기를 쓰면서 스스로를 알아가는 방법도 좋지만, 친구들과 가족의 입을 빌려서 나를 확인하는 것도 객관적인 자료를 얻을 수 있는 좋은 기회다. 더 깊이 알고 싶다면, '자기분석보고서'를 써보는 것도 좋은 방법이다. '빨간 매미' 편에 자세한 방법이 있다.

❷ 내 안의 독수리 찾기와 꿀벌의 생각 배우기

옛날에 어느 농부가 산속에서 독수리 알을 주워 왔다. 며칠 후 닭장에 넣어 둔 그 알에서 독수리가 부화했다. 닭장 안의 닭들과 평생을 함께 산 독수리는 자신이 닭이라고 생각했다. 그러던 어느 날, 하늘을 나는 독수리를 보고 옆의 닭한테 저 새는 어떤 새냐고 물었다. 닭이 말했다. 새들의 제왕이신 독수리님이라고. 하지만 우리 같은 닭들은 꿈도 꿀 수 없는 분이니 너는 닭의 신분을 지키라는 충고까지 해준다. 그 독수리는 평생을 닭처럼 울고 닭처럼 행동하다 수명을 다했다. 자신이 독수리였다는 걸 몰랐기 때문에, 하늘을 날 수 없었던 것이다.

또 하나, 꿀벌에 관한 이야기가 있다. 과학적으로 꿀벌은 하늘을 날기에는 날개가 너무 작다고 한다. 하지만 세상의 모든 꿀벌은 하늘을 난다. 왜냐하면 자신들이 하늘을 못 날 것이라는 생각을 한 번도 하지 않았기 때문이다~!!

자, 지금 우리 마음속에 있는 '독수리'라는 재능을 찾아보자! '꿀벌의 생각'을 가지고 하늘을 날아보자!

Tip

그림책의 대상은 몇 세부터 몇 세까지일까? 그림책의 대상을 '어린이'로만 한정 짓는다면 그거야말로 지독한 고정관념에 빠진 사람일 것이다. 대상의 기준을 감히 말해 본다면 '읽고 감동하는 자'는 모두 대상이 될 것이다.
일본 치히로 미술관의 다케사코 유코 부관장은 "그림책은 0세부터 100세까지 누구나 즐길 수 있는 문화이며, 나라와 민족을 넘어 서로를 이해할 수 있도록 돕는 훌륭한 매개체"라고 강조하였다. 그러니 이제부터 '감동'할 준비를 하고 그림책을 읽어 보자. 그림책은 인생을 밝혀 주는 철학책인 것이다.
사람이 인생을 사는 이유를 김정운 교수는 '감탄하기 위해서'라고 했다. 감동이든 감탄이든 마음을 열고 받아들일 준비를 하자.

함께 읽기

『축구 선수 윌리』(앤서니 브라운 글·그림 / 허은미 옮김 / 웅진주니어)
『윌리와 휴』(앤서니 브라운 글·그림 / 허은미 옮김 / 웅진주니어)
『하늘을 나는 차, 치티치티 뱅뱅』(이언 플레밍 글 / 존 버닝햄 그림 / 김경미 옮김 / 열린책들)

어떻게…… 그럴 수 있어?

어느 개 이야기
가브리엘 뱅상 그림
별천지

주제 사랑의 다른 이름은 책임이야
대상 애완동물에 관심이 많은 친구들

마음의 흔들림

이 책을 읽고 많이 떨렸다. 마치 우리에게 "버려진다는 것의 슬픔을 알아?" 하고 묻는 듯 느껴졌다. 표지에, 검은 색으로만 그려진 개가 우리를 돌아보고 있다. 그 장면이, 그 표정이, 너무나 쓸쓸해 보이고 슬펐다. 그리고 미안했다. 기억은 안 나지만, 아주 어렸을 적 우리집에서도 작은 강아지 두 마리를 키웠다고 한다. 할아버지가 가져오신 갈색 강아지 두 마리. 형은 작고 귀여운 강아지들이 기억난다고 한다. 얼마나 예뻤을까 생각만 해도 흐뭇한 웃음이 난다. 나중에 마당 있는 집으로 이사 가면 꼭 강아지를 키워 보고 싶다. 아니, 고양이랑 토끼, 그리고 오리랑 닭도 키우고 싶다. 그런 풍경을 상상만 해도 알싸한 고향의 냄새가 느껴진다.

그런데 지금의 현실에서는 쉽게 결정할 수가 없다. 아파트라는 환경이 애완동물에게는 결코 좋은 환경이 아니기 때문이다. 그것과는 별개로 요즘 사람들은 애완동물을 참 많이 키운다. 개, 고양이, 햄스터, 기니피그, 물고기, 거북이, 새는 기본이고 이구아나, 뱀, 거미, 고슴도치, 원숭이, 악어까지 키우는 사람들이 늘어나고 있다. 동물을 키운다는 것은 사람들에게 좋은 영향을 많이 끼치는 게 사실이다. 일단 돌봐 주면서 책임감도 배우지만, 동물과 함께 생활하며 얻는 행복한 기분과 배려의 마음, 사랑스러운 태도에서 많이 성숙해지는 자신을 볼 수 있을 것이다. 그런데, 요즘은 애완동물을 키우는 인구가 늘어난 만큼 유기되는 애완동물의 수도 늘어나고 있다는데 문제가 있다. 길거리에 버려지는 유기견의 수는 상상을 초월한다. "아니, 어떻게 자기 가족처럼 여기던 동물을 버릴 수가 있지?" 하며 반문할 수도 있지만, 현실은 그렇지가 않다. 여러 가지 원인이 있겠지만, 가장 큰 건 '사람들의 이기심' 때문이 아닐까 한다. 만지고 돌보아 주며 느끼는 자신의 행복감만을 추구하다가, 동물이 커지거나 늙고 지저분해지면 귀찮아서 버리는 극단의 이기심. 그게 가장 큰 원인일 것이다. 그래서 슬프다.

책임지지 않으려면, 그 무엇도 사랑하지 말아야 한다.

책 속으로 풍덩~!!

이 그림책을 아이들에게 영상으로 보여주려면 어떻게 해야 할까, 많이 생각했다. 내 흔들렸던 마음을 어떻게 전할까. 떨렸던 순간을 어떻게 보여줄까. 그런 고민을 하면서 다시 책을 읽어 본다.

이 책은 첫 장면부터 충격적이다. 저 멀리 달려가는 차에서 어느 개가 내던져진다……. 아, 순백의 배경에 모노톤으로 스케치한 그림이라 더 처참하다. 그리고 도망가 버리는 차. 그 뒤를 미친 듯이 좇아가는 개! 흐릿하고 불안한

선으로 그려진 개의 질주가 내 마음을 후벼팠다. 아, 아파……. 뒤에서 달리는 개의 옆을 마치 카메라가 찍고 지나가듯이 앞쪽으로 달린다. 그리고 차 안의 인간 중 한 명이 뒤를 돌아보는 무심한 장면이 클로즈업된다. 이런…… 운전석의 남자와 조수석의 여자는 사람의 모습 같지가 않다. 그 뒤엔 한 아이가 있는 것 같은데, 머리카락만 보인다. 잔인한 인간들이다. '돌아봤으면 세우든지 해야 하는 거 아냐?' 하지만 차는 그대로 도주한다. 그건, 도주차량과 다름없다.

한참을 좇아가던 개는 서서히 지치고, 하얀 외길엔 아무 것도 없다. '이제 개는 어떻게 할까?' 고민할 새도 없이 개는 길바닥에 코를 댄다. 계속 따라간다. 이때 그려진 거친 선의 개가 너무나 앙상해 보인다. 버려진 개의 뒷모습이다. 순간 뒤에서 다른 차들이 달려온다. 길가로 피해 있던 개는 다시 냄새를 맡으려고 길가로 내려오고, 차들은 계속 달려온다. 냄새가 지워질까 마음이 조급해진 개는 길을 가로지른다. 그때 개를 피하려던 차 두 대가 충돌하고 만다! 차는 전복된다. 검은 연기가 피어오른다. 당황한 개는 어쩌지 못하고 주위를 맴돈다. 사람들이 구조되고 검은 연기는 계속 피어오른다. 검은색으로 거칠게 칠해진 사람들이 나타나 주위를 본다. 일대가 혼란스럽다. 그곳에 개가 있다. 불타는 차를 돌아보는 개의 모습이 보인다. 표지의 그 장면이다.

'이제 어쩌지?'

생각해 보자. 당신이 개다. 그동안 당신을 반기고 쓰다듬고 사랑했던 사람들과 지낸 시간들. 그 모든 추억이 지금, 한꺼번에 버려졌다. 사람들이 당신을 길에 버렸다. 이제 어쩌겠는가? 당신은 돌아갈 집도 없다. 그 순간의 감정을 떠올려 보자. 누군가에게 버려졌다는 기분. 그 느낌. 남겨진 동물이 할 수 있는 일이란 그저, 울 수밖에 없지 않을까.

땅거미가 내리는 벌판에서 개는 울부짖는다. 이 책을 읽는 독자로서 간절히 빌어본다. '그래, 그 순간만이라도 네 슬픔이 배출되었기를 바란다.'

아무것도 보이지 않는 풍경 속을 개가 간다. 가다가 되돌아본다. 다시 간다. 어둠이 내린다.

이 책을 다 읽어주지 말고 중간에 이야기를 하자. 지금의 느낌이 어떤지 말하자. 감정이입이 된 아이들의 울분과 불안을 그대로 받아들이자. '공감능력'이란 지식에 앞서 경험해야만 배울 수 있는 것이다.

그리고 마지막 장면으로 다가가 보자. 버린다고 존재가 사라지는 건 아니다.

결정했다. 이 그림책을 보여줄 때는 화면에 떨림을 넣어서 보는 사람의 마음조차 떨림이 전이되도록 해야겠다. 극단의 내용은 극단의 표현으로 가야 맞다고 생각한다.

"한 나라의 위대함과 도덕성은 동물을 대우하는 방식에서 찾을 수 있다."

– 마하트마 간디 –

함께 해보기

❶ 애완동물을 키우는 태도에 대해 토론하기

그림책 이야기를 보고 개를 버린 비인간적인 인간들에 대한 토론을 한다. 대신 치열하게 해보자. 보는 내내 떨렸던 마음을 다 끄집어내 보자. 지금은 참지도 말고 양보할 필요도 없다. 분노하자.

'우리는 어떻게 해야 한다.'라는 말을 할 필요도 없다. 그딴 건 잘 지켜지지도 않는다. 마음으로 느껴야 한다. 그 분노의 느낌은 나를 변화시킬 것이다. 그걸로 됐다.

❷ 유기된 동물을 돌보는 사람들 만나보기

가수 이효리 씨는 많은 동물을 돌본다. 유기견과 생활한 것을 책(『가까이: 효리와 순심이가 시작하는 이야기』)으로도 냈다. 이벤트성으로, 쉽게 착한 모습을 연출하지 않고 생활에서 '실천'으로 보여 주는 몇 안 되는 연예인이다. 그들의 책을 읽고, 나를 돌아보는 시간을 갖자. 꾸준한 실천만이 그 사람을 재는 잣대가 될 것이다.

❸ 기획전시회 찾아가기

지난 2월 8일 가족과 함께 '경기도어린이박물관'을 찾아갔다. 다양한 활동을 할 수 있어서 좋았던, 그야말로 어린이들의 천국이었다. 우리 아이가 양팔이 물에 젖는 것도 상관없이 신나게 놀고 뛰어다녔으니까! 여섯 살은 여섯 살대로 즐겁고, 열세 살은 열세 살대로 신나는 공간이었다.

하지만 내게 특별한 감동으로 기억되는 장소는, '난 우리집 귀염둥이'란 주제로 애완동물에 관한 기획전시를 한 곳이었다. '내 기분을 알아맞혀 보세요' '애완동물과 인형의 다른 점은?' '사자를 집에서 키운다면?' 등의 소주제로 재미있고 의미 있는 활동을 하는 전시회였다. 그리고 '반려동물 보호자의 맹세'라는 십계명 같은 글이 있었다. 가족처럼 대한다는 의미로 애완동물 대신 '반려동물'이라는 말을 쓴다는 말과 함께 열 가지 지켜야 할 내용을 적어둔 것이다. 만약, 당신이 키우는 동물을 반려동물로 여긴다면 반드시 찾아가서 보고 느끼고 맹세하면 좋겠다.

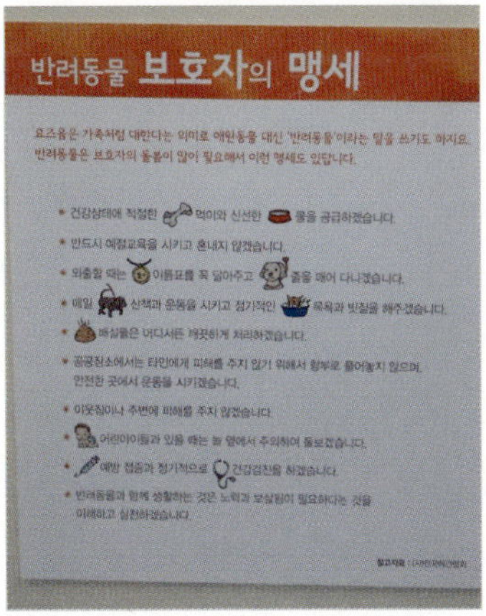

Tip

처음엔 '배경음악을 어떻게 넣을까'도 생각했는데, 아니다. 이런 처참한 내용은 정적으로 봐야 한다. 마음 아프게 봐야 한다. 그리고 책임지지 않으려면 애완동물을 키우지도 말아야 한다는 걸 깨달아야 한다.

인터넷에 '이효리 책'을 치면 '이효리와 순심이가 함께 한 명작극장 〈가까이〉 녹음영상'이 있다. 15분짜리 녹음영상이지만 실천하는 사람의 육성을 듣고 느끼는 것이 있으면 좋겠다.

2012년 인디애니페스트 개막작이었던 짧은 애니메이션이 있다. 〈당신이 버린 개에 관한 이야기〉(김혜정, 이종혁, 2012). 버려진다는 것만큼 슬픈 일은 없다.

동영상 〈더 언더독〉. 버려진 개들의 이야기. 후배 선생님이 6학년들을 대상으로 보여 주고 수업을 했는데 우는 아이들도 많았다고 한다. 그 후 혼자 보는데 마음이 많이 아팠다.

위의 영상들은 공감을 이끌어 내기에 충분하므로 추천한다.

함께 읽기

『꼬마 인형』(가브리엘 뱅상 그림 / 별천지)

『널 만나 다행이야』(콜린 톰슨 글·그림 / 박수현 옮김 / 책읽는곰)

그 속에서 놀던 때가 그립습니다

고향의 봄
이원수 글
김동성 그림
파랑새

주제 그리운 고향, 그리운 친구
대상 그리운 고향에 가고 싶은 우리들

마음의 흔들림

나는 돌아갈 고향이 없다. 복숭아꽃, 살구꽃, 아기 진달래에 대한 추억이 없는, 서울에서 태어났다. 서울에서 태어난 사람들은 서울이 고향이라고 생각하지 않는다. 울긋불긋 꽃대궐이 남아 있지 않기 때문이다. 그게, 요즘 슬프다. 어릴 적 고향으로 돌아가고 싶지만 이미 고향은 그 흔적도 남아 있지 않은 곳, 서울. 그래서 서울 사람들은 더욱 고향이란 낱말에 집착한다. 추억으로만 돌아갈 수 있으니까.

동네 서점에서 너무나 예쁜 그림책을 발견했다. 하얀 꽃이 풍성하게 핀 산 속을 다섯 아이가 지나간다. 한 손에는 나뭇가지를 들고 휘휘 저으면서, 다른 손으로는 고운 꽃을 쓰다듬으면서. 저 아래 산 밑에는 작은 마을이 보인다. 초가집과 기와집으로 이루어진 작은 마을. 이 아이들의 고향이 될 곳. 나는 그림책을 집어 들고 심호흡을 한 번 한 후, 뒤표지를 활짝 펼쳤다! 아~ 그곳에 온통 흐드러지게 핀 꽃무리!! 이런 꽃동산이 있는 저 아이들은 온몸으로 행복한 추억을 만들고 있다. 그게 부러운 나는 이 책을 사다가 내 방 책상 위에 활짝~ 펼쳐 놓았다.

이렇게 아름다운 고향을 수채화로 향기 가득 그린 분은 『엄마 마중』과 『들꽃 아이』를 그린 김동성 선생님이다. 그래서 더욱 고마운 그림책이다. 이원수 선생님이 쓴 시에 홍난파 선생님이 작곡한 동요, '고향의 봄'을 들으면서 책을 읽는다면 그 향긋한 고향의 맛을 온몸으로 느낄 수 있을 것이다.

나의 살던 고향은
꽃 피는 산골
복숭아꽃 살구꽃 아기 진달래
울긋불긋 꽃대궐 차린 동네
그 속에서 놀던 때가
그립습니다.

꽃동네 새동네
나의 옛고향
파란 들 남쪽에서 바람이 불면
냇가의 수양버들 춤추는 동네
그 속에서 놀던 때가
그립습니다.

책 속으로 풍덩~!!

"이 꽃의 이름이 무엇일까요?" 선생님은 개나리 사진을 보여 주며 묻는다. "개나리요~!!" 한목소리로 대답하는 아이들. "그럼 이 꽃은 무엇일까요?" 선생님은 무궁화, 진달래, 복숭아꽃, 살구꽃, 산수유꽃, 벚꽃 등을 계속 보여 준다. "그럼 이번엔 이 나무의 이름을 맞혀 볼까요?" 지난 수학여행 때 경주의 천마총 앞 연못에서 찍은 수양버들을 보여 준다. 하늘하늘한 가지가 잘 빗은 머리카락처럼 내려온 수양버들.

예쁜 꽃과 나무를 보여 준 후에 눈을 감게 하고 동요 '고향의 봄' 하모니카 반주를 들려준다. 여기저기서 조용히 따라하는 아이들. 입가엔 벌써 미소가 피어났다. 그러더니 점점 목소리를 높여 노래를 부르기 시작한다!

"이 노래는 무슨 노래지요?" 하기 무섭게, "고향의 봄이요~!!" 한다. "그래요. 오늘은 이원수 선생님이 시를 쓰고 홍난파 선생님이 작곡한 '고향의 봄'을 그림책으로 만나볼 거예요. 눈을 뜨고 보세요. 그림이 너무 예쁘지요?" "네에~!" "저기 꽃동산을 올라가는 아이들이 있어요. 그 아이들이 들어가는 산속을 미리 볼래요?" 하며 뒷표지를 활짝 펼쳐 준다~!! "우우~와~!!"

"오늘은 눈으로 고향의 아름다움을 감상할 거예요. 하모니카 반주음악을 계속 틀어놓고 고향 속으로 들어가 볼 테니 다 같이 출발해 볼까요?" "네에~!!"

아름다운 표지를 넘기면, 하얀 바탕 밑에 울긋불긋 피어 있는 나무들이 바람에 흔들리는 장면의 면지가 나온다. 하얀색 하늘이 이렇게 깨끗하게 다가오는 건 그곳이 '고향'이기 때문일까. 속표지에는 초록의 동산이 보인다. 그 '꽃 피는 산골'이 우리들의 눈을 재촉한다. 빨리 들어오라고.

'나의 살던 고향은', 논길 앞에 남자아이 둘이서 공놀이를 하고 저 멀리 기와집에서 여자아이 둘이 뛰어나온다. 그 사잇길에는 아버지가 소를 몰고 밭으로 나가신다.

'꽃 피는 산골', 앞 장면이 줌아웃되면서 더 넓은 풍경을 보여 준다. 이미 밭일을 시작한 어른들과 자전거를 타고 가는 아저씨. 꽃동산 아래의 기와집 동네가 향기에 젖어 있다.

'복숭아꽃 살구꽃', 가까이서 잡아준 나무. 저건 복숭아꽃일까 살구꽃일까? 연한 분홍의 아름다움이 살아 있다.

'아기 진달래', '흐드러지게 피었다~'는 말이야말로 이런 풍경에 어울릴까. 꽃 위에서 노니는 나비 셋이 아름답다.

'울긋불긋 꽃대궐 차린 동네', 위쪽에는 기와집들이 있고, 아래쪽에는 초가집들이 자리 잡았다. 각각의 집 마당에서 무언가를 하고 있는 어른들. 봄에는 일손이 많이 필요하다. 저 아래 자전거를 타던 아저씨가 나타났다. 자전거에서 내린 걸 보니 마주 오는 어르신께 인사를 드리려나 보다. 한가로움 속에

바쁜 일상이 숨어 있는 동네가 평화롭다.

'그 속에서 놀던 때가 그립습니다.' 초가집 안으로 화면이 들어온다. 돌담 위에 옹기종기 앉아 있는 다섯 아이들의 표정이 흐뭇하다. 마당에서 볏단을 들고 계신 아버지와 키질하시는 어머니의 표정도 환하다. 하얀 바둑이가 문가로 나오고 있다. 모두 우리를 보고 있다. 마치 추억 속 장면을 들여다보는 우리들을 맞이해 주려는 듯하다.

여기까지가 노래의 1절이다. 2절부터는 더욱 생생한 아름다움이 펼쳐진다. 온통 노란꽃이 피어 있는 숲 속을 그 다섯 아이가 지나간다. 줄지어 풀피리를 불고 지휘를 하는 폼이 『괴물들이 사는 나라』에서 본 그 놀이와 흡사하다. 이제 아이들은 면지에서 만난 흔들리는 나무 곁을 지나간다. 이 장면에서는 왠지 『곰 사냥을 떠나자』의 아이들이 떠오른다. 세상의 모든 아이들은 비슷한 모습으로 놀고, 즐길 줄 아는 것이 아닐까. 드디어 도착한 냇가의 수양버들, 아이들은 또 무슨 놀이를 할까? 다시 돌아온 동네 앞에서 아이들은 총싸움도 하고, 비석치기도 한다. 끝없이 이어지는 놀이들이 아이들의 영혼을 살찌울

것 같은 고향. 그 마지막 장면은 김동성 선생님이 이원수 선생님께 바치는 그림이 아닐까 한다. 나도 저렇게 돌아볼 수 있는 고향이 있었으면.

그렇게 그림책 탐험을 마치면, 여기저기서 감탄이 터진다. 이럴 때는 한목소리로 모아 주는 것이 필요하다. "여러분, 우리 '고향의 봄'을 힘차게 불러볼까요?" "네에에~!!"

읽어 주는 내내 감탄이 넘치는 그림책이 되고 말았다.

함께 해보기

❶ 여러 가지 꽃을 사진으로 알아오기

그림책을 읽기 전날에 미리 꽃에 대한 공부를 하게 한다. 다양한 꽃들의 아름다움을 눈으로 체험한 후, 수채화로 그려진 꽃의 이름을 맞추는 재미도 좋다.

❷ '우리 동네'로 뮤직비디오 만들기

우리가 살고 있는 동네에서 아름다운 곳을 사진으로 찍어 가사를 바꾸어 새로운 노래를 만들어 본다. 우리의 고향이 될 수 있는 이곳을 영상으로 남기는 것이다. 조별로 디지털카메라나 스마트폰을 준비하여 동네를 탐사한다. 그리고 아름다운 나무나 냇가, 건물 등을 찍은 후 무비메이커로 영상을 만든다. 개사를 한 노래는 조별로 부른 것을 녹음하여 영상에 추가한다. '우리 동네 뮤직 페스티벌'을 열어도 좋다.

❸ 부모님을 위한, 아이들의 숙제

도서관에서 그림책을 빌린다. 부모님을 모셔 두고 '고향의 봄' 노래를 틀어 둔다. 그리고 말한다. "엄마, 아빠(혹은 할아버지, 할머니). 지금부터 어렸을 적 고향으로 여행을 보내 드릴게요." 하며 그림책을 보여 드린다.

Tip

1911년 태어나신 이원수 선생님은 1926년 소학교(지금의 초등학교) 6학년 학생으로 어린 시절의 아름다웠던 고향의 봄을 추억하며 시를 썼다. 그 후 방정환 선생님이 펴낸 『어린이』란 아동잡지에 실린 시를 보고 홍난파 선생님이 작곡하여 현재까지 아름다운 동요로 불리게 된 것이다. 고향의 봄을 잊지 못하고 아름다운 언어로 표현한 이원수 선생님은 우리들 모두의 고향을 더욱 풍요롭고 아름답게 해주신 분이다.

인터넷에 '고향의 봄'을 치면 많은 동영상과 변주곡 모음을 만날 수 있다. 아이들에게 새로움을 느끼게 해주려면 보여 주는 것도 좋겠다. 하지만 어른들을 위해선 보여 주지 않는 것이 좋다. 원곡에 익숙한 어른들은 원곡의 추억 속으로만 빠져들게 해주자. 대상에 따른 변화는 필요한 선택이다.

함께 읽기

『꽃밭』(윤석중 글 / 김나경 그림 / 파랑새어린이)

『넉 점 반』(윤석중 글 / 이영경 그림 / 창비)

『곰 사냥을 떠나자』(마이클 로젠 글 / 헬린 옥슨버리 그림 / 시공주니어)

『들꽃 아이』(임길택 글 / 김동성 그림 / 길벗어린이)

『메아리』(이주홍 글 / 김동성 그림 / 길벗어린이)

part 3 우리들 마음속으로

나를 사랑한다는 것은 멋진 일이야~!!

난 내가 좋아!
낸시 칼슨 글·그림
신형건 옮김
보물창고

주제 자신을 사랑한다는 것의 아름다움 깨닫기
대상 자아존중감을 키우고 싶은 친구들

마음의 흔들림

몇 년 전 독서치료사 과정을 배울 때였다. 교수님께서 '심리학을 잘하려면 어떻게 해야 할까요?'라는 질문을 하셨다. 우리는 나름 진지한 대답을 했었던 기억이 난다. "저 자신을 알아야 해요."라거나, "마음을 열고 있어야 합니다." 등의 얘기가 나왔다. 나는 "역지사지의 마음가짐을 가져야 합니다." 이렇게 말했던 것을 공책에 적어 두었다. 교수님은 깔끔하게 말씀하셨다. "사람을 좋아해야 해요!" "아……! 그렇구나." 그러면서 하신 말씀은 이랬다.

"내가 사람을 얼마나 좋아하는지 1~10까지 표현한다면 어느 정도일까요? 손가락으로 해봐요!" 여러분도 해보기 바란다. 참고로 나는 '9'였다.

"그럼 이번엔 사람들이 나를 얼마나 좋아할까를 손가락으로 표현해 봐요!" 이번에도 해보시기 바란다. 나는 '7'이었다.

자, 이제 해석을 해보자. 그 전에! 여러분들이 손가락으로 꼽은 숫자를 기억해두자. (이 글을 읽으면서 아직도 생각을 안 해보셨다면 다음의 글은 읽지 마시

길!^^)

나의 경우는 '2'의 차이가 난다. 내가 좋아하는 게 높으면 일명 '관계지향적인 사람'이란다. 만약 그 반대라면(남들이 나를 더 좋아한다면), '매력적인 사람'이란다. 과연 여러분은 어떤 사람이신지?

그런데 이번엔 대상을 자신한테로 돌려보자. 자신은 자신을 좋아하는가? 얼마나? 숫자로 표현하면 몇이나 될까. 만약 자신을 좋아하는 게 매우 낮다면 자아존중감이 낮다는 증거다. 자신을 사랑하는 마음이 낮다면 남을 사랑할 힘이 있을까? 그런 사람들에게 꼭 권하고 싶은 그림책이 하나 있다. 나를 사랑하는 게 얼마나 멋진 일인지 알려 주는 그림책. 이 책을 읽고 스스로를 사랑하는 마음을 키우면 좋겠다.

아, 앞의 문제에서 중요한 건, 두 숫자의 차이가 아니라 살면서 차이를 얼마나 줄여나가느냐가 중요한 것이다. 내가 사람을 좋아하는 숫자와 사람들이 나를 좋아하는 숫자가 같게 되는 순간, 우리는 관계지향적이면서 매력적인 사람이 되는 것이다. 그런 사람으로 산다면 얼마나 멋지겠는가!

책속으로 풍덩~!!

"여러분은 여러분이 누구인지 궁금하지 않나요? ……자신이 어떤 사람인지 자세히 아는 사람 있어요? ……오늘은 여러분 자신에 대해 알아보는 시간을 가져볼 거예요." 이렇게 말하며 차분한 분위기를 이끌어 낸다. 그리고 "자신을 나타낼 수 있는 단어나 문장을 10가지만 써봅시다!" 말하며 시간을 준다. '나에 대해' 생각할 시간을 갖는다는 것 자체가 자아존중감 형성에 중요한 영향을 끼친다. 그러니 학교와 가정에서 꼭 한번 해보기 바란다.

나를 나타낼 수 있는 말이라……. 착하다, 잘생겼다, 친구들이 많다, 성실하다, 노력형이다, 그림을 잘 그린다, 눈이 예쁘다, 줄넘기를 잘한다부터 목소리가 크다, 건강하다, 발가락이 예쁘다, 잘 논다, 웃음이 기가 막히다까지! 아이들은 자신의 많은 것을 되돌아보고 살펴본다. 이럴 때 아이들의 모습을 살짝 보면 볼까지 빨개져서 열심히 생각하고 적는 아이들이 많다. 그 모습이 또 얼마나 이쁜지~!!

각자 쓴 '자신을 나타내는 말'을 발표시킨다. 아이들이 발표할 때마다 환호성이 나온다. "오우~!!" "우와~!!" "푸핫~!!" "에에?" 등등이. 이러한 반응들은 바로 긍정의 반응이 아닐까? 친구들이 인정한다는 반응에 발표하는 아이는 더욱 힘이 난다! (물론 "에에?"란 반응은, 본인은 인정하지만 친구들은 의외라는 뜻?)

자기의 좋은 점들을 생각해 본 적이 얼마나 있을까? 쑥스러워서 못 해봤다면 누군가는 기회를 주어야 한다. 선생님이나 부모님이~!!

이렇게 발표의 시간이 끝나면 한 권의 책을 소개해 준다.

돼지가 소리친다. "난 내가 좋아!" 아이들은 표지만 보여 줘도 깔깔대며 웃는다. 분홍색 테두리에 돼지가 나와서 양팔을 벌리고 소리치는 모습이 아이들에게 재미있게 다가가는가 보다. 그림이 조금 유치하게 그려져 있어도 호감도는 매우 높은 책이다.

책장을 넘기면 해맑게 웃으면서 자기에겐 아주 좋은 친구가 있다고 말하는 돼지. 치마 입은 것을 보니 여자돼지인가 보다. "그 친구는 바로 나야!" 하고 당당하게 말하며 돼지가 옆구르기를 한다! 그 장면 또한 얼마나 유쾌한지!

이제 자신이 왜 좋은 친구인지에 대한 구체적인 이야기들이 나온다. 아름다운 그림을 그리고, 자전거로 신나게 달리고, 자기와 함께 재미있는 책을 읽는

단다. 그리고 "난 나를 돌보고 가꾸는 걸 좋아해."라는 말과 함께 이를 깨끗이 닦고, 목욕을 말끔히 하고, 좋은 음식을 먹는다. 또한 아침에 일어나면 자기 자신에게 말한다. "야, 참 멋지구나!" 도르르 말린 꼬리와 통통한 배와 조그만 발을 좋아한다고 말이야. 이 장면이 중요하다. 새로운 하루를 맞이하는 아침에 거울을 보면서 "야, 참 멋지구나!" 하고 긍정의 힘을 뿜어내는 의식! 하루의 시작을 꼭 이렇게 해보자고 아이들과 다짐해 본다.

난 깨끗이 이를 닦지.

그런 돼지가 기분이 나쁠 때는 어떻게 할까? 이 장면부터 아이들은 더욱 관심을 갖고 본다. (누군가에게 무엇을 배운다는 자세가 좋아보인다!) "난 스스로 기분을 좋게 만들지. 실수를 하면, 노력하고 노력하고 또 노력해!" 이 얼마나 멋진 방법인가~!!

이 책을 다 읽으면 괜히 마음이 뿌듯해지고 입가에 피식피식 미소가 피어오른다. 연예인처럼 예쁘진 않지만 자신의 현재 모습을 사랑하고 즐겁게 사는 아이. 이런 게 바로 순수한 행복을 누리는 어린이가 아닐까 한다. 그림책 속 아이 덕분에 나 자신을 많이 사랑할 것 같은 기분이다~!! 반 아이들도 그런 기분이 드나 보다. 이럴 때 우리 모두 외쳐 본다.

"나도 이런 내가 좋아!!!"

난 그런 내가 좋아!!!

함께 해보기

❶ 하루를 시작하는 의식 만들기

아침에 일어나면 거울을 보고 말하는 거다. "○○야, 넌 너무 멋지고 예뻐!! 어쩜 그리 매력적이니? 오늘은 또 얼마나 행복한 일들이 나를 위해 일어날까? 오늘 하루도 즐겁게 지내보자, 파이팅~!!"

긍정의 의식을 만드는 것은 아이들 개성껏, 각자 재미있게 만들자고 하면서 중요한 한마디를 덧붙인다. "말이 씨가 된단다~!!!"

❷ 기분이 나쁘거나 화가 날 때 해결하는 방법 만들기

주인공 돼지처럼 우리도 기분이 나쁘거나 화가 날 때 해결할 방법들을 만들어 보자고 한다. 나름대로 '우리들 인생 매뉴얼'을 만드는 거다. 이럴 때 선생님이나 부모님이 먼저 말한다. "나는 화가 날 땐 운동장 정글짐 꼭대기에 올라가. 그리고 하늘을 보면서 오랫동안 앉아 있지. 그러다 보면 화가 조금 풀리는 것 같아. 내려올 땐 한결 마음이 가벼워져. 전에는 화가 나면 음식을 마구마구 먹었었는데 안 좋더라고. 살쪄. 그래서 건강한 방법을 생각해 낸 거야."

부모님 중에는 혼자 노래방에 가서 신나게 노래를 부르기도 하고, 집안 청소를 깨끗이 하는 방법으로 화를 다스리기도 한다는 걸 들려주기도 한다. 운동도 좋은 방법이다. 확실하게 말하고 싶은 건, 긍정적인 방법을 찾자는 거다. 자신을 망치는(?) 방법 말고! 과식이나 과음은 건강을 해치니까 참고하시길.

Tip

그림책의 뒤표지를 보면 옮긴이가 한 말이 나온다.
"세상에서 나를 가장 사랑하는 사람은 누구일까요? 바로 '나'랍니다. 하지만 우리는 때때로 그 사실을 잊고 다른 이에게 사랑을 받으려고만 하지요."
거울을 보면서 자신을 사랑한다고 크게 말하는 방법이 자신을 행복하게 한다는 내용이다. 고개를 끄덕이면서 끝내지 말고 '실천'으로 행복을 찾으면 좋겠다.
또 한 가지, 자신을 사랑할 수 있도록 만드는 방법에는 어떤 것이 있을까? 이런 음악을 자주 들으면 어떨까 해서 소개해 본다.
〈혼자가 아닌 나〉–서영은.
〈You are not alone〉–마이클 잭슨.
하나 더, 현재의 자신이 마음에 안 든다면 '링컨'의 일대기를 플래시로 만든 영상을 보자. 진주의 〈난 괜찮아〉의 원곡 영어버전으로 배경음악이 나오는 영상(인터넷에 '링컨의 일대기 플래시'라고 치면 나온다). '링컨'도 그렇게 살았는데! 우리도 삶의 희망을 가지고 살아야 한다~!! 보면 안다.

함께 읽기

『땅꼬마 뻐드렁니가 뭐 어때』(패티 로벨 글 / 데이비드 캐트로 그림 / 정미영 옮김 / 문학동네어린이)
『난 내가 좋아』(카렌 보몽 글·그림 / 박소영 옮김 / 킨더랜드)
『나는 내가 좋아요』(윤여림 글·그림 / 웅진주니어)

하늘땅 별땅 각기별땅~!!

빨간 매미
후쿠다 이와오 글·그림
한영 옮김
책읽는곰

주제 용서받지 못할 과거는 없다!
대상 물건을 훔쳐본 적이 있는 아이들

마음의 흔들림

누구나 한 번쯤은 물건을 훔친 경험이 있을 것이다. 이 책을 읽는 독자는 어떠신가? 어른이 되어서 훔쳤다면 범죄지만 감정조절이 쉽지 않은 어릴 적이라면 어떨까. 먼저 고백하건대 나는 물건을 훔친 적이 한 번 있었다. 초등학교 3학년 때, 학교가 끝나고 친구들과 집으로 돌아가다가 동네 슈퍼에서 껌을 훔쳤다. 친구가 슈퍼 주인에게 말을 거는 사이, 내 눈앞에 있는 맛있는 츄잉껌을 주머니에 넣어 버렸다. 순간적으로 이루어진 행동이었지만 그때의 감정엔 흥분과 떨림이 있었다. 하지만 시간이 갈수록 나에 대한 실망감이 커졌다. 그냥 아무 생각 없이 저지른 행동이었는데, 내가 도둑질을 했다는 실망과 함께 점점 자신을 미워하게 되고 감당할 수 없는 짜증이 났다……. 하지만 이상하게 씹던 껌의 달콤함은 오래 기억이 난다. 그런 복잡한 마음을 안고 집으로 갔는데 마침 아버지가 계셨다. "학교 다녀왔습니다." 하고 인사를 하는데 예상치 못했던 아버지의 한마디에 난 얼음이 되었다.

"너, 껌 어디서 났어?"

"……."

도둑질을 했다는 죄책감 때문에 그 어떤 거짓말도 할 수 없었다. 그냥 내 몸이 굳어버렸다. 주머니 속 내 손안의 껌이 따끔했다. 그날, 아버지한테 흠씬 두들겨 맞은 기억이 있다. 그리고 결심한 것은, '다신 도둑질하지 말자'였다. 그 후에 슈퍼 주인아주머니에게 아버지가 껌값을 물었는지는 기억나지 않지만 또 다른 사건 하나로 추측이 가능해졌다. 이번엔 형이 사고를 쳤다.

사춘기 시절, 형이 친구들과 여의도 광장에 자전거를 타러 갔었나 보다. 예전엔 여의도에 공원이 아니라 광장이 있었다. 그곳에서 신나게 자전거를 타던 형이 무슨 이유에서인지(철없던 시절의 호기일수도) 그 자전거를 타고 그대로 집이 있는 천호동까지 온 것이다. 이 무슨 어이없는 행동인지. 더욱 어이없는 것은 그 자전거를 집 앞에 떡~ 세워 둔 것이다. 물론 바로 아버지한테 걸리고 똑같은 물음을 받았다.

"너, 이 자전거 어디서 났어?"

"……."

아버지는 어디에서 1톤 트럭을 빌려 오셔서 자전거를 싣고 여의도로 향하셨다. 그곳에서 자전거를 돌려드리고 사과를 하고 오셨다고 한다. 그 후에는 나와 마찬가지로 형도 무책임한 행동의 '대가'를 받았겠지. 흐흐.

이렇게 철없던 날의, 형제들이 벌인 철딱서니 없는 행동은 황당한 추억으로 남게 되었다. 어른이 되어 버린 지금은 그런 추억 하나마저도 내 삶의 소중한 일부분이 되어 '어렸을 적 행동'이라고 웃으며 종종 이야깃거리가 되곤 한다.

누구나 한 번쯤 있었을 어릴 적 실수, 그 마음 아픈 갈등과 반성, 그리고 용서가 있다면 다시는 그런 실수를 반복하지 않을 것이다. 약속해 보자.

"하늘땅 별땅 각기별땅~!!"

여기서 내가 바라는 것은, 내 창피한 기억이 이 사건 하나로 끝이었으면 좋겠다는 것이다. 하지만 기억이란 것이 늘 완전하진 않다는 불안도 있음이 사실이다. 그리고 여기, 이러한 경험을 섬세하게 다룬 그림책 하나를 소개하고자 한다. 가능하다면 이런 경험은 '간접경험'으로 끝내는 게 좋지 않을까 하는 바람을 가지고.

책 속으로 풍덩~!!

책을 소개하기 전에 우리들은 '고백의 시간'을 갖는다. "여러분 중에 혹시 더 어렸을 적에 부모님이나 친구들의 물건에 손을 댄 적이 있나요?" 하고 물어본다. 솔직하게 자신의 실수를 말하는 아이도 있지만 그냥 잠잠~한 분위기이면 어떻게 하는 게 좋을까? 정답은 선생님의 고백부터 시작하는 거다. 그래서 나는 항상 내 어렸을 적 그 실수! 초등 3학년 때의 '껌 사건'을 고백한다. 그러면 주위에서 의외라는 놀람과 함께 야유가 나온다. 힝~ '선생님은 그러면 안 된다'느니, '범죄자'라느니, 이때가 기회라고 온갖 구박을 하는 반 아이들.^^ 하지만 그 후로 나는 '하늘땅 별땅 각기별땅'에 약속을 하고 다시는 도둑질을 안 했다고 말하면, 어느 정도 아이들의 용서를 받는다. 흐흐, 그러고 나면 여기저기서 아이들이 발표한다. 유치원 때 놀잇감 훔친 거, 친구 집에 가서 장난감 슬쩍한 거, 엄마 지갑에 손댄 거 등등. 이런 고백과 함께 그때의 결과를 말해 보고, 결심도 얘기하는 시간을 갖는다.

그렇게 분위기가 무르익어 갈 즈음, "여기 우리의 실수와 비슷한 행동을 한 아이가 있어 소개하겠다." 하며 『빨간 매미』 그림책을 꺼낸다. 주인공 아이의 마음변화에 초점을 맞춰 보며 읽어 보자고 한다.

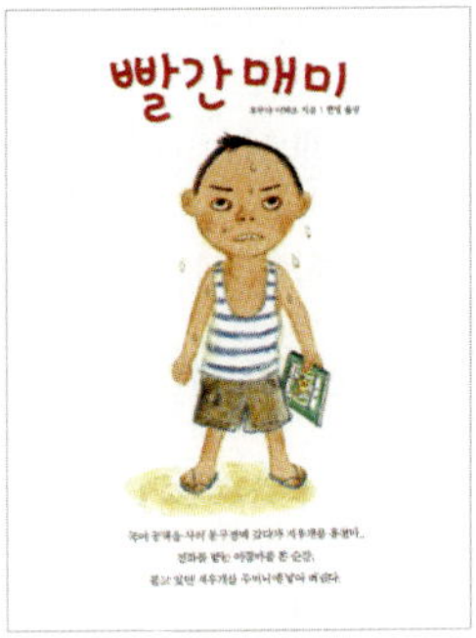

표지를 보면 그림이 심상치가 않다. 심각한 표정의 아이가 나오고 아이만큼 큰 빨간 매미가 나와 있다. 베개는 있지만 이불은 어디론가 사라진 듯한 표지. 아이들이 수근거린다. "쟤가 매미를 훔쳤나 봐." "아냐, 저 매미를 죽인 건 아닐까?" 의심하는 눈초리와 걱정하는 목소리를 뒤로 하고 책장을 넘긴다. 속표지에는 땀까지 흘리는 아까 그 아이가 나와 있다. 밑에는 세 줄의 충격적인 글이 적혀 있다.

국어 공책을 사러 문구점에 갔다가 지우개를 훔쳤다.
전화를 받는 아줌마를 본 순간,
들고 있던 지우개를 주머니에 넣어 버렸다.

"어? 도둑놈!"이라는 아이도 있고, 관찰력 좋은 아이는 이상한 점을 발견하기도 한다. "선생님, 저 아이는 국어 공책 사러 갔는데 손에는 수학 공책이 들려 있어요!" 정말 그렇다. "도둑질을 해서 정신이 없나 봐요."

문구점 아줌마 앞에서 고개를 들지 못하던 아이는 집으로 오면서 계속 뒤를 돌아본다. 집에 와서야 엉뚱한 공책을 산 것도 알아챘다. 그리고 바로 후회를 한다. '지우개를 꼭 갖고 싶은 것도 아니었는데' 하며. 어린 시절의 충동은 쉽게 막을 수 없다. 그런 경험이 있는 아이들은 다소 얼굴이 빨개지기도 하고, 그 순간의 긴장감이 교실에도 퍼진다. "이제 어떻게 될까?" 아이들도 걱정이 되나 보다. 감정이입이 쉽게 되는 아이들만의 장점이 발휘되는 순간이다.

동생이 튜브를 안고 와서 수영장을 가자고 하지만 아이는 화만 내고 약속을 어겨 버린다. "어, 어, 너무하네?" "동생이 불쌍하다." "나쁜 놈! 지가 잘못해놓고 괜히 화풀이네!" 여론이 만만치 않다. 하지만 아이는 점점 심술을 부리기 시작한다. 친구와 매미를 잡다가 훔친 빨간 지우개가 떠오르자 울컥해서 매미의 날개를 잡아뗀다. "이치!" 친구 고우도 소리치고 우리반도 소리친다. "나쁘다!" "저럴 줄 알았어!"하고. "온갖 심술을 부리는 아이는 어떤 마음일까?" 하고 물어보면, 아무리 봐주고 봐주어도 '용서'는 안 된다고 한다. 우리 반 아이들에게 저 아이는 궁지에 몰린 셈이다.

저녁 때 아빠와 동생과 욕조에 들어갔지만 동생만큼 신나게 놀 수가 없다. 게다가 동생을 부러워하는 마음까지 생긴다. "같이 놀고 싶지만 그럴 수 없는 아이의 마음은 어떨까요?" "자기가 찔리는 게 있으니까 그렇죠, 뭐." "많이 괴롭겠지요. 누가 도둑질 하래나요." "저것도 벌 받는 거예요." 한다.

드디어 지우개를 돌려주고 싶다는 마음이 든 아이. 하지만 방법이 없다. 이유는 이랬다. '무섭고 창피해서 돌려줄 수가 없다.'

"맞아! 저럴 땐 정말 무섭고 창피해서 돌려주기 힘들어!" 여기선 나도 한번 거든다. "맞아! 선생님도 정말 저랬어. 다시 돌려주기가 무서웠어." 아이들도 '맞아, 맞아' 한다. 그런 날엔 꼭 악몽을 꾸기 마련이다. 문방구 아줌마한테 들키는 꿈. 거기엔 낮의 잘못들이 섞여서 나타난다. 빨간 지우개와 매미가 합쳐진 '날개 없는 빨간 매미!'의 모습과 "너무했구나." 하는 아줌마의 말에

아이는 콧속이 근실근실해진다……. 요란한 재채기로 잠이 깬 아이는 땀으로 흠뻑 젖어 있었다.

여름방학, 친구들과 모여 체조를 하는 아침에도 주인공 아이는 고개를 들 수 없다. 이 장면이 측은하다. "왜 저 아이는 고개를 들지 못할까요?" 물어보면 아이들이 말한다. "이제 자기 잘못을 알았나 봐요." 또는 "반성 좀 하는 것 같은데요?" 한다. 점점 나쁜 사람이 되어간다는 생각에 가족과 친구들이 자기를 싫어할 것 같은 불안을 느끼는 아이. 글에는 설명이 없지만 그림은 말한다. 잡아 온 매미를 모두 풀어 주는 장면은 아마도 속죄의 방법이 아닐까. 어디선가 "잘했어." 하는 소리가 들린다.

드디어 고백의 순간이다. 엄마에게 다가가 빨간 지우개를 보여 주며 "이거…… 훔쳤어요……." 한다. 눈을 감은 아이에게 엄마는 어떻게 대했을까? 돌려드리고 제대로 사과하자고 말하신 엄마, 아이를 꼭 안아 준다. "아……." "다행이다!" "용기를 내다니, 대단한데?" 오히려 아이들이 긴 숨을 쉰다. 공감대가 형성된 순간이다.

그다음 장면은 문구점에 사과하러 가는 장면이다. 여기서는 글을 읽어주지 말고 잠시 뜸을 들이자. 그림만 본 아이들이 당황하거나 걱정하며 온갖 상상을 하게 놔둔다. (그 장면은 주먹을 크게 쥔 아줌마와 고개를 90°로 숙인 모자의 모습이 나온다.) 아이들이 "이야기해 주세요~!!" 할 때까지 그 순간의 긴장과 상상을 즐기자. 하하.

그리고 마지막 장, 아이의 모습은 흐뭇한 결론으로 흐른다. 철없던 시절의 모든 일들이 그렇듯이~!!

함께 해보기

❶ 우리들의 철없던 행동들 적어 보기

책을 다 읽은 후에 물어본다. "태어나서 지금까지 우리들이 한 철없던 행동에는 어떤 게 있을까요? 지금 생각나는 일들을 다 적어 볼까요?" 종이를 나눠주고 말한다. "어린이집 시절에 있었던 일, 유치원 때 있었던 일, 그리고 초등학교 몇 학년 때 있었던 일로 나눠서 기억해 보세요. 설마 하나도 기억이 나지 않지는…… 않겠지요? 하하. 많이 적을수록 나중에 여러분에게 추억으로 남을 거예요. 시이~작!!"

자신을 돌아보는 치유 중에 '자기분석보고서' 쓰기가 있다. 기억 속에 남아 있는 자신의 행동들을 되돌아보는 것이다. 시대별로 나눠서 생각나는 모든 것을 찾아 쓴다. 그리고 '현재의 자신'이 과거의 그런 행동들의 이유를 찾아보고 '자신을 이해해 가는 과정'을 갖는 것이다. 고백만으로도 스스로를 이해하고 용서할 힘이 생긴다. 치유의 시작은 '고백'이고, 이해의 끝은 '용서'임을 잊지 말자.

자기분석보고서

(　)학년 (　)반 (　)번 이름(　　　　　　)

	철없던 시절의 우리 모습
유아 시절	
어린이집 시절	
유치원 시절	
초등 1, 2학년	
초등 3, 4학년	
초등 5, 6학년	
다시 읽어 본 나의 느낌은?	

* 표는 학년에 맞게, 부모님에 맞게 작성해서 활용하세요~!!

Tip

독서치료사 과정을 일 년 동안 공부한 후부터 나도 '자기분석보고서'를 쓰고 있다. 날 잡아서 쓰는 게 아니라 그때그때 생각날 때마다 조금씩 쓰고 있다. 어느 날엔 초등학교 때의 내 모습이, 어느 날엔 고등학교 때의 내 모습이 떠올라 쓰곤 한다. 이렇게 부담 없이 차곡차곡 '과거의 나'를 채집(?)하다 보면, 나 자신을 조금씩 이해하게 된다. 그만큼 고백의 힘은 크다.

아이들뿐 아니라 부모님들도 모두 '자기분석'을 하시기 바란다. 참고로 가장 좋은 방법이 있다. 바로 '일기'를 쓰는 것이다! "에이~" 하지 마시고 오늘부터 일기를 쓰자. 107.7Mhz의 김창완 님이 아침마다 말한다.

"오늘도 추억이 됩니다~!!"

함께 읽기

『거짓말』(가사이 마리 글, 그림 / 손정원 옮김 / 한솔수북)

『거짓말』(고대영 글 / 김영진 그림 / 길벗어린이)

내 행동의 이유는 무엇이었을까?

고릴라 왕과 대포
나마치 사부로 글
고바야시 유우지 그림
한림출판사

주제 속마음을 알아내는 기막힌 방법
대상 왜 그런 행동을 하는지 속마음을 알고 싶어하는 사람

마음의 흔들림

일 년 전에 한국출판문화산업진흥원(전 한국간행물윤리위원회)에서 '초등교사 독서교육 직무연수'를 들었다. 독서교육과 관련된 다양한 수업을 듣고 많은 도움이 되었다. 수업 과목은 독서치료부터 NIE, 팝업북, 글쓰기까지 다양했다. 그때 만난 책들 중에 『고릴라 왕과 대포』라는 그림책이 가장 기억이 나서 소개하고자 한다.

처음 표지를 봤을 때는 좀 별로였다. 표지의 그림이 너무 작아서 그랬는지, 번역자의 이름이 안 나와서 그랬는지 솔직히 비호감이었다. 게다가 그림체도 마음에 들지 않았다. 꽤 옛날 그림책인가 보다, 하는 마음으로 책을 넘겼다. 앞면지의 그림들도 꽤나 어지러웠다. 나무 줄기들과 원숭이들이 무수히 많은, 복잡한 그림이었다. 속표지는 또 어떠한가. 금테 액자에 황금 왕관을 쓴 고릴라 왕의 초상이 떡 하니 버티고 있는 거다. 꾹 참고 읽어 나갔다.

이야기 초반은 이랬다. 뽐내기를 좋아하는 고릴라 왕이 어느 날, 이웃 나라로 산책을 나간다. 그런데 아무도 인사를 안 하는 거다. 고릴라 왕은 화가 났다. 신하 원숭이들에게 명령을 한다. 큰 대포를 만들어서 그 놈들을 모두 날려버리라고! 헐. 여러분이 신하라면 어떻게 할 것인가?

이 책은 표현하지 않은 속마음을 알아내는 방법에 대한 이야기다. 신하들의 논의가 기막힌 해결책으로 나타나는 것을 보면, 감동하지 않을 수가 없게 된다. 또한 왕이 진정으로 원하는 것이 무엇인지를 알아채는 지혜로운 신하들의 모습을 닮고 싶은 마음도 새록새록 돋는다.

독서치료는 마음을 보듬어 주는 역할을 한다. 책이라는 매개체를 통해 과거 내 안에 잠재되어 있는 억눌린 감정들을 꺼내어 다시 한 번 돌아보고, 스스로 보듬어 주는 기회를 주는 것이다. 이런 '독서치료'라는 말에 가장 효과적인 책들을 개인적으로 뽑아보면 이렇다. 『짖어봐 조지야』 『공원에서 일어난 이야기』 『루비의 소원』 『돼지책』 『혼나지 않게 해 주세요』 『점』 『블루데이북』. 그리고 여기에 『고릴라 왕과 대포』를 하나 추가한다.

책 속으로 풍덩~!!

나는 표지가 참 마음에 안 들었는데 아이들은 안 그런가 보다. 대포가 나오고, 고릴라가 나오고, 왕이 나오니까 마냥 신나한다.

"뭐가 그렇게 웃기니?" 하고 물어보면, 아이들은 그냥 좋단다. 책 제목의 세 단어는 아이들에게 호감으로 다가가는가 보다. 앞면지를 보여 주면 더 신나서 웃는다. "와~ 원숭이다~!!" 하며 좋아한다. 정글처럼 복잡한 그림도 아이들을 흥분시키는 듯하다. 어떤 녀석은 눈으로 원숭이 숫자를 세기도 한다.

조금 더 시간을 내어 보여 주고 속표지를 보여 주면, “왕이다!” 하며 주인공의 등장을 흥미로워한다.

첫 장면의 커다란 고릴라 왕과 자그마한 원숭이 신하들이 대조적이다. “고릴라 왕은 언제나, ‘에헴.’ 하며 크게 뽐냈습니다.”라는 글을 읽어 주자마자 아이들은 고릴라 왕의 성격을 파악했다. “에~ 뽐내기 대장이네, 뭐!” “신하들이 힘들겠다.” 한다. 사람을 만날 때 첫인상이 3초 만에 결정된다는 말은 사실인가 보다. 하하.

이웃 나라로 산책을 나간 왕에게 아무도 인사를 하지 않자, 왕은 몹시 화가 났다. 이 장면에서 고릴라 왕의 표정은 정말로 화가 난 듯 실감이 나서 아이들이 조금은 움찔한다. 그런데 바로 다음에 그 나라에 대포를 쏘라는 명령에 모두들 황당해한다. “너무한 거 아니예요?” “그러게. 나쁜 왕이네!” 하며 난리다. “그럼, 신하들은 어떻게 할지 볼까?” 하며 계속 읽어 준다. 원숭이 신하들도 난처했지. 이러지도 저러지도 못해서 서로 빨간 얼굴을 맞대고 의논을 했지. “여기서 잠깐! 여러분이 신하였다면 어떻게 할까요?” 하고 물어본다.

곤란한 상황에서 여러 가지 해결책을 생각하는 시간은 지혜를 키우는 순간이다. 다양한 생각들을 할 시간을 주고 다시 책 속으로 들어간다.

어? 그런데 신하들은 이상하고 커다란 대포를 만든 것이다. 아이들은 "이럴 수가!" "신하들도 어쩔 수 없었나 봐요." 한다. 사실 뾰족한 방법은 없어 보인다. 왕의 명령을 거부하면 감옥에 갈 것 같고, 따르자니 이웃 나라 사람들이 불쌍하고. 약간은 실망한 아이들의 표정을 보며 계속 읽어 준다.

다음 날 아침에 산 위에 대포를 설치하고 왕은 기쁜 마음으로 말한다. "자 쏴라, 쏴라, 계속 쏴라." 드디어 다음 장! 조금의 뜸을 들이고, 아이들의 모습을 확인한 후에 보여 주면, 환호성이 나온다! "와~!!!" 이웃 나라의 하늘에서 갖가지 물건들이 떨어져 내리는 것이다. 막 구운 빵이랑 과자가! 금방 딴 귤이랑 오렌지가!! 아이들은 기쁨의 환호성과 안도의 한숨을 짓는다!!

고릴라 왕의 선물(?)을 받고 기뻐하는 이웃 나라의 상황을 모른 채 고릴라 왕은 한번 살펴보고자 한다. 여기에서 또 한 번 고릴라 왕의 성격이 나온다.

과연 어떻게 살펴보러 갈까? 낙하산을 짊어지고 대포 속으로 들어간 것이다! “푸핫~” 그 순간의 천진한 표정은 아이들과 내가 가장 좋아하는 장면이 되었다. 게다가 하늘 높이 날아서 빙글 돌고 떨어지는 왕의 모습은 개구쟁이의 모습에 다름 아니다. “자, 그럼 이제 어떤 일이 벌어질까요?” 아이들은 눈치챘는지 벌써부터 즐거워한다. 원숭이들이 모두 고맙다고 ‘인사’를 하는 거였다!! 영문을 모르는 고릴라 왕은 ‘어허, 참!’이라며 눈만 깜빡이는데, 어쨌든 모두가 환영을 해주니 기분이 좋아졌나 보다. ‘아니, 그저 별일 아닌데…….’ 하며 유쾌한 산책을 하는 걸로 이야기는 끝이 난다.

안도하는 아이들의 모습에서, 유쾌하게 끝이 난 이야기는 하루 종일 우리 얼굴에서 웃음이 사라지지 않게 해준 책이 되었다. 맨 마지막에, 하늘에서 떨어진 막대사탕 하나를 발견하고 느끼는 흐뭇함도 놓치지 말기를.

다 읽은 후엔 원숭이 신하들의 지혜로움을 나누는 시간을 갖는다. 왕의 명령도 어기지 않고, 자신들의 바람도 놓치지 않는 ‘중용의 지혜’.

또 한 가지, 원숭이 신하들은 고릴라 왕의 진짜 속마음을 알아챈 것이다. 왕은 단지 인사를 받고 싶었을 뿐이고, 무시당하지 않고 싶었을 따름이다. 그 마음을 알아낸 신하들의 지혜로움은 두고두고 새겨 둘 이야기다. 누군가의 속마음을 알아낸다는 것은 누군가의 행동을 이해하고 받아들일 수 있다는 것이다.

함께 해보기

❶ 고릴라 왕의 성격 파악하기

국어 교과서에 나온다. 말과 행동으로 그 사람의 성격을 알 수 있다고. 고릴라 왕의 말과 행동을 보고 왕의 성격을 찾아 쓰는 시간을 갖자. 또한 신하들의 성격도 찾아 쓰고, 이웃 나라 원숭이들의 성격, 즉 한 나라 전체의 성격도 찾아보면 재미있다.

물론 마지막엔 우리반 친구들의 성격을 찾아보는 유쾌한 시간도 갖자.

❷ 나의 화난 모습을 거울로 보고 따라 그리기

고릴라 왕의 화난 모습을 다시 보여 주고 "여러분은 여러분이 화난 모습을 본 적이 있나요?" 하고 묻는다. 대부분 없다고 한다. "선생님은 가끔 너무 화가 나면 그 모습이 궁금해서 거울을 보기도 해요." 하면 아이들이 많이 웃는다. 심지어 슬픈 드라마를 보다가 울음이 나면 또 궁금해서 거울로 얼굴을 보기도 한다고 말해 준다. 교사의 솔선수범 고백(?)은 아이들에게 위로와 용기를 준다!

"그럼, 오늘 여러분의 화난 모습을 보는 시간을 가져볼게요. 각자 가져온 거울을 보고 평소에 화난 일을 생각하며 노려 보세요. 그리고 연필로 빠르게 그려 보세요. 시~작!"

깨달음의 기회를 주는 것, 교사의 의무다.

❸ 고릴라 왕이 겉으로 원하는 것과 진정으로 원하는 것 알아보기

고릴라 왕이 겉으로 원한 것은 대포를 만들라는 것이고, 진정으로 원하는 것은 대접받고 싶다는 것이다. 그걸 알아차린 신하들은 대포 속에 꽃과 음식, 선물들을 넣어 두었다. 그 결과로 이웃 나라에 피해를 주지도 않았고, 왕도 대접을 받게 되어 기분이 풀어져서 신하들을 추궁하지 않았다.

여럿의 지혜를 모아 토론하는 일은 중요한 결정을 올바르게 이끄는 힘이 있는 것이다. 혼자 모든 일을 해결하기보다는 머리를 맞대고 토론하여 지혜로운 결정을 내리는 방식을 아이들에게도 인식시켜 주는 소중한 시간을 갖자.

Tip

교육학자 존 듀이는 교육에 있어서의 흥미와 노력에 관한 다음과 같은 말을 했다.

'좋은 가르침이란
아이가 평생 동안 필요한 아이디어와 기술을 익히는 데
진심으로 적극적인 학교 경험의 공급을 말한다.'

또 하나, 언젠가 라디오에서 '공형진의 씨네타운'을 듣다가 다음과 같은 대사를 듣고 생각공책에 적어둔 적이 있다.

'누군가 손을 내밀려 할 때 그걸 알아채는 게 중요하다.
내민 손을 잡지 않는 건 죄악이고, 평생 후회하게 된다.'

어느 영화 속 로버트 드니로의 말이랬다. 이제, 여러분은 주위 사람들이 내민 손을 잡아줄 일만 남았다.

함께 읽기

『소피가 화나면–정말 정말 화나면…』(몰리 뱅 글·그림 / 어린이미디어교육연구소)
『혼나지 않게 해 주세요』(구스노키 시게노리 글 / 이시이 기요타카 그림 / 고향옥 옮김 / 베틀북)
『오스카만 야단 맞아!』(토니 로스 글·그림 / 브뢰벨(베틀북))

나에게 '새로운' 그림책이 다가왔다

줄무늬가 생겼어요
데이빗 섀논 글·그림
조세현 옮김
비룡소

주제 난 나야! 내가 좋아하는 걸 해야 해~!!
대상 친구들 눈에 비치는 내가 걱정인 친구들

마음의 흔들림

그림책 발견! 데이빗 섀논의 그림책. 이미 『안돼, 데이빗』으로 너무나 유명한 그의 또 다른 작품이다. 우리나라에서는 2006년에 출간되었지만, 내겐 너무 자극적인 표지 그림 때문에 선뜻 손이 안 간 그림책이었다. 그러다가 오늘 학교 도서관에서, [제목이 'ㅇ · ㅈ'으로 시작되는 그림책] 코너에서 찾게 되었다. 처음엔 『우리 선생님은 괴물』이란 제목의 그림책이 떠오르지 않아 'ㅇ · ㅈ'코너를 탐험하다가 발견하게 된 책이었다.

'아, 맞아! 이 책은 계속 눈에 띄는데 내가 계속 외면했었지. 좀 미안한데…….' 하며 꺼내 보았다. 그런데 그림책이 너무 너덜거리고 여러 군데가 이미 찢어진 책이 되어 있었다.

'아, 아이들이 참 많이 찾았던 책이구나. 그동안 나 없이도 듬뿍 사랑받았었네? 오늘, 내 사랑도 줄게!'

『데이빗』 시리즈에서도 느꼈지만 작가 '데이빗'의 주인공들은 그림이 살아 있는 듯 매력이 넘쳐난다. 그런 인물 중 한 명인 카밀라의 모습이 오늘 이상하다…… 아니, 이상하다 못해 점점 기괴해진다. 그리고 사건이 자꾸 커져만 간다. '어쩌려고…….' 나는 갑자기 작가가 걱정되기 시작했다. 그리고 문득, 일본 만화 중에 『기생수』가 떠올랐다. 그 만화는 내가 좋아하는 만화책 중 하나인데, 우주에서 날아 온 기생수 때문에 사건이 어마어마하게 커지는 이야기다. 그 책을 읽어 가며 내내 '이렇게 사건을 크게 벌려 놓으면 어떻게 수습하려고 하지?' 하는 걱정이 앞섰었다. 하지만! 마지막 권(10권)에 믿을 수 없을 만큼 완벽한 마무리로 대미를 장식하는 것이었다! 와…… 감탄사가 안 나올 수가 없었다. '최고다!!' 그 생각뿐이었다. 그런데 이 그림책도 그런 느낌이었다. 이렇게 벌려놓은 사건을 기가 막힌 콩 하나로 해결한다.

게다가 이 책은 교육적인 사용방법이 무궁무진하다! 다른 친구의 시선을 의식하며 사는 아이가 자신이 진정 좋아하는 걸 하며 사는 게 얼마나 행복한 일이라든지, 세상 경험이 많으신 할머니의 지혜는 '걸어다니는 도서관'이라 할 만한 일이라든지, 권위 있는 사람들의 지식만으론 해결 못하는 문제들이 많다든지 하는 다양한 교훈을 얻을 만한 그림책이다.

아, 그동안 외면했던 내가 밉다. 이 책으로 얼마나 많은 아이들이 자신을 치유했을까~! 오늘은 'ㅇ · ㅈ'코너에서 나에게 새로운 그림책으로 다가온 보물을 찾아서 기쁜 하루다.

책 속으로 풍덩~!!

표지를 보자. 너무나 사랑스러운 아이가 나와 있다. 그런데? 얼굴이 이상하다. 표지만 보고 아이들이 웅성거린다. "나 저 책 알아! 읽어 봤어!" "푸하, 얼굴이 이상해~!" 표지의 아이 얼굴에 알록달록 무지개 같은 줄무늬가 있다. 아니, 이런! 온몸에 줄무늬가 있는 거다. 자세히 그림을 들여다보면 여자아이는 침대에 누워 있고, 입에는 체온계를 물고 있다. "어디가 아픈가 봐요." 하는 아이 말에, "아플 만도 하네!" 하며 낄낄거리는 아이들. (책을 읽어 주기 전에 미리 읽은 아이한테는 양해를 구한다. 이 책을 처음 만나는 아이들을 위해 침묵을 지켜주라고. 그게 친구의 독서를 위한 배려라고.)

"도대체 왜 이런 일이 일어났는지, 그림책 속으로 들어가 볼까요?" "똑, 또옥~!!"

아욱콩을 좋아하는 카밀라는 친구들이 아욱콩을 싫어한다는 이유만으로 자기도 싫어하기로 했다. 왜냐하면 카밀라는 사람들이 자기를 어떻게 생각하는지 항상 신경을 쓰기 때문이다. 그래서 학교 가는 첫날부터 옷을 마흔두 번이나 갈아입고 안달을 부렸다. "에휴, 유별나네." 하는 친구들의 반응과 함께 거울을 보던 카밀라는 "꺅~!" 소리를 지른다. 온몸에 줄무늬가 생긴 거다. 결국 학교에도 가지 못하고 누워버린 카밀라에게 나돌팔 의사 선생님이 연고를 주며 말한다. "거참 특이한 병이네! 하지만 연고를 바르면 없어질 거야. 만약 낫지 않으면 다시 연락을 주세요." 거참 성의 없는 진찰이네.

다음 날 학교로 간 카밀라는 국기에 대한 맹세를 할 때 온몸이 국기 모양으로 변해 버린다. 깔깔거리며 굉장하다는 듯이 웃는 친구들. "물방울 무늬를 보여 줘!"라고 소리치니까 온몸에 물방울 무늬가 나타난다! "바둑판!" 하니까 바둑판 무늬가! 결국 교장 선생님은 카밀라 엄마에게 전화해서 집에서 쉬게 해 달라고 부탁을 한다.

다음 날, 나돌팔 선생님이 전문가 의사 선생님 네 명과 함께 와서 찔러 보고, 두드리고, 꼬집어 보며 진찰을 한다. 병명은 모르지만 색색깔의 알약을 주고 간다. 그 약들을 먹은 카밀라는 어떻게 되었을까? 놀라지 마시라! 몸이 알약 모양이 되버린 거다~!! 이번에는 의사 선생님 대신 과학자 선생님들이 달려 왔다. 그들은 여기저기 막 그냥 찔러 보고, 들여다보고, 쑤셔 보더니 소곤거린다.

"바이러스일지도 몰라." "박테리아일 수도." "곰팡이일 수도 있어." 과학자 선생님들이 말할 때마다 카밀라의 몸은 그렇게 변해 간다! 결국 아무것도 알아내지 못한 채 이 일은 방송국 기자들까지 알게 된다. 뉴스를 탄 후 카밀라의 집에는 심리학자, 알레르기 치료사, 약초학자, 무당과 주술사, 승려, 심지어는 수의사까지 들이닥치게 된다. 그때마다 더욱 이상해지는 카밀라의 몸……. 그 어떤 치료법도 통하지 않았다. "아, 어떡하지?" 책을 보는 우리들은 걱정이 앞선다. "여러분은 어떻게 이 병을 고칠 수 있을까요?" 물어봐도 뾰족한 수가 없다. 우린 전문가도 아니니까. 하지만 바로 그 때, 누군가가 나타난다. 어떤 할머니! 자~ 과연 할머니는 어떤 처방을 해주실까? 할머니는 '남들의 눈치 때문에 자기가 좋아하는 음식을 싫어해버린 아이'의 속마음을 읽어버린 것이다. 그리고 준비한 맛있는 아욱콩 한 줌. "웩! 전 그런 거 절대 안 먹어요!" 하는 카밀라. 하지만 사실은 좋아하는 음식 아닌가. 할머니의 설득으로 아욱콩을 입에 넣은 카밀라. 과연 어떻게 될까?

그 뒤로 카밀라는 아이들이 이상해졌다고 해도 신경 쓰지 않고, 자기가 좋아하는 아욱콩을 먹는다. 그 행복한 표정이라니~!!

"여러분. 여러분은 친구들 눈치 때문에 좋아하는 것을 못 한 적이 없나요?

사실은 좋아하는 음식인데 친구들이 싫어하니까 내색을 못 한 적은 없어요?" 물어보면 여기저기서 소곤거린다.

"친구들은 콩밥이 나오면 싫어하는데 저는 콩밥이 좋거든요. 처음엔 아이들도 저를 이상하게 보는데 전 그냥 맛있게 먹어요."

"그래요! 자신이 좋아하는 것을 남의 눈치 때문에 못 하게 된다면 참 힘들 거예요. 카밀라처럼 줄무늬가 생길지도 모르죠."

또 다른 이야기가 없으면 선생님이 대신 말한다.

"친구들이 누구를 놀리면 그러고 싶지 않아도 친구들 눈치 때문에 같이 놀려야 할 때도 있지 않나요? 사실은 하기 싫은데도요."

"맞아요. 맞아!" 아이들의 공감 소리.

"영화나 드라마를 보면 나쁜 친구들이 하는 행동을 싫어도 따라하는 친구들이 종종 나오지요? 그렇게 하는 친구들은 과연 행복할까요? 자기가 하고 싶은 일이 있으면 그걸 하세요! 친구들 눈치 보지 말고 자신의 스타일대로 하세요! 남에게 피해를 주지만 않는다면, 그게 여러분을 더욱 행복하게 만들어 줄 겁니다!!"

함께 해보기

❶ 우리 반 친구들의 개성만점 스타일 찾아보기

반 친구들의 개성적인 스타일을 찾아보는 것이다. 옷부터 따져 보자. 친구들을 보면 항상 비슷한 스타일의 옷을 잘 입는 친구가 있다는 걸 알게 된다. 그리고 머리띠를 잘 하는 친구, 선호하는 옷 색이 있는 친구 등을 말해보는 시간을 갖는다. 그리고 비난 없이 친구의 개성을 인정해 주자고 한다.

그다음에는 좋아하는 음식 스타일! 각자 자기가 좋아하는 음식을 발표해 보면 의외로 다양한 음식이 나온다. 어른스러운 음식을 좋아하는 아이도 있고 (육개장, 순대국, 설렁탕 등), 매운 음식을 좋아하는 아이(매콤 떡볶이, 불닭, 매운 족발 등), 달콤한 음식을 좋아하는 아이(아이스크림, 설탕 발린 도너츠, 약밥 등)도 나온다. 친구들의 새로운 면을 보고 수용해 주는 소중한 시간이 될 것이다.

❷ 자기 욕구를 바르게 표현해 보기

"자신이 원하는 게 있다면 어떻게 해야 할까요? 상대방에게 바르게 표현하는 연습을 해봐요. 예의를 갖추고, 정중하게, 자신의 바람을 표현해 봐요. 일단, 거울을 보면서 연습하면 좋겠지요. 정말로 원하는 것이 있다면 '연습하는 노력' 정도는 기본 아닐까요?"

❸ 『기생수』 만화로 스토리텔링의 확산과 정리 엿보기

6학년 정도 되면 온갖 만화에 노출되기 마련이다. 때론 심각한 만화도, 때론 썰렁한 만화도, 미치도록 웃긴 만화도 아이들에겐 좋은 자양분이 된다. 상상의 에너지에 자주 노출될수록 아이들은 성장한다. 너무 한 곳으로만 집중하지 않는다면, 만화는 분명 좋은 텍스트가 될 수 있다.

만화 『기생수』는 내가 가장 좋아하는 만화책 1위에 놓여 있다. 10권으로 된 만화책을 소개하면 이렇다. 우주에서 기생수가 내려와 사람들 머릿속을 지배한다는 황당한 이야기. 하지만 그 내용은 만만치가 않다. 조용히 행동하던 기생수들이 점차 조직화되면서 일이 커진다. 똑같은 일이 전 세계에서 발생하자 결국 군대가 출동하고, 기생수 판별법이 생겨난다. 궁지에 몰린 기생수들은 융합으로 힘을 발휘하고, 점점 더 기괴해진다. 연약한 고교생 주인공은 있는 힘을 다해 대항한다. 그러면서 내면의 허약함도 나타난다. 인간의 심리 묘사와 갈등 상황이 심오하다.

'무한대로 확산된 이야기를 어떻게 잘 정리해서 독자를 설득하는가?' 여기에 작가의 능력이 있다. 그런 면에서 기생수는 '완벽'하다.

여름방학에 아이들에게 기생수를 보라는 숙제를 낸 적이 있다. 한번 보면 손을 놓을 수 없도록 빠르게 진행되는 이야기! 그 치밀한 구성과 심리적 표현뿐만이 아니라, 웅장한 주제의식마저 우리를 다시 돌아보게 해준다. 잔인한 표현 때문에 보여 주기를 꺼린다면, 할 말은 없다. 단지 요즘처럼 폭력성에 노출되어 있는 환경에서 그 정도 만화는 얌전한 편인데…… 아쉬울 뿐.

Tip

자기 전에 다섯 살 딸에게 이 책을 읽어 준다고 약속했다. 그림책을 읽어 주는 내내 킥킥거리며 몸을 비비 꼬는 딸아이의 반응이 너무 재미있었다. "재밌어?" 하면, "응. 너~무 웃겨! 몸이 막 이상해~ 괴물 같아! 캬하~." 하며 어쩔 줄을 몰라한다. 하하. 읽어 주는 보람을 느끼는 순간이다.

그림책의 마지막 장면까지 왔다. 다시 원래의 모습으로 돌아온 행복한 카밀라를 보더니, "예쁘다!" 한다. "지윤이도 예뻐!"라고 말해 주는데, "어? 얘 머리에 아직도 줄무늬 머리핀이 있어!" 하는 게 아닌가. "에? 정말이네? 아직도 줄무늬가 남아 있네? 저거 만지면 안 되겠네." "맞아." 아이의 눈썰미는 어른이 당해낼 수가 없다. 진정한 그림책 탐험가~!!

함께 읽기

『암소 로자의 살빼기 작전』(크리스텔 데무아노 글·그림 / 유정림 옮김 / 사계절)
『샌드위치 바꿔 먹기』(라니아 알 압둘라 왕비, 켈리 디푸치오 글 / 트리샤 투사 그림 / 신형건 옮김 / 보물창고)
『하찮은 네 개의 작은 귀퉁이』(제롬 뤼예 글·그림 / 김화영 옮김 / 큰나)
『빨간 나무』(숀 탠 글·그림 / 김경연 옮김 / 풀빛)
『딸은 좋다』(채인선 글 / 김은정 그림 / 한울림어린이)

우연이 필연으로 느껴진다는 건 이런 거야~!!

다이빙을 사랑한 한국인 소년 새미 리
유보라 글
이담 그림
이재원 옮김
길벗어린이

주제 마음을 다해 노력하면 무엇이든 이룰 수 있어~!!
대상 꿈이 필요한 친구들

마음의 흔들림

2013년 10월 20일, 우리 가족은 동대문역사문화공원에 갔다. 그곳에서 '하대감 이생전'이란 길거리 공연도 봤다. 아들과 딸이 무척이나 좋아했다. 예기치 않았던 공원에서, 그것도 무대 맨 앞줄에서 생생한 공연을 봤으니 얼마나 신이 났던지~!! 계속 박수를 치는 아들과 딸의 모습이 예뻤다.

공연이 끝나고 우리는 바로 옆에 있는 동대문운동장기념관에 들어갔다. "옛날에 여기서 고교야구도 봤었는데!" 하는 탄식이 절로 나왔다. 지금은 덩그러니 조명탑 두 개만 흔적으로 남아 있다. 기념관 안은 깔끔하게 정리되어 있었다. 그리고 예전 자료들을 동영상 파일로 볼 수 있는 코너도 있었다. 우연히 본 다이빙 경기가 눈에 들어왔다. 그 순간 떠오른 인물, 새미 리. '아~ 혹시 저기에 새미 리가 나올지도 모르겠구나.' 하며 영상을 보는데 정말로 새미 리가 나왔다. 아니, 나온 정도가 아니라 제목을 다시 보니, '1953년 세미 리(당시에는 '세미 리'로 표기됨) 다이빙 모범경기'가 아니던가! 슬쩍 흘려봤을 땐 '무슨 양미리나 미사리 같은 곳에서 다이빙 경기를 했나' 생각했는데~ 이럴 수가!! 너무나 놀란 내가 가족들에게,

"이 사람이 새미 리다, 와서 봐라! 그림책 주인공이야, 정말 멋지게 다이빙 하는구나~!"

하고 소개를 했다. 하지만 별 관심이 없었는지 각자가 관심 있는 곳에서 건성으로 대답하는 게 아닌가. 아~ 조금 섭섭했지만 나는 발견의 기쁨, 만남의 행복을 감출 수 없어서 그 영상을 스마트폰으로 찍었다!! 이런 우연이 있다니? 새미 리의 책을 그림책 수업으로 다루려 했는데, 이렇게 만난 건 하늘의 계시가 아닐까? 난 필연적으로 새미 리의 그림책을 여기에 알려야 한다. 이건 운명이다!

새미 리(93세) 박사는 평창 동계올림픽 유치를 위해 김연아 선수와 함께 홍보대사 활동을 하기도 한 분이다. 인터넷에 이미지를 찾아보면 '자랑스러운 한국인상'을 받는 두 사람의 사진도 쉽게 볼 수 있다. 또한 미국 로스앤젤레스에는 '새미 리 박사 광장'도 있고, 올해 박사의 이름을 딴 초등학교도 생겼다고 한다. 새미 리 박사는 아시아인 최초로 올림픽 수영 다이빙 우승을 차지한 인물이다. 1948년 런던과 1952년 헬싱키올림픽에서 미국 대표로 출전해 10m 플랫폼 2연패를 달성했다. 그 후 이비인후과 의사로 일하며 한국과 미국의 다이빙 유망주를 양성하는 데도 힘을 써주신 분이다.

세계가 존경하는 자랑스러운 한국인을 이 자리에 알릴 수 있게 돼서 무척 기쁘다~!!

책 속으로 풍덩~!!

"여러분! 김연아 선수를 알고 있지요?" 하며 김연아 선수의 사진을 화면에 띄운다. "네에~!!" 당연하다는 대답! "그럼 김연아 선수 옆에 서 계신 저 할아버지는 누구일까~요?" 질문을 해본다. "어? 글쎄~요." "친할아버지?"라는 대답이 나올 때 말해 준다. "저 분은 새미 리 박사님이세요. 김연아 선수와 함께 평창 동계올림픽을 유치시키는 데 많은 공로가 있는 분이지요. 그리고 저 분은 아시아인 최초로 올림픽 다이빙 대회에서 금메달을 두 번이나 따신 분이세요!" "우와~" "게다가 올해 연세가 93세이신데, 지금도 수영을 하시며 건강하게 지내세요!" "오오~" "그리고 미국에서 박사학위를 따신 의사 선생님이세요!" "와아~" 뭐 이쯤 설명을 하면 아이들은 깜짝 놀라기 마련이다. 그 뒤에 부연설명을 한다. 1920년에 태어나신 박사님은 일제시대에 부모님과 함께 미국으로 가셨고, 수많은 고난을 겪으며 생활하시다가 우연히 다이빙 선수와 의사 선생님이라는 두 가지 꿈을 꾸고, 둘 모두를 이루신 분이라는 것을!

아이들이 놀란 입을 다물기도 전에 "그럼 오늘은 새미 리 선생님이 나오는 그림책을 보여 줄까요?" 하고 선심 쓰듯 말한다. "네에~!! 똑, 또옥~!!"

'다이빙을 사랑한 한국인 소년 새미 리'라는 제목의 그림책 표지를 보여준다. 다이빙대에 서 있는 주인공의 모습이 사뭇 진지하다. 그림책 안에는 자세한 설명이 들어가 있다. 아무래도 한 인물의 인생을 다룬 것이라 세세한 설명과 과정, 다이빙을 하게 된 이유와 의사의 꿈을 꾼 사연 등이 자세히 나와 있다.

하지만 첫 장면부터 우리는 발끈한다. 'MEMBERS ONLY EXCEPT WEDNESDAY'라니? "여러분, 이게 무슨 뜻인지 알겠어요?" '회원 전용, 수요일만 제외'라는 뜻인데, 그걸 본 어린 새미 리는 그것이, '백인 전용, 유색인종은 수요일만 허락함'이란 뜻인 걸 안다.

"그 당시는 1930년대이기 때문에 인종차별이 심할 때였어요. 그래도 여러분같이 어린 새미 리는 수요일마다 수영장에 들어가서 신나게 다이빙 연습을 했어요. 그 순간만큼은 하늘을 날 정도로 행복했던 것이죠."

그러던 새미 리는 학교에서 다이빙 대회에도 나갔지만 코치가 없어서 올바른 자세를 배울 수 없었다. 그의 다이빙 모습을 보던 한 사람이 엉터리 자세라고 꾸짖고 그날부터 새미 리의 다이빙 코치가 되어 준다. 지금으로선 상상도 못할 일이지만 새미 리는 모래를 쌓아놓고 거기서 다이빙 연습을 한 것이다. 꾸준한 연습과 훌륭한 코치의 지도하에 여러 대회에서 상을 받았다. 하지만 새미 리의 아버지는 대학에 가서 의사가 되기를 원했다. 공부와 다이빙 둘 다 놓칠 수 없었던 새미 리는 아버지와 약속을 하고 의사가 된다. 아버지가 평소에 말씀해 주시던 '마음을 다해 노력하면 무엇이든 이룰 수 있다.'는 것을 마음속에 새기고 꿈을 이룬 것이다. 그리고 간절히 원하던 올림픽 다이빙 대회에 참가하려 하였으나, 전쟁이 터지고 새미 리는 군의관으로 전쟁에 참여하기도 한다. 의사로서의 소명을 다한 것이다.

그렇게 세월이 흐르고 1948년 런던 올림픽, 새미 리는 미국 대표로 다이빙 대회에 참가하여 금메달을 딴다! 또한 4년 후 올림픽에서도 같은 종목으로 다시 한 번 금메달을 목에 건다. 올림픽 2연패~!! 그는 자랑스러운 한국인이었다.

"그래서 새미 리 박사는 2010년에 김연아 선수와 함께 '자랑스러운 한국인상'을 공동으로 수상하게 되었답니다. 아까 본 사진이 바로 자랑스러운 한국인상을 수상하는 장면이었어요~!!"

"또 하나 놀라운 사실은, 지금 미국에는 새미 리 박사를 존경하여 '새미 리 박사 공원'과 새미 리 박사의 이름을 딴 학교까지 짓게 되었어요. 한국인에게

도 미국인에게도 정말 자랑스러운 영웅이 된 것이죠~!!"

우리들은 흔히 박지성 선수를 'Unsung hero'라고 한다. '숨은 영웅'이란 의미로! 아이들에게 한국인으로서의 자긍심을 주는 숨은 영웅은 현실에도 많다. 그림책의 주인공이 현실에 있는 실존인물이란 것에 아이들은 더 많이 감동하고 느끼게 된다. 지금 93세의 나이에도 많은 일을 하시는 새미 리 박사의 모습을 알게 된 우리반 아이들은 어떤 생각을 할까? 새미 리의 아버지가 말씀하신, '마음을 다해 노력하면 무엇이든 이룰 수 있다.'는 것을 마음속에 새긴 아이는 얼마나 될까? 지금은 알 수 없다. 5년, 10년이 지난 후 어느 날에 그 말씀이 떠오른다면, 우리 아이들에게 이미 좋은 영향을 끼친 것이다.

함께 해보기

❶ 우리 주위에 있는 훌륭한 사람들 찾아보기

옛날의 위인이 아닌 살아 있는 위인을 찾아보자. 김연아 선수도 훌륭하고, 반기문 사무총장님도 훌륭하다. 또 누가 있을까? 학교 도서관에서 찾아도 좋고, 인터넷으로 찾아도 좋다. 정신적 멘토를 찾아보면서 우리의 정신도 건강해지는 활동을 하자.

Tip

동대문역사문화공원과 동대문디자인플라자는 지역의 역사와 문화뿐 아니라 다양한 이야기와 의미도 담고 있다. 그리하여 서울시는 동대문 지역의 이야기에 쇼핑이라는 소재를 넣어 새로운 관광자원으로 '하도감 이생전'을 선보였다.
'하도감 이생전'은 포목장수 이생이 최고의 포목장수로 성장하는 내용을 담은 전통무예 창작 이야기극이다. 조선시대 훈련도감의 군사 주둔지였던 하도감과 그 주변으로 형성된 포목시장을 역사적 공간으로 삼아 익살스러운 이야기꾼이 등장하여 공연을 이끌어 간다. 배우들의 연기와 노래, 악사들의 연주뿐 아니라 조선 후기의 무예훈련 교범인 『무예도보통지(武藝圖譜通志)』에 기술된 전통무예 동작도 감상할 수 있다.

동대문은 수많은 국내외 관광객이 찾는 서울의 주요 관광지지만 쇼핑 이외의 즐길 거리가 부족했기에, 이 지역의 역사적 이야기를 바탕으로 한 공연은 관광객들에게 다양한 즐거움을 느낄 수 있게 해주었다.

함께읽기

『쌍둥이 빌딩 사이를 걸어간 남자』(모디캐이 저스타인 글·그림 / 신형건 옮김 / 보물창고)

『두발자전거 배우기』(고대영 글 / 김영진 그림 / 길벗어린이)

『루비의 소원』(시린 임 브리지스 글 / 소피 블랙올 그림 / 이미영 옮김 / 비룡소)

나만의 스승님은 계셨던 걸까?

고마워요, 선생님!
엘리자베스 발라드 글
미리엄 로저 그림
송언 옮김
주니어김영사

주제 누군가 손을 내밀려 할 때 그걸 알아채는 게 중요하다
대상 손 내밀고 싶은 모든 사람들

마음의 흔들림

그림책을 보면 비슷비슷한 제목의 책이 종종 있다. 그 내용도 어슷비슷한 게 대부분이다. 그래서 이 책을 찾으려 할 때 많이 고생을 했다. 이 책을 처음 만난 것은 몇 년 전 학교 도서관에서였다. 쉬는 시간에 잠깐 더위를 피해 도서관에 왔다가 작은 책 한 권을 꺼냈는데 그만, 눈물을 흘리고 말았다. 같은 선생님의 입장으로, 혹은 내 어릴 적 생각으로 감정이입이 된 채 조금은 민망하고 조금은 슬퍼서 살짝 책을 덮고 나가 버렸다. 그 후에 이 책을 다시 찾으려 했는데 제목이 생각나지 않는 거다.

"뭐였지? '고맙습니다, 선생님'인가? '선생님, 고맙습니다'인가? '선생님, 우리 선생님' 아닐까? '감사합니다, 선생님'은? 아, 다 찾아보자!" 하면서 가능한 모든 제목을 찾아보았던 적이 있었다.

선생님이 나오는 그림책은 대부분 작가가 어린 시절에 만난 스승 같은 선생님의 이야기를 담고 있다. 특히 페트리샤 폴라코 같은 작가는 여러 선생님과의 이야기를 엮어내고 있는데 그 감동은 울림이 크다. 그러면서 가만히 생각해 본다. 나에게 스승이라 여길 수 있는 선생님이 계셨던가. 지금 나를 이 자리에 있게 해주신 분, 나만의 스승님은 계셨던 걸까? 기억 속을 더듬어 보면 환하게 떠오르는 한 선생님이 계시다. 바로 초등학교 6학년 때의 담임 선생님. 그 당시 눈에 띄지 않던 어린 나에게도 '나중에 크면 우리 선생님 같은 선생님이 되도 좋겠다.'고 다짐할 정도로 좋은 영향을 많이 주셨다. 우선, 공정하셨다. 한 반에 칠십여 명이 넘는 아이들을 누구 하나 차별하지 않고 공정하게 대해 주셨다. 나는 그렇게 기억한다. 그리고 당신이 감동받았던 영화나 책이 있으면 고스란히 그 '감동의 울림'을 우리들에게 전해 주셨다. 듣기만 해도 그 즐거움과 긴장, 유머와 교훈이 흡수될 정도였다. 그런 모습들이 어린 우리들에게 커다란 매력과 자랑으로 간직되어 지금도 미소 짓게 한다.

"고마워요, 선생님!" 이렇게 말하며 찾아뵙고 싶은 김인숙 선생님!

그리고 지금 선생님의 모습으로 현재를 살아가는 나는, 항상 아이들과 함께 '공감'하고 '감동'하려 애쓴다. 내 어렸을 적 선생님처럼~!!

책 속으로 풍덩~!!

이 그림책은 아이들과 수업해 본 적이 없다. 주변의 선생님들과 느껴야만 하는 책이기 때문이다. 책 내용으로 들어가기에 앞서, 선생님들과 함께 읽고 느끼기에 좋은 그림책들을 소개해 본다.

『짖어봐 조지야』『공원에서 일어난 이야기』『혼나지 않게 해 주세요』『점』『난 토마토 절대 안 먹어』『소피가 화나면, 정말 정말 화나면……』『지각대장 존』『검피 아저씨의 뱃놀이』 등이 있다. 이 그림책들의 특징은 이야기 속에 교사로서의 마음 씀씀이가 필요한 순간이 포함되어 있다는 것이다. 그것을 잘 알아채고 내민 손을 잡아 줄 준비를 하자.

『짖어봐 조지야』에서는 아이의 잘못된 행동을 보고 '전문의'에게 데려간 엄마의 판단과 정확한 진단으로 아이의 숨겨진 원인을 찾아낸 의사의 전문성을 배워야 한다. 『공원에서 일어난 이야기』에서는 같은 현상을 보고도 다르게 느끼는 사람들의 시선을 인정해야 한다는 것을 배울 수 있다. 『혼나지 않게 해 주세요』는 아무리 나쁜 결과라도 처음의 의도는 선함에서 시작되었다는 것을 이해하고 아이들의 행동을 봐야 한다는 걸 배울 수 있다. 『점』에서는 선생님의 작은 '인정'이 한 아이의 위대함을 이끌어 낼 수 있음을 배울 수 있다. 『난 토마토 절대 안 먹어』에서는 오빠인 찰리의 부드러운 가르침과 회유, 호기심을 일으키는 동기유발과 한결같은 마음을 배워야 한다. 『소피가 화나면, 정말 정말 화나면……』에서는 화가 난 원인을 정확히 인식하고, 화를 풀 수 있는 환경을 제공함이 중요한 일임을 알 수 있다. 『지각대장 존』에서는 다른 게 없다. 거기 나온 선생님과 반대로만 행동하면 좋은 교사다. 고릴라에게 끌려간 그를 반면교사 삼으면 된다. 그리고 『검피 아저씨의 뱃놀이』에 나오는 검피 아저씨야말로 선생님의 모델이 되어야 한다. 여러 아이들을 아우르고, 달래고, 보듬어 주는 모습은 우리들이 바라는 최고의 교사상이 아닐까 생각된다.

그럼 이제, 본 그림책의 이야기 속으로 들어가 보자. 새 학기가 시작되고 톰슨 선생님은 '여러분 모두를 똑같이 사랑할 거예요.'라고 말한다. 누구나 그렇다. 첫 만남에서 모든 선생님들은 그렇게 말한다. 그러나 바로 뒤에 솔직한 '진심'이 기술되어 있어서 따끔하다. 선생님도 좋아하는 아이가 있고, 심지어 싫어하는 아이도 있다는 말이. 그리고 주인공 테디가 나온다. 선생님이 좋아하기에는 많이 부족해 보이는 아이. 학교에 흥미가 없어 보이고 무뚝뚝하며 눈빛이 흐릿하고 생기 없는 아이. 게다가 꾀죄죄한 옷차림까지. 톰슨 선생님은 테디의 생활기록부를 읽어본다.

1학년 생활기록부 : 행동이나 태도를 볼 때, 테디는 발전 가능성이 아주 많음. 가정환경이 좋지 않음.

2학년 생활기록부 : 1학년 때보다 행동이 조금 나아짐. 어머니가 몹시 아픔. 테디는 집에서 거의 도움을 받지 못함.

3학년 생활기록부 : 테디는 좋은 학생이지만, 표정이 어둡고 진지함. 테디는 천천히 발전하는 아이임. 어머니가 돌아가심.

4학년 생활기록부 : 테디는 굼뜨지만 바르게 행동하는 아이임. 테디의 아버지는 테디에게 전혀 관심을 보이지 않음.

네 장에 걸쳐 테디의 기록이 나온다. 그리고 옆면에는 작은 집이(1학년), 책을 읽어 주는 엄마의 품에서 웃고 있는 테디가(2학년), 빈 의자만(3학년), 창틀에 쭈그리고 앉은 테디가(4학년) 그려져 있다. 솔직히 나는 이 기록과 장면에서 울컥울컥했다. 너무나 슬퍼서, 너무나 안타까워서. 여기까지만 해도 마음 아픈데, 이야기는 어떻게 전개될 것인지…….

크리스마스가 다가오고, 아이들은 선생님께 선물을 드린다(이 책은 30여 년 전에 쓴 것이다). 모두 멋진 종이로 포장되어 있었지만 단 하나, 테디의 선물만 테이프가 덕지덕지 붙은 갈색 종이에 포장되어 있었다. 톰슨 선생님이 테디의 선물을 뜯으니 가짜 다이아몬드가 박힌 팔찌와 싸구려 향수가 나왔다. 아이들이 테디의 선물을 보고 키득거릴 때 선생님은 그 팔찌를 손목에 끼고, 다른

쪽 손목에는 향수를 뿌리시며 말한다. "이렇게 향긋한 냄새를 맡아 본 적이 있니? 이렇게 아름다운 팔찌를 본 적이 있니?" 아! 이것이야말로 '따스한 배려'가 아닐까! 수업이 끝나고 테디는 선생님한테 엄마 냄새가 난다고, 선물을 기쁘게 받아주셔서 고맙다고 한다. 테디가 교실을 나가자, 선생님은 주저앉아 울음을 터뜨린다. 읽던 나도 울음을 터뜨렸다.

그 후로 선생님은 테디를 비롯한 어려운 환경의 아이들에게 따뜻한 관심과 사랑을 준다. 그리고 테디의 성적이 빠른 속도로 오르기 시작한다! 선생님의 '관심과 사랑'이 아이에게 '희망과 용기'를 주었던 것이다.

몇 년의 세월이 흐르고 테디는 점점 열심히 해서 고등학교, 대학교를 우수한 성적으로 졸업했다고, 선생님께 감사편지를 보낸다. 그리고 또 몇 년후, 결혼을 하는데 어머니의 자리에 선생님을 초대한다. 톰슨 선생님이야말로 지금의 테디를 있게 한 소중한 사람이 되었던 것이다.

우리도, 톰슨 선생님이 될 수 있을까? 당연히 될 수 있다. '관심과 사랑'으로 시작만 한다면!

함께 해보기

❶ 선생님들과 함께 영화 보기

〈세 얼간이〉 : 교사뿐만 아니라 한 인간으로서, 내 인생 최고의 영화!

〈어바웃 타임〉 : 인생을 어떻게 살아야 할지 알려준 영화. 이 영화를 보고 우리는 시간여행자처럼, 하루를 두 번 산 것같이 알차게 살아야 한다!

〈피아노의 숲〉 : 우리반에서 다듬어지지 않은 영재를 만난다면? 그 해결방법을 벤치마킹하자!

〈어거스트 러쉬〉 : 재능을 가지고 태어난 아이에겐, 그 재능을 펼칠 수 있는 환경을 제공해 주어야 한다!

〈빅 피시〉 : 스토리텔링의 힘이 궁금하다면, 풍성한 인생을 살고 싶다면!

〈죽은 시인의 사회〉 : 캡틴이 되고자 하는 교사에겐, 불멸의 고전!

〈선생 김봉두〉 : 시골로 발령난 교사의 성장기. 반면교사에서 반듯한 교사로!

❷ 선생님들과 함께 만화 보기

〈조폭 선생님〉 : 교실에서 일어나는 사건들을 다소 과격하게 해결하지만, 졸업식날에 한 선생님의 말씀은 커다란 '감동'으로 남을 것이다.

〈허영만의 사랑해〉 : 스치듯 만난 명언 하나가, 인생을 통째로 바꿀 수 있다!

Tip

학기초에 많은 선생님들이 가정통신문을 보낸다. 여기에 '진심'을 담아서 보낸다면 일 년 동안 수많은 기적을 목격하게 될 것이다. 부족하지만, 3월에 보내는 우리반 가정통신문을 통해 작은 도움이 되길 바란다.

〈가정통신문〉

학부모님께 드립니다.

학부모님! 안녕하십니까? 저는 1-6반을 담임하게 된 김용찬입니다.

귀댁의 소중하고 사랑스러운 자녀와 일 년을 같이 생활하게 되었기에 너무나 가슴 설레어 지면으로라도 인사를 드리고 싶어 펜을 들었습니다.

저 자신도 부족한 점이 많긴 하지만 나름대로 최선을 다해 우리 1-6 친구들을 아끼고 사랑해 줄 생각입니다. 부모님들께서도 자녀들에게 더더욱 많은 관심을 가져 주시고 격려를 해 주시길 부탁드립니다. 상인의 학부모님들은 남달리 교육열이 강하고 자녀들의 교육에 관심이 많은 분들이라고 생각되기에 다소 안심이 되면서도 너무나도 중요하다 싶어서 말씀을 드립니다.

그럼 제 소개를 하겠습니다. 저는 서울에서 태어나고 자라났습니다. 그리고 93년도에 경인교육대학교를 졸업하고 그해 바로 안양 평촌초등학교로 발령을 받아 4-4, 3-1, 5-4 친구들과 함께 3년을 지냈습니다. 그리고 물 좋고 산 좋은 안성의 보체초등학교에서 5-1, 4-1 친구들과 생활하고 98년에 부천 상동초등학교로 전근을 와서 5-9, 6-9, 6-3, 3-7반을 가르쳤습니다. 그리고 2002년 석천초등학교로 와서 4-1, 6-3, 4-6, 2-2 (1학기) 친구들을 만나고 2005년 대명초등학교에서 2-12 (2학기), 6-7, 2-11 친구들과 즐거운 시간을 가졌습니다. 그리고 2008년에는 교환 교사로 충청북도 청주의 복대초등학교에서 6-2반을 맡아서 일 년 동안 특별한 인연을 맺었습니다. 2009년, 다시 대명초등학교로 돌아와서 1-7반을 맡았습니다. 그 후 2년 동안은 6학년의 전담선생님을 했었습니다. 2012년 상인초등학교로 와서 3-4 친구들과 행복한 일년을 보냈습니다. 그리고 2013년에는 그동안 하고 싶었던 모든 일을 하려고 연구년을 수행했습니다. 덕분에 몸도 마음도 재충전이 되었답니다.

그동안의 21년은 저에겐 평생 잊을 수 없는 행복한 날들이었답니다. 어린 친구들과 함께 지내면서 친구들의 티 없이 맑고 깨끗한 모습 속에서 내일의 밝은 미래를 엿볼 수 있었습니다. 그리고 나라의 장래가 암울하고 어두울 때에 왜 소파 방정환 선생님은 어린이에게 인생을 걸고 그들을 위해 평생을 사셨는지를 이해할 수 있게 되었습니다.

학부모님! 우리 1-6 어린이들의 모습을 한번 들여다 보십시오. 이들의 모습 속에서 내일의 비전을 발견할 수 있을 것입니다. 1-6 친구들의 얼굴이 우리의 내일을 말해준다고 저는 확신합니다. 우리 1-6 친구들이 한 해를 지내는 동안 언제나 맑고 깨끗하며, 행복을 느끼고 사랑을 나눌 줄 아는 마음이 풍요로운 사람들로 자라날 수 있도록 최선을 다해 보렵니다. 많이 도와 주시기 바랍니다.

학부모님! 시간이 흐르면 흐를수록 교육은 교사 혼자만의 힘으로는 불가능함을 절감하게 됩니다. 가정과 학교, 사회의 긴밀한 협조 없이는 교육의 효과를 기대하기가 무척 어렵습니다. 자녀들의 교육에 관심을 계속적으로 가져 주십시오. 단지 교사를 찾아와 주는 것만이 관심의 전부는 아니라고 생각합니다. 우선 학부모와 교사의 공감능력을 높여 우리 사회에 만연해 있는 불신 풍조를 불식시키는 일이 요구됩니다. 신뢰하는 마음이 없으면 아무것도 기대할 수가 없습니다. 공감능력을 높이기 위해서는 일단 저와 자주 의사소통이 이루어져야 할 것입니다. 그런 의미로 매월마다 학급의 분위기와 소식, 그리고 담임의 부탁을 알려드리겠습니다. 학부모님도 자녀들의 학교 공동체 생활이 궁금하시면 언제든 부담 없이 편한 마음으로 찾아오셔서 보십시오. 제가 전해주는 이야기보다도 직접 오셔서 보시는 것이 가장 정확할 것입니다. 바쁘시면 편지로 연락을 해 주셔도 좋습니다. 아니면 핸드폰(010-4147-5519)이나 E-MAIL(har93@hanmail.net)을 이용하셔도 좋습니다.

저나 1-6 친구들에게 평생 잊을 수 없는 즐거운 한 해가 되었으면 하고 소망해 봅니다. 그리고 다음에 있을 학교교육과정 설명회(3월 19일 예정) 때에는 우리반의 일년 프로그램을 자세히 설명하는 오리엔테이션을 열어 항아리반 일년 계획 자료집을 나누어 줄 예정이오니 많은 참여 부탁드립니다.

우리 1-6 친구들로 인해 가정에 웃음이 끊이지 않는 한 해가 되시기 바랍니다.

안녕히 계십시오.

2014년 3월 3일
1학년 6반 담임 김용찬 드림.

♣ 다음 장에 저에 대한 소개와 저의 교육철학을 간단하게 써서 동봉합니다.

이름 : 김용찬

나이 : 만 45세 (69년생)

최종학력 : 경인교육대학교 국어교육학과 卒

취미 : 그림책 읽기, 도서관 놀러가기, 음악감상, 영화감상

추구하는 어린이 상 : 〈 착한 어린이 〉

1. 예의 바른 어린이
2. 사랑할 줄 아는 어린이
3. 이해할 줄 아는 어린이
4. 배려할 줄 아는 어린이
5. 관심 가질 줄 아는 어린이
6. 도울 줄 아는 어린이
7. 어린이다운 어린이

교육 방침 : 0. 이론보다는 경험을!

1. 획일성보다는 다양성을!
2. 다양성에 조화를!
3. 교사와 어린이의 눈높이를!
4. 권위보다는 감화를!
5. 꾸중보다는 칭찬을!

3월의 학급 운영 계획

학교 탐험하기, 신나는 생일잔치

선생님 앨범 대여하기, 훈장과 쭉정이 제도

다양한 방법으로 짝 정하기, 선생님 일기 공개

운동장 놀이 기구 모두 타보기, 함께 하는 교실 꾸미기

:

♣ 3월의 생각

♡♥♡ 어머니의 입맞춤 ♡♥♡

"벤, 엄마가 없는 동안 샐리와 사이좋게 지내야 한다. 알았지?"

어머니는 벤자민에게 어린 여동생을 잘 돌보라고 단단히 이르고 외출을 했다. 하지만 어머니가 문을 나서자마자 벤자민은 집안 구석구석을 뒤지더니 잉크병을 끄집어냈다.

"샐리, 오빠가 네 예쁜 얼굴을 그려줄게. 여기에 얌전히 앉아 있어."

벤자민은 웃으며 샐리를 다소곳하게 앉힌 후 잉크로 스케치북에 동생의 얼굴을 그리기 시작했다. 그 바람에 방바닥은 온통 잉크가 번져서 여기저기 얼룩이 지고 말았다. 게다가 여동생 샐리는 모델이 되기에는 너무 어렸다. 싫증을 느끼고 자꾸만 다른 곳으로 돌아다니는 샐리를 따라다니면서 그림을 그리다 보니 집안이 온통 잉크 자국으로 난장판이 되고 말았다.

"야, 다 그렸다. 샐리, 이것 봐. 오빠가 네 얼굴을 그렸어. 어때?"

두 남매가 완성된 그림을 바라보며 기뻐하고 있을 때 어머니가 외출에서 돌아왔다. 그러나 어머니는 엉망이 된 집을 보고도 아무 말을 하지 않았다.

"보세요, 어머니. 이 그림이 누구를 그렸다고 생각하세요?"

벤자민이 자신의 그림을 내보이며 어머니에게 묻자 어머니는 짐짓 놀랍다는 듯 과장된 표정을 지으며 말했다.

"야, 이건 샐리구나. 벤, 아주 잘 그렸는데?"

아들에게 입맞춤을 해 준 어머니가 웃으며 말했다.

"그렇지만 벤. 집이 너무 엉망이잖니? 다음부터는 너의 훌륭한 예술작품을 완성시키면서 우리집을 희생시키지는 말았으면 좋겠구나."

후에 화가가 된 벤자민 웨스트가 그때를 회상할 때면 이렇게 말하곤 했다.

"그때 어머니께서 집안이 엉망이라고 야단을 치지 않고 입맞춤을 해 주신 덕분에 나는 화가가 될 수 있었습니다."

Tip

그리고 좋은 글을 함께 보낸다. 예를 들어 좋아하는 책이나 잡지의 글이 마음에 들었으면 미리 워드로 작성해 두었다가 매월 가정통신문에 넣는 것이다. 3월부터 다음 해 2월까지 실제 보냈던 좋은 글의 제목은 다음과 같다.

3월 : 어머니의 입맞춤
4월 : 내가 아끼는 아이
5월 : 세상에서 가장 강한 것
6월 : 편식하는 아이 길들이기(어머니편), 어떤 대화(아버지편)
7월 : 신세대 이야기
9월 : 텔레비전이 되고 싶은 아이
10월 : 사탕 먹는 버릇 고치기
11월 : 실수
12월 : 꿈도둑
2월 : 미루나무 바람타기

함께 읽기

『짖어봐 조지야』(줄스 파이퍼 글·그림 / 조숙은 옮김 / 보림)
『혼나지 않게 해 주세요』(구스노키 시게노리 글 / 이시이 기요타카 그림 / 고향옥 옮김 / 베틀북)
『점』(피터 레이놀즈 글·그림 / 김지효 옮김 / 문학동네어린이)
『난 토마토 절대 안 먹어』(로렌 차일드 글·그림 / 조은수 옮김 / 국민서관)
『소피가 화나면, 정말 정말 화나면……』(몰리 뱅 글·그림 / 박수현 옮김 / 책읽는곰)
『지각대장 존』(존 버닝햄 글·그림 / 박상희 옮김 / 비룡소)
『검피 아저씨의 뱃놀이』(존 버닝햄 글·그림 / 이주령 옮김 / 시공주니어)
『고맙습니다, 선생님』(패트리샤 폴라코 글·그림 / 서애경 옮김 / 아이세움)

긍정의 힘, 칭찬의 힘

괜찮아
최숙희 글·그림
웅진주니어

주제 단점도 장점이 된다!
대상 단점의 장점을 알고 싶은 친구들

마음의 흔들림

'몇 살쯤 되었을까, 이 아이는.'

'이렇게 흐뭇하게 웃을 수 있다니, 정말 보기만 해도 기분이 좋아지는 아이구나.'

이런 생각을 하게 만드는 표지의 아이는 너무 매력적이었다. 빨간색 바탕에 당당하게 팔짱을 끼고 표지 한가운데서 독자를 바라보는 아이. 무엇이 괜찮은지 알고 싶어서 얼른 책장을 넘겼다.

속면지는 그냥 모래 같다. 이렇게 단색으로 나온 면지를 보는 것도 오랜만이라 오히려 좋았다. 하얀색 속표지를 보니 그 아이가 무릎을 꿇고 바닥의 무언가를 쳐다본다. '점점이 있는 모양이, 뭐지?' 하는데 자세히 보니 무슨 벌레 같다. 아니, 개미인가? 한 장을 넘기니 맞았다.

초록의 싱그러운 바탕 위에 아이가 허리에 손을 대고 말한다. "개미는 작아.” 그리고 오른쪽엔 연두색 바탕에 작은 개미가 한 마리 있다. 누구나 다 아는 사실을 저 아이는 왜 말했을까. 그런 생각으로 한 장을 더 넘기니 커다란 나뭇잎을 갉아먹는 애벌레와 함께 자기 몸의 열 배도 넘는 나뭇잎을 들고 가는 개미가 웃으며 하는 한마디. “괜찮아! 영차영차 나는 힘이 세.” 오, 멋지다. 이 소리를 들은 듯 애벌레가 깜짝 놀라는 표정이 더욱 재미있다.

또 한 장을 넘기니 진노란 바탕색 위에서 아이가 말한다. “고슴도치는 가시가 많아.” 그럼 연노랑 바탕의 갈색 고슴도치는 뭐라고 대답할까? ‘널 찌를 거야.’ 하고 말할까? 아니면 울고 가버릴까. 그럴 리가 없겠지! 또 무언가 멋진 대답을 할 것 같은 이 느낌. “괜찮아! 뾰족뾰족 나는 무섭지 않아.” 이렇게 말한 고슴도치는 자기 몸을 동그랗게 말고 갑자기 나타난 사자의 앞발에 가시를 박아 준다. 놀란 사자는 울음이 터지기 일보 직전의 표정이다. 사자도 겁내지 않는 고슴도치의 당당함에 박수를 보낸다.

이 책은 이런 식으로 단점을 말하는 아이와 그 단점을 장점으로 승화시키는 동물들의 슬기로움이 돋보이는 책이다.

지금, 내 아이의 단점을 장점으로 표현할 방법을 찾는다면 당신도 슬기로운 부모다. 긍정의 힘과 칭찬의 힘이 조화되는 순간, 그 시너지는 엄청나지 않을까?

아, 책에 나오는 동물에는 뱀, 타조, 기린이 더 있다. 읽기 전에 이들의 장점이 된 단점을 예측해 보시길.

책 속으로 풍덩~!!

표지를 보여 주면 아이들은 벌써부터 웃는다. 저학년은 자기의 모습이 느껴져서 웃는 듯하고, 고학년은 아이가 귀여워서 웃는 것 같다.

"오늘 읽을 그림책 제목을 다 함께 읽어 볼까요?"

이렇게 하면 모두들 한 목소리로 외친다. "괜찮아~!!!!!"

"진짜 괜찮아?" 하면, "네, 괜찮아요!" 한다.

"뭐가 괜찮아?" 하면, "다 괜찮아요!" 하거나, "책 읽어 줘도 괜찮아요~!!" 한다. 하하, 벌써부터 기분이 좋아지는데? "똑, 또옥~!!" 소리와 함께 책 속으로 탐험을 떠난다.

속표지를 보여 주면 아이들이 수군거린다. "저건 뭐지?" "벌레다!" "발자국 같은데?" "개미인가 봐." 이미 아이들은 호기심에 빠져들었다. 아무 말 없이 한 장을 넘긴다. 싱그런 초록의 바탕이 나타나고 아이가 한마디 한다. 아이들은 당연하다는 듯 고개를 끄덕인다. 다음 장에 클로즈업되면서 나타나는 개미의 한마디에 아이들은 "와아~!!" 한다. "맞아, 개미는 힘이 정말 세." "자기 몸의 몇 십 배를 들 수 있대." 아이들도 덩달아 신이 난 모양이다. 개미에서 자신을 보는 듯이.

고슴도치가 나타날 땐 또 어떤 이야기가 나올까 기대하는 눈치. 힘없는 동물을 괴롭히는 듯한 사자에게 가시로 혼을 내는 모습을 보면서 또 한 번 "와아~!!" 교실이라는 작은 사회에서도 저런 일들이 나타나는 걸 알고 있는 아이들은 그 통쾌함에 힘을 얻은 듯하다.

아이들은 다리 없는 뱀이 장애물 많은 곳도 '사사사삭' 기어가는 모습에 감탄하고, 날지 못하는 타조의 또 다른 장점을 보고 탄성을 지른다. 거기에서 자신의 모습을 발견하는 중인 거다.

목이 길어 불편해 보이는 기린의 장점을 보며 놀라워하고 마지막으로 모든 동물들이 나와서 각자의 장점을 정리해 준다. 내가 '개미는?' 하면, 아이들은 '힘이 세!' 하고 말하고, '고슴도치는?' 하면, '무섭지 않아!' 한다. 그다음부터는 자동이다.

이렇게 이야기가 끝이 날 것 같았는데 이번엔 동물들이 아이를 쳐다보며 묻는다. "그럼 너는?" 잠시 생각하는 듯한 아이의 표정. 과연 뭐라고 대답할까? 다음 장을 넘기는 순간, 우리 교실은 웃음으로 뒤집어졌다!!

그림책의 마지막엔 출연한 동물들과 아이가 사이좋게 웃는 장면으로 끝이 난다. 마치 연극의 커튼콜처럼. 이 장면을 아무 말 없이 계속 보여 주면 아이들이 조금씩 술렁이며 뭐라뭐라 한다. 아마 출연진들을 다 찾고 있나 보다. 그리고 말한다. "선생님, 개미는 어디 있어요? 없어요?" 여러분도 잘 찾아보기 바란다.

함께 해보기

❶ 우리 반 친구들의 잘하는 점 찾아보기

아이들 스스로 자신이 잘하는 점을 말해 보라면 거의 말을 못한다. 없어서가 아니라 쑥스럽기 때문이고 잘하는 게 별로 없다고 스스로 확신(?)하기 때문이다. 자신감의 부족. 이럴 땐 친구들이 도와주면 좋다. 자신도 모르는 장점들을 친구들은 기가 막히게 잘 찾기 때문이다. 왜? 부담이 없으니까!

책상을 네모 모양으로 만들어 친구들을 마주 보게 하고 종이를 한 장씩 준다. 그리고 여러 아이의 장점들을 적게 하면 아이들은 굉장히 많은 것을 찾아낸다. 그리고 한 명씩 일어나게 하고 각자 적은 그 아이의 장점을 발표시킨다. 처음엔 쑥스러워하다가도 친구들이 찾아주는 내 모습을 듣고 놀라면서 자랑스러워하는 얼굴을 하게 된다.

이 활동에는 두 가지 목적이 있다. 하나는 친구를 관찰하는 힘과 함께 장점을 알려주어 자신감을 갖게 하는 목적이 있고, 두 번째는 듣는 아이가 친구들의 커다란 관심을 받고 있다는 자부심을 일깨워 주는 목적이 그것이다.

모든 활동에 두 가지 이상의 목적을 가지고 한다면 효과는 배가 될 것이다.

우리 서로 칭찬합시다					
남 자			여 자		
번호	이름	좋은 점	번호	이름	좋은 점
1			16		
2			17		
:			:		

❷ 다른 동물들의 장점 찾아서 그림책 만들기

잡지나 신문 등을 가져오게 해서 여러 동물들을 오린다. 그리고 그 동물의 단점을 찾고 장점으로 바꿔주는 발상의 전환을 연습한다. 색도화지 여러 장을 준비하여 반으로 접고 책처럼 풀로 붙인다. 책등은 제본테이프로 감싼다. 왼쪽엔 자신의 얼굴사진을 넣고 몸을 싸인펜으로 그린다. 오른쪽엔 오린 동물을 붙인다. 그리고 각각의 밑에는 그 동물의 단점을 말하고, 장점으로 바꾼 말을 쓴다. 그야말로 내가 창조한 '괜찮아 그림책'이 된다.

'긍정의 힘'은 생각만으로도 효력이 있음을 깨닫게 해준다. 그리고 스스로를 칭찬하는 시간도 가지면 더욱 좋다. (거울효과)

Tip

책의 왼쪽에 나타나는 아이의 동작을 자세히 보면 그 다양함이 재미있다. 개미에게 작다고 말할 때는 자신의 몸을 크게 보이려고 힘껏 허리를 편다. 그리고 고슴도치에게 가시가 많다고 할 때는 조심스럽게 입에 손을 모아 작게 얘기한다. 조금 미안했을까? 뱀에게 다리가 없다고 할 땐 자신의 한쪽 다리를 들고 흔든다. 놀리는 듯한 동작임에도 기분이 나쁘지 않은 건 아마, 미안한 표정을 지어서일 것 같다. 타조에게 못 난다고 할 땐 타조와 같은 색의 보자기를 망토처럼 목에 걸고 달려간다. 이미 아이는 놀이에 빠져들고 있는 것이다, 마지막 반전을 향한 '긍정'놀이에~!! 기린 목을 흉내내는 아이를 보면 마치 닮고 싶어서 따라 하는 표정 같아 재미있다.

원색의 바탕이 주는 즐거움과 함께 아이와 동물들의 표정에서 내 마음이 힐링되는 것 같은 책이다. 강력 추천!

또 하나, 김숙영 사서 선생님의 친구분이 고등학생을 대상으로 국어시간에 그림책 수업을 한 책이 바로…… 이 책이었다! 그렇게 떠들고, 말 안 듣거나, 잠을 자버리던 아이들이 모두 집중해서 그림책을 봤다는 후문이다. 와우!! 다 자라버린 자신들한테 누군가가 그림책을 읽어 준다는 사실이 너무 감동적이었다는 얘기도 나왔다나. 그러니 유아용이라고 얕보지 마시라. 감동하는 데는 나이가 상관없으니!

함께읽기

『틀려도 괜찮아』(마키타 신지 글 / 하세가와 토모코 그림 / 유문조 옮김 / 토토북)
『리디아의 정원』(사라 스튜어트 글 / 데이비드 스몰 그림 / 이복희 옮김 / 시공주니어)
『나도 나도』(최숙희 글·그림 / 웅진주니어)
『느려도 괜찮아』(에릭 브룩스 글·그림 / 최현경 옮김 / 한우리북스)

part 4 신나는 상상 속으로

종합 엔터테인먼트란 이런 것?
블록버스터급 그림책 출현~!!

어떤 목욕탕이 좋아?
스즈키 노리타케 글·그림
정희수 옮김
노란우산

주제 목욕탕 하나로 우주까지 날 수 있다!
대상 공상의 매력에 빠지고 싶은 친구들

마음의 흔들림

영화마다 책마다 장르라는 게 있다. 액션인지, 드라마인지, 코믹인지, 스릴러인지~ 하는. 클래식, 재즈, 록, 힙합, 트로트까지 모든 음악에도 고유한 장르라는 게 존재한다. 그런데 언제부턴가 이런 장르가 파괴되기 시작했다. 영화로 치자면 '코믹 액션'. 처음 그런 용어가 나왔을 때 이해가 안 갔다. '어떻게 액션이 코믹할 수 있지?' 하는. 그런데 정말로 성룡이 등장하면서 그렇게 진지했던 액션이 코믹해졌다. 낯설지만 그 통쾌한 느낌은 짜릿했다. 음악에도 '크로스오버'라고 클래식과 사물놀이가 만나고, 비보이가 풍물에 맞춰 춤을 춘다. 이 모든 게 바로 통섭이고 융합이다. 요즘을 융합의 시대, 통섭의 시대라고 하지 않는가. 그렇게 섞어야만 독창적인 상상력이 발휘되는 시대가 도래한 것이다. 그런데, 그게 꽤 재미가 있다. 한 영화에서 액션과 코믹, 멜로와 스릴까지 느낄 수 있다면 얼마나 만족스런 경험인가? 남자들은 액션을 원하고, 여자들은 멜로를 원한다면, '액션 멜로' 영화가 어떤가! 뭐 양쪽이 다 만족한다면 유쾌한 데이트 아닌가, 생각해 본다.

그리고 여기 온갖 장르를 다 합쳐 놓은 듯한 그림책이 한 권 있다. 평범한 공상이 점차 진화하여 세계평화를 위한 목욕탕으로 발전하더니, 지옥철을 해결하는 사회참여형 이야기가 미래형 SF가 되고, 바로 범죄 스릴러와 추리영역으로 빠지더니, 액션과 감동으로 끝이 난다. 아~ 숨 가쁘게 쫓아가는 것만으로도 손에 땀이 나는 그림책이다. 일명,

'공상과학범죄스릴러가 가미된 사회참여형액션추리감동SF드라마~!!'

책 속으로 풍덩~!!

"여러분은 목욕하는 거 좋아해요?" 하면 대부분 고개를 절레절레 젓는다. 뭐, 나도 어릴 때는 그랬으니까. "그럼, 여러분 집의 목욕탕은 어떤 모양이에요?" 하면 살짝 당황하는 아이들. 대부분 목욕탕은 네모나다고만 생각하기 때문이다. "오늘은 어떤 남자아이의 목욕탕을 찾아갈 거예요." 하면 여자아이들은 난리가 난다. 하지만 표정은, 나쁘지 않네?

"자~ 그림책 속으로 뛰어들어가 볼까요?" "똑, 또옥~! 풍덩~!!"

표지를 보여 주면 '까르르~' 웃는다. 나는 몰랐는데 나중에 생각해 보니 주인공 남자아이의 엉덩이가 살짝 보여서 그랬나 보다. 하하.

앞면지에 보면 24가지의 다양한 목욕탕이 그려져 있다. 놀라운 것은 이 목욕탕들이 본문에서는 전혀 안 나온다는 것이다. 그럼 본문의 목욕탕은 어떨까? 벌써부터 기대가 된다. 하지만 아이들에게는 말해 주지 않는다. 그냥 슬며시 넘어간다. 속표지 옆의 '신기하고 재미있는 목욕탕에서 뽀글머리 아저

씨를 찾아보세요.'라는 것도 지적해 주지 않는 게 좋다. 어차피 이야기 중간에 나오니까 관찰력 좋은 아이들이 스스로 깨닫게 해주는 멋진 기회를 주자.

네모난 목욕탕을 앞에 두고 주인공 아이가 생각한다. '만날 똑같은 목욕탕은 지루하지 않나?' 하고 말이다. 책 속에는 마치 해설하는 사람의 목소리로 이야기를 들려주는 방식을 취하고 있다. 하지만 그 모든 이야기는 아이의 목소리이기도 한 것이다. '가끔은 특별한 목욕탕에 가고 싶다.'는 내레이션으로 본격적인 공상이 시작된다!

첫 번째 목욕탕, 워터파크처럼 무지무지 긴 목욕탕! 섬세한 이유까지 덧붙어 있다. '이쪽 끝에서 저쪽 끝까지 갔다 오면 몸이 더워질 거예요.' "오호라~!" 아이들도 고개를 끄덕이며 수긍하는 눈치다. 수영을 잘하는 아이들이 좋아할 만하다.

두 번째는 축구공같이 둥근 목욕탕. 균형을 못 잡으면 물이 다 쏟아진다. 이 스릴 넘치는 목욕탕은 남자아이들이 좋아라한다.

세 번째 목욕탕은? '미로 목욕탕!!' 하하, 길을 못 찾으면 지치고 말거란 해설에 아이들이 쓰러진다. 구조요원이 높은 데서 망원경으로 지켜보는 이곳은 수영장이나 마찬가지다! 교실은 점점 고조되는 분위기로 달아오른다.

과연 다음 목욕탕은? '도넛처럼 둥그런 목욕탕'이다. 하지만 의미가 남다르다. 국제회의를 할 때 이용하는 목욕탕인 것이다. 발가벗으면 금방 친해지니까 세계가 더욱 평화로워질 것이라는 이유! 괜찮네.

다음 장은 마치 앞면지처럼 신기하고 재미있는 목욕탕들이 소개된다. 여기선 하나하나 자세히 들여다보는 시간을 갖는다. 아이들의 공상 몰입을 방해하지 않도록.

가족을 위한 공상도 한다. 엄마를 위한 '도우미 목욕탕', 아빠를 위한 '목욕탕 지하철'. 이 대목에서는 미리 보여 주지 말고 질문을 해본다.

"과연 엄마, 아빠는 어떤 목욕탕을 가장 좋아할까요?"

아이들이 '엄마, 아빠의 마음'을 헤아리고 고민을 해결해 줄 목욕탕을 상상하게 하는 것, 이것도 효도의 씨앗이 된다.

드디어 자신의 목욕탕이 등장한다. 주

인공과 형이 함께 타는 '비행기 목욕탕!!' 밤하늘을 날아간다~!! 아이들이 환호하는 것으로 봐서 무척 마음에 들었나 보다. 그런데 날자마자 물이 새고 있다. 목욕탕 '마개'를 도둑맞은 것이다!! 이때부터 아이들이 술렁거린다. "어? 선생님! 저기 아래에 도둑놈이 있어요!", "아! 맞다, 맞아!" 비행기 목욕탕이 추락하고 말거란 해설에 교실은 난리가 난다. "도둑이야!" 이제부턴 관찰력의 싸움이다. 우리반 친구들 중에 누가 가장 먼저 뽀글머리를 찾을지 시합을 한다. 물론, 작은 상품도 준비하면 좋겠지? 첫 번째 화면은 '목욕탕 빌딩'이다. "헐!" 아이들이 당황한다. 나는 즐겁다.

"자~ 찾아봐!! 크크." (그래서 이 장면은 스캔하고 커다란 화면으로 보여 주어야만 한다. 뒷자리 아이들을 위해, 공평한 시합을 위해.) 100명이 넘는 사람들 속에서 뽀글머리 아저씨 찾기, 바로 '월리를 찾아라'의 재미를 준다! 이때 찾아낸 아이는 영웅이 된다. 하하. 다 함께 박수로 칭찬해 주는 걸 잊지 말자!

또 한 장을 넘기면? "꺄아~!!" 한다. 과연 아이들이 흥분한 그 목욕탕은 어디일까? 이번엔 이 책을 읽는 독자 여러분들이 맞춰보시라. 아이들은 흥분한 눈으로 신나게 그곳을 탐험한다. 또 다른 목욕탕을 지나 이번엔 어디까지 갈까? 그래, 우주까지 간다~!! 세상에, 우주에서 목욕할 생각을 하다니! 과연 이 작가의 생각은 어린아이의 그것과 다르지 않다! 그리고 뽀글머리 아저씨를 발견한다. 과연, 어떻게 잡을까? 그 모든 모험을 마치고 아이들은 집으로 돌아갈 수 있을까? 마지막에 주인공이 가장 좋아하는 목욕탕을 말한다. 그때의 감동이란!!

이 책을 다 읽어 주고 나면 아이들도 얼굴이 빨개지며 좋아한다. 신나는 모험을 함께 한 경험은 가슴 두근거리는 추억이 될 것이다. 그리고 각자가 좋아하는 목욕탕을 발표해 보는 거다. 물론 이유도 말해야겠지?

함께 해보기

❶ 본문에 나온 목욕탕 중 마음에 드는 것과 그 이유 발표하기

본문에 나온 목욕탕 중 마음에 드는 것을 발표한다. 처음엔 흥분한 몇몇 아이들이 발표를 한다. 그 후엔 설문조사를 해본다. 우리반 친구들이 가장 좋아하는 목욕탕 랭킹 정하기! 아이들에게 종이를 나눠 주고 각자 5개의 호감 목욕탕을 정한다. 그리고 이유도 같이 쓴다. 다 적으면 걷어서 발표를 한다. 이럴 땐, 가장 흥분하고 가장 감동했던 아이를 발표자로 시키면 좋다. 물론, 아이들이 모르게 한다. 발표가 필요한 아이에게 기회를 주는 것도 선생님의 센스다.

그러고도 열기가 식지 않으면 그냥 놔두자. 아이들은 아직도 공상을 하고 있으니까. 계속 아쉬움이 남는다면, 면지의 목욕탕을 관찰하는 기회를 갖자. 천천히, 하나하나. 차분히 현실로 돌아오도록.

❷ '처음부터 뽀글머리는 있었다.'

책을 다 읽어 준 후 묻는다. "과연 우리는 뽀글머리 아저씨를 다 찾아냈을까요?" 하고. "어? 나 다른 목욕탕에서 본 것 같아요!" 하는 관찰력 좋은 아이는 꼭 있다. "선생님, 책을 다시 한 번 보여 주세요. 다~ 찾아낼게요!" 하는 경쟁심 있는 아이들도 나온다. 그럼 못 이기는 척, "그럴, 까?" 하고 말한다. 이어지는 아이들의 벼락 같은 박수와 함성~!! 크크. 이럴 때라도 아이들에게 점수 따는 거지, 뭐.

참고로 뽀글머리는 '미로 목욕탕'부터 쭈욱~ 나타난다. 잘 찾아보시라. 심지어 엄마 아빠를 위한 목욕탕에도 나오니까!

❸ 면지의 목욕탕에 이름 지어주기

면지에 나온 목욕탕의 특징을 보고 순간적으로 이름을 짓는 것이다. 아이들의 감탄사로 평가가 가능하다. 아이들의 '순간적 재치'를 볼 수 있는 순간이다. 마지막엔 이러한 재치도 재능이라는 걸 알려준다. 카피라이터나 예술가로 자랄 수도 있잖은가! 칭찬은 우리반 아이들도 춤추게 한다!!

Tip

- 코믹액션 영화 – 〈취권〉부터 성룡의 거의 모든 영화,
  〈은밀하게 위대하게〉(원작 만화도 보시라.)
- 로코믹 호러(로맨틱코미디와 호러) 드라마 – 〈주군의 태양〉
- 코믹섹시멜로드라마 영화 – 〈색즉시공〉(어른용)
- 황당공포 영화 – 〈황혼에서 새벽까지〉(어른용)

함께 읽기

『어떤 화장실이 좋아?』(스즈키 노리타케 글·그림 / 이정민 옮김 / 노란우산)
『어떤 이불이 좋아?』(스즈키 노리타케 글·그림 / 이정민 옮김 / 노란우산)
『네가 만약』(존 버닝햄 글·그림 / 이상희 옮김 / 비룡소)
『월리를 찾아라』(마틴 핸드포드 글·그림 / 정은주 옮김 / 예꿈)
『머리 쓰는 그림책 : 해적의 보물찾기』(이소비 글 / 임규석 그림 / 부즈펌어린이)
『머리 쓰는 그림책 : 우당탕탕 원시시대』(이소비 글 / 임규석 그림 / 부즈펌어린이)
『머리가 좋아지는 숨바꼭질』(세베 마사유키 글·그림 / 고향옥 옮김 / 비룡소)
『까마귀네 빵집』(가코 사토시 글·그림 / 아기장수의 날개 옮김 / 고슴도치)

글 없는 그림책 RE-ZOOM으로 시각여행을 떠나자

이게 다일까?
이슈트반 바녀이 그림
문학동네

주제 신비롭고도 아찔한 시각 여행!
대상 공간에 대한 새로운 시선이 궁금한 친구들

마음의 흔들림

2010년에 학교 선생님들과 그림책 수업한 것을 정리한 적이 있었다. 이름하여 〈추억공유-프로젝트 북 2집〉. 전체 편집은 내가 했지만, 각 선생님들의 그림책을 모두 본 것은 아니었기에 궁금했던 책들이 있었다. 그러다가 겨울방학을 맞이하고 학교 근무로 출근한 날, 도서관에서 자꾸 눈에 띄는 그림책이 있었다. 가로로 무척 길어서 다리에 자꾸 걸리는 책, 『암소 로자의 살빼기 작전』.

'그래, 햇살 좋은 날이니 한번 읽어 보자' 하며 서가에서 책을 꺼내는데 그 옆의 책이 "툭~" 하고 바닥에 떨어지는 거다. '어라? 이건 뭐지?' 주워들으니 제목이 『이게 다일까?』이다. '뭐야…… 이게 다야? 겨우 물음표 하나만 있는 표지가?' 습관적으로 책등을 보고 뒤표지를 보니 느낌표가 딱! '어? 사람 궁금하게 만드네. 너도 나한테 읽히고 싶었니? 조금만 기다려. 암소 로자 먼

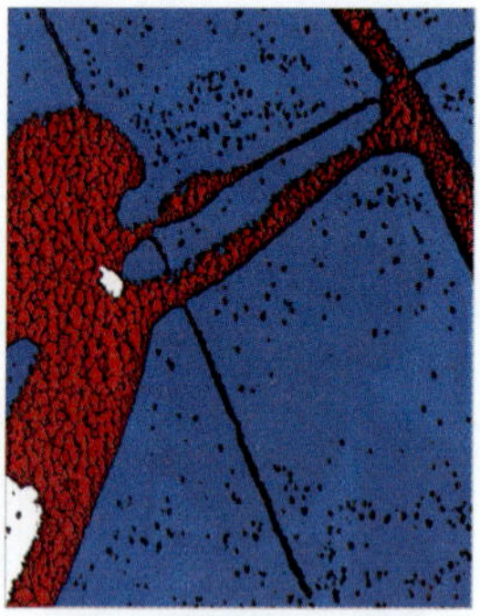

저 읽고.' 하며 두 책을 가지고 창가에 서서 읽기 시작했다.

『암소 로자의 살빼기 작전』은 귀여운 책이다. 흐뭇했다. 그리고 읽은 『이게 다일까?』. 첫 장의 그림부터 무엇일까 궁금하게 만드는 책이다. '이게 뭘까? 보도블록인가? 약간 천지창조의 사람 부분 같기도 하고 말이야…… 어? 혹시 활을 쏘는 사람 모습인가?' 하며 한 장을 넘겼는데, 내가~ 맞혔다! 활 쏘는 사람이었다. "오~ 예!!" 『짖어봐 조지야』의 끝 대사를 맞힌 이후로 처음이다! 무언가를 맞힌다는 건 너무 즐겁고 행복한 일이다.

그리고 또 한 장 넘기니, '잉? 시계였잖아? 에그, 손목의 털 좀 봐…….'하며 계속 읽어나가기 시작했다. 이 그림책엔 글이 없었다. 그림만이 계속 확대되는 형태였다. '이렇게 끝까지 다 확대하기엔 공간적인 무리가 있을 텐데……' 하는 걱정이 앞서며 계속 책장을 넘겼다. 그러다가 열한 장째를 넘겼을 때 확~ 바뀐 화면이 나타난다(적어도 난 그렇게 느꼈다). 그래서 다시 앞장을 넘겨 그림을 확인하고 뒤를 보니, '아항! 기둥의 그림이었구나.' 하며 계속 그 '확대'를 즐긴다.

그러다가 문득 든 생각은 '이 그림풍 어디서 많이 봤는데' 하는 것이었다. '어? 이거 『상상 이상』을 그린 작가와 비슷한데 혹시 그 작가 아냐? 와~ 그러면 굉장한 발견인데.' 하며 계속 읽었다. 아니, 어찌 보면 『땡땡의 모험』을 쓴 '에르제'와도 비슷하게 그렸네. 책을 다 읽고 사서 선생님한테 『상상 이상』의 작가 좀 찾아달라고 했더니, 바로 '이슈트반 바녀이'라고 하신다. "오 예! 나 이런 거 정말 잘 맞추네?" 아~ 기쁘다. 그림체도, 이야기의 전개 내용도 그와 비슷했다.

"이 작가, 나한테 딱 걸렸어! 빨리 뒷조사 해봐야지." 하며 책을 덮었다.

책 속으로 풍덩~!!

물음표로 시작해서 느낌표로 끝나는 그림책. 궁금하면 느끼라는 것일까? 궁금증으로 책을 펼쳤다면 깨달음을 얻고 책을 덮어야 한다는 것일까? 주제가 궁금하다면 일단은 그림책 속으로 뛰어들어야 한다!

이 그림책은 특이하게도 왼쪽면이 검다. 끝까지 검다. 오른쪽면만 그림이 그려져 있다. 그게 오히려 집중력을 높여 준다. 세상에 우연한 구성은 없다. 첫 그림, 당신도 맞혔는가. 마치 하늘에 떠 있는 듯한 그림. 그것은 손목에 있는 시계의 그림이었고, 그 시계를 찬 사람의 손은 부지런히 파라오의 그림을 그리고 있다. 그 사람은 초록색 펠릭스 옷을 입고 있고, 서 있는 곳은 피라미드의 내부. 아니다, 거대한 탑 속. 어떤 광장의 탑. 여기까지가 확장된 공간이다. '여기서 더 커지려면 하늘로 올라가거나, 우주가 나와야겠는데?' 하는

걱정이 드는 순간, 열한 장째~! 앞선 모든 것이 한 기둥의 그림이었으니!! 엇? 그런데 거기가 에펠탑 앞의 영화 세트장이네. 아니네? 에펠탑마저 그림이었네. 열대나무가 있는 숲속 공간, 그곳을 지나가는 코끼리 탄 사람들…… 마저 어떤 상자의 그림이었네? 그 상자는 지금 배에 실려서 어디론가로 떠나가는데, 책장을 넘겨 보니 장난감 배였네! 그걸 가지고 노는 아이가 있어. 그런데 그 장면마저 그림 속이었네. 그걸 그리는 화가가 있어. 그 화가는 실내에서 그리고 있는데 2층 건물이야. 그 위로 화면이 올라가면서 산꼭대기가 나와. 넘겨 보니 그것마저 에도시대 일본인이 들고 있는 부채의 그림일 뿐. '아. 이것도 진실이 아닐 거야' 하는 의심이 드는 순간, 책장을 넘기니 어느 길가에 세워진 대형광고물이었다. '역시.' 하지만 그 장면조차 어느 책의 한 페이지였고, 그 책을 보는 사람은 노란 머리의 아이였다. 여러 명이 앉아 있고, 머리 위엔 손잡이들이 있다. '여긴 어딜까?'

이 그림책은 우리들에게 점점 멀어지는 원근법 여행을 시켜주고, 신비롭고도 아찔한 시각 여행을 보여 주면서 이렇게 말한다.

"보이는 그대로 믿지 마세요!"

모든 것이 뒤집어지는 반전의 순간을 즐길 준비가 되었다면 뛰어들어 볼 만하다. 또한 이 그림책의 뒷표지에는 이런 말로 작품에 경의를 표한다.

"이슈트반 바녀이의 작품은 완벽에 가깝다!" (커커스 리뷰)

함께 해보기

❶ 우리가 사는 '여기'는 어디일까 생각해 보기

"세상에서 무한대로 큰 것은 무엇일까요? 끝이 없는 것! 답은 두 가지가 있어요. 생각해 보세요."라는 말로 호기심을 자극한다. 힌트, 하나는 존재하지 않고, 다른 하나는 만질 수 있다. 끝없이 커지는 것 중 하나는 '숫자'이다. 숫자의 끝은 없으니까. 그럼 또 하나는 무엇일까? 세상에서 가장 큰 것! 바로 우주다. "자~ 이 칠판 전체를 우주라고 한번 해보자. 물론 더 넓고 끝이 없지만 이만큼만 가지고 해보자. 이 넓은 우주 속 어딘가에 은하계가 있겠지요." 하며 칠판 어딘가에 은하계를 그린다(은하계는 우주선 모양이라는 설이 있음). "그리고 은하계 한쪽 구석에 우리가 사는 태양계가 있죠." 하며 우주선 모양 중 날개 한쪽 끝에 태양계를 그린다. "태양에서 세 번째 행성이 지구. 거기서 우리는 아시아에 있고, 대한민국에 있죠." 하며 계속 칠판에 작게 작게 그려간다. "남한에 있고, 경기도에, 부천시에, 원미구에, 상3동에, 상인초등학교에 있죠." 이미 칠판에는 점으로밖에 찍을 수 없을 지경이다. "3학년에, 4반에, 그리고 몇 째줄에 있죠?" 하며 물어보면 아이들은 절로 한숨이 나온다. '히유~ 정말 인간은 먼지 같은 존재네.'라는 말이 절로 느껴지는 순간이다.

점점 커지는 확장의 그림책을 경험했으니, 점점 작아지는 축소의 현장(우리들 위치)을 우주에서 알아보는 순간도 소중하리라.

"인간은 우주에서 얼마만큼의 위치에 있을까?"

Tip

50년에서 70년이 지나도 읽히는 책이 있다면 고전으로 쳐도 좋을 것이다. 아이들의 상상력과 모험심을 키워 주고, 상식을 일깨워 주는 만화책 시리즈를 꼭 소개하고 싶다.

『아스테릭스 34권』. 르네 고시니 글. 알베르 우데르조 그림. 문학과지성사

『땡땡의 모험 24권』. 에르제 글·그림. 솔.

함께읽기

『상상 이상』(이슈트반 바녀이 그림 / 문학동네)

『깊은 밤 부엌에서』(모리스 샌닥 글·그림 / 강무홍 옮김 / 시공주니어)

『옛날옛날에 파리 한 마리를 꿀꺽 삼킨 할머니가 살았는데요』(심스 태백 글·그림 / 김정희 옮김 / 베틀북)

『자유 낙하』(데이비드 위즈너 그림 / 미래아이)

『시간 상자』(데이비드 위즈너 그림 / 베틀북)

『3초』(마르크 앙투안 마티외 그림 / 휴머니스트)

자전거 주인을 상상해 봐!

누구 자전거일까?
다카바타케 준 글·그림
사과나무 옮김
크레용하우스

주제 관찰력과 추리력으로 즐거운 상상하기
대상 두근두근 즐거운 책읽기가 필요한 친구들

마음의 흔들림

어느 토요일 오전, 부천시립도서관에서 유아를 대상으로 '그림책 극장'이란 동화구연을 한다는 공고를 보았다. 온 식구가 일찍 일어나 아침을 먹고 도서관으로 갔다. 부모 포함 30명 선착순이라 서둘러 갔더니 20분 전에 도착했다. 아직 모인 사람이 적어 잠깐 책이라도 읽을까 해서 바닥을 보니 한 그림책이 떨어져 있었다. 표지는 초록 동산에 노란 하늘. 거기엔 희한하게 생긴 자전거가 세워져 있었다. '어? 누구 자전거지?' 하는 생각이 절로 들면서 털썩 앉아 읽기 시작했다. 처음엔 그 단순한 그림들이 고미 타로의 작품일 줄 알았는데 다른 일본 작가였다.

그림책 내용은 자전거와 자전거 주인이 번갈아 나오는 구조로 되어 있다. 눈을 감고 한번 상상을 해보자. 앞바퀴와 뒷바퀴가 아주아주 멀리 떨어져 있는 자전거. 그 한가운데에는 페달이 달려 있다. 이렇게 길고 이렇게 낮은 자전거를 탈 수 있는 주인은 누구일까? 사람은 못 탈 것 같고 동물 중에서 상상한다면 누구에게 가장 어울리는 자전거일까? 순간 나는 책장을 못 넘기고 상상과 추리에 빠져 들었다. '긴 동물이라…… 기린? 뱀?' 하지만 둘 다 아닐 것 같다는 생각이 들었다. '기린은 저렇게 납작 엎드려서 자전거를 못 탈 것 같고, 뱀은 다리가 없잖아? 그럼 누굴까?' 이렇게 머릿속에 생각의 폭풍(브레인스토밍)이 휘몰아치는 것을 느끼며 한쪽 눈을 찡그리고 책장을 넘기니, 아 글쎄! 악어의 자전거였다! "하, 하!!" 허를 찌르는 정답과 어울리는 악어의 폼이라니.

이번엔 꼭 맞히겠다는 다짐을 하며 책장을 넘겼다. 오호라, 이번 자전거는 바퀴가 자동차 바퀴만큼 튼튼하게 생겼다. 어, 그런데 자전거 앞에는 물통이 매달려 있고, 자전거 뒤에는 쇠스랑이 달려 있네? 누가 주인일까?

꼬리에 꼬리를 무는 다양한 자전거의 발견. 그 주인을 맞히는 재미와 함께 마지막에 감동이 숨어 있는 이 그림책은 40대 독자인 나조차도 읽는 내내 마음 두근거리고 행복하게 해주는 매력이 있다.

사족을 달자면, 이 책은 볼로냐 국제아동도서전에서 그래픽 상을 수상했고, 일본 학교도서관 협의회 선정 도서임을 밝히고 싶다. 그림이 유치하다고 유치한 그림책은 아니다. 단언컨대 세상엔, 유치한 그림책은 없다. 모든 그림책은 인생의 철학과 깨달음을 품고 있다. 느끼고 싶다면, 지금 뛰어들어 보자.

책 속으로 풍덩~!!

속표지를 보니 자전거를 타고 나(독자)를 향해 달려 오는 남자아이가 보였다. "따르릉, 따르릉"하며 가는 아이가 아주 기~다란 자전거를 발견한다.

'어? 누구 자전거일까?' 그건 바로 악어의 자전거였다! 앞바퀴 위 손잡이에 앞발을 올려놓고 뒷발은 페달을 밟는다. 그럼 뒷바퀴 위의 안장엔 무엇을 올려 놓았을까? 하하, 바로 악어의 무거운 꼬리를 올려 놓았지! 그러던 악어가 오르막길을 올라가다 발견한 자전거는 튼튼한 바퀴에 커다란 안장, 손잡이 앞에는 물통이 매달려 있고 뒤에는 쇠스랑 같은 갈퀴가 달려 있다. "뿌우~" 그건 바로 코끼리의 자전거. 음. 튼튼할 만하네. 물을 뿌리고 쟁기질하는 걸 보니 농부인가 봐. 자세히 보면 물통이 코끼리의 코 길이에 맞게 조절이 된다. 튼튼하기만 한 것이 아니고 실용적이기도 한 코끼리의 자전거! 그렇게 코끼리가 넓은 밭에서 쟁기질을 하다가 배추밭에서 무언가를 발견한다. 어? 배추밭 위에 작은 자전거가 있네. 앞쪽에 전구가 달려 있어. '아, 알겠다! 두더지!' 하고 내가 생각했는데 정말이었다. "와~ 맞혔다." 이럴 때 내가 자랑스럽고 기쁘더라. (여러분은 안 그런가요?)

역시 두더지는 땅 속으로 난 길을 달린다. 노란 전구에서 빛나는 불빛이 땅굴을 밝힌다. 다시 땅 위로 올라온 두더지 앞에 또 다른 자전거가 나타난다.

다시 한 번 눈을 감고 상상을 해보자. "이 자전거는 두더지 얼굴보다도 작아. 앞바퀴와 뒷바퀴가 'ㅅ'자 모양으로 이어졌어. 이상하게 이 자전거엔 페달도 없고, 손잡이도 없네? 자~ 과연 누구의 자전거일까?" 언뜻 생각나는 동물이 있는가? 처음엔 개미라고 생각하겠지만, 너무 기능이 없는 자전거에 초점을 맞춰 보자. 그렇다! 이건 바로 애벌레들의 자전거였다~!! 심지어 애벌레가 몸을 구부릴 때는 자전거마저 구부러지게 설계가 되어 있다. 그야말로 인체공학적, 아니 충(蟲)체공학적 자전거가 아닌가!

이번엔 애벌레들이 눈이 동그래져서 쳐다본다. 그들 앞에 나타난 자전거엔 나무가 달려 있다! 과연, 누구의 자전거일까? 아무래도 나무에서 사는 동물을 생각해 보는 게 낫겠지. 그다음 자전거는? 말도 못하게 크다. 특이한 건 애벌레의 자전거처럼 페달도, 손잡이도 없다는 것이다. 과연 누구의 자전거? 그리고 두 쌍의 손잡이가 달린 자전거도 나온다.

이 그림책에 나오는 동물들은 그렇게 계속 신기한 모양의 자전거를 만나고, 새로운 친구들을 보게 된다. 그리고 동물들이 자전거 타는 모습을 보면서 고개를 끄덕일 수밖에 없게 된다. 그러다가 마지막 동물은 여자아이의 자전거를 보고, 그 여자아이는 자전거가 없는 달팽이를 만난다. 아, 어쩌지…… 자전거가 없다니. "여러분이 여자아이라면 어떻게 할래요?"

무한한 상상의 나래를 펼치게 해준 그림책에 감사하며, 스핑크스의 수수께끼처럼 우리들의 추리력과 관찰력을 키울 수 있게 해준 것에 박수를 보내고 싶다.

함께 해보기

❶ 눈을 감고 그림책 자전거 상상하기

아이들한테 다른 방식으로 이 책을 읽어 주는 것도 좋다. 남자아이가 처음에 발견한 자전거 장면을 보여 주기 전에 아이들한테 눈을 감으라고 한다. 그리고 한 아이를 정해서 그림책 속 자전거를 설명하게 한다. 그러면 눈을 감은 아이들은 온갖 상상을 하며 자전거를 머릿속에 그려낸다. 그리고 눈을 떠 그림책 자전거를 본다. 자신의 상상과 비슷했는지 비교해 보면서 책을 읽어 가는 것도 재미있는 경험이다. 그다음 자전거가 나오는 장면도 눈을 감고, 또 다른 아이의 설명을 듣고, 상상해 보고, 눈으로 확인해 나가며 책을 읽는다.

똑같은 그림책을 다른 방법으로 읽어내는 노력! 그것이 다양성과 함께 아이들에게 상상의 극대화를 이루게 해준다.

❷ 스무고개 놀이 하기

아이들이 추리력과 분석력을 종합하여 발휘할 수 있는 놀이다. 각 분단에서 대표로 한 명씩 나온다. 첫 번째 대표가 한 가지를 생각하면 분단별로 돌아가며 한 번씩 질문을 한다. 대표는 예, 아니요로만 대답을 한다. 이때 어느 분단이 답을 말했는데 틀리면 한 고개를 넘어간다. 그렇게 진행하다가 스무고개(질문)를 넘기기 전에 그동안 나온 답을 분석하여 정답을 추리해 낸다. 많이 맞힌 분단이 이기는 놀이다.

❸ 옛날 농기구의 쓰임새 찾아보기

코끼리가 타는 자전거를 보면 뒤에 쇠스랑이 달려 있다. 쇠스랑의 쓰임새와 역할을 찾아보고 농사짓는 방법을 알아본다. 또 다른 농기구들의 모양과 쓰임새도 알아보고 활용하는 장면을 익혀 보자.

	쟁기 : 논밭을 가는 농기구		도리깨 : 곡식의 낟알을 터는 데 쓰이는 농기구
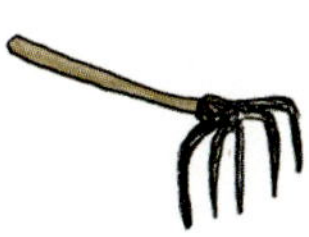	쇠스랑 : 쇠로 서너 개의 발을 만들고 자루를 박아 갈퀴 모양으로 만든 농기구		써레 : 갈아 놓은 논밭의 흙덩이를 잘게 부수고 바닥을 판판하게 고르는 농기구

	괭이 : 땅을 파거나 흙을 고르는 데 쓰는 농기구	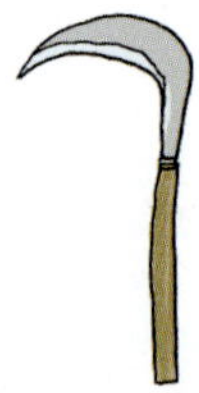	낫 : 풀, 나무, 곡식 등을 벨 때 쓰는 'ㄱ'자 모양의 농기구
	호미 : 김을 매는 농기구		가래 : 흙을 떠내는 농기구

Tip

이 책을 다 읽었을 때 문득 이상한 생각이 들었다. 바로 책 표지에 나온 자전거가 책 내용에 안 나온 것이다. '어? 그런가?' 하며 다시 책표지를 보고 책 속의 자전거와 하나하나 비교해 보니 정말 없었다. '이상하다.' 하며 그냥 책을 다시 덮었는데, 엇? 책의 뒷표지에 그 자전거를 타는 동물이 있는 거다. '아하~ 이 자전거는 엄마 오리와 아기 오리들의 자전거였구나!' 안도(?)의 한숨을 쉬며 다시 책을 넣어 두려고 일어섰다. 그러다 우연히 다시 본 책의 앞표지엔, 초록 동산의 맨 밑에 이미 오리식구들이 나와 있는 걸 보게 되었다. 헤헤…….

함께 읽기

『누구 그림자일까?』(최숙희 글·그림 / 보림)
『마법에 걸린 병』(고경숙 글·그림 / 재미마주)
『누구 발자국이야?』(심조원 글 / 이우만 그림 / 호박꽃)
『누구나 눈다』(고미 타로 글·그림 / 이영준 옮김 / 한림출판사)

엄마를 잡아먹어 버릴 거야!

괴물들이 사는 나라
모리스 샌닥 글·그림,
강무홍 옮김
시공주니어

주제 상상의 즐거움, 사랑의 고마움
대상 부모님께 혼이 나 본 친구들

마음의 흔들림

2012년 5월에 인터넷 서점을 둘러보는데 검색어로 모리스 샌닥이 올라온 적이 있었다. '어? 왜지?' 하며 클릭을 해보았다. 이럴 수가?! 모리스 샌닥 작가가 5월 8일에 돌아가신 거다!…… 한동안 손을 움직일 수가 없었다. 내가 좋아하고 아들이 너무나 좋아한 그림책 작가였는데, 너무 마음이 아팠다.

미국의 그림책 작가 모리스 샌닥(Maurice Sendak, 1928년 6월 10일생)은 우리에게 소중하고도 독특한 그림책 작가 중 한 명이었다. 단언하건대, 그의 작품 『괴물들이 사는 나라』는 전 세계에서 가장 사랑받는 그림책 중 다섯 손가락 안에 들 것이다. 그래서 오늘은 모리스 샌닥을 기리기 위해 조금 더 많은 지면을 할애하고 싶다.

샌닥은 어렸을 때 몸이 약해 학교를 제대로 다니지 못했다. 많은 시간을 침대에서 공상하고, 그림 그리며 보냈다고 한다. 고등학생 때는 학교신문에 풍자만화를 그렸고, 대학생 때는 뉴욕에서 일러스트를 공부했다. 우연한 기회에 영국의 위대한 일러스트레이터인 월터 크레인(Walter Crane, 1845~1915)과 랜돌프 칼데콧(Randolph Caldecott, 1846~1886)의 그림책들을 접하고 그림책에 관심을 갖게 된다. 1951년부터는 그림책 작가로 활동하기 시작하고 마침내 1963년 『괴물들이 사는 나라』를 발표하고 이듬해 그 책으로 칼데콧 상을 수상한다. 그의 수상식 소감은 이랬다.

"어린이의 갈등이나 고통을 전혀 드러내지 않는 허식의 세계를 그린 책은 자신의 어릴 때의 경험을 생각해 낼 수 없는 사람들이 꾸며 낸 것이다. 그렇게 꾸민 이야기는 어린이의 생활과는 아무 관련이 없다."

평생 50여 권의 작품을 발표하였고, 애니메이션 영화와 무대 미술에도 열정적으로 활동했던 샌닥은 자기 안에 살고 있는 어린이를 발견해 내는 데 뛰어난 재능을 지닌 작가였다. 그의 책에는 어른들의 눈으로만 바라보는 '어린이'가 아니라, 제 나이만큼의 생각과 고민을 가진 '진짜 어린이'가 등장하여 어린이 독자들에게 마치 자신의 이야기를 느끼게 해주는 힘이 있다. 어린이들의 눈높이에 맞추어 그들과 함께 보고 느끼고 경험한 것을 정확히 그림으로 표현해 낸 샌닥은, 아동도서의 피카소라 불리며 앞으로도 영원히 그렇게 불릴 것이라 믿는다.

모리스 샌닥의 영원한 명작, 『괴물들이 사는 나라』는 파주 '헤이리'에 있다! 그곳의 '아티누스'라는 곳에 가면, 바로 그 괴물들을 만날 수 있다. 몇 해 전에 그림책 식구들과 아들과 함께 헤이리를 방문했었다. 다양한 책 문화가 곳곳에 스며 있는 헤이리는 우리에겐 좋은 나들이 코스였다. '아티누스' 지하에서 샌닥의 커다란 괴물들을 만나고 같이 사진을 찍은 것은 영원히 즐거운 추억으로 남을 것이다.

그 후에 우리는 『괴물들이 사는 나라』로 그림책 수업을 계획했다. 그런데 후배가 좋은 아이디어를 냈다. 그림책에 음향을 넣고 싶다는 거였다. "어? 괜찮겠는데? 위대한 작품에 우리가 조금이라도 '관여'를 한다면 이 얼마나 놀랍고 영광스러운 일이니!" 대신, 흔한 음향은 배제하고 낯선 음향과 음악을 넣어서 그림책의 흐름을 방해하지 못하게 하기로 했다. (낯선 괴물들의 나라에 갔는데 어디서 들어본 음향이나 음악이 나오면 몰입을 방해할 것 같아서였다.) 하여 그 후배는 수많은 외국의 인터넷 사이트를 검색하여 낯설고 가슴 두근거리는 음향과 음악을 찾아냈고, 적절한 장면에 적절한 음향을 입혀 낯선 괴물들의 나라로 우리를 초대했다. 감동을 받은 우리들은 이 그림책을 독서치료에 저명하신 교수님 앞에서, 그림책 수업으로 유명하신 인천의 선생님 앞에서 또 한 번 소개해 드렸다. 두 분 모두 '가슴 떨렸다'고 극찬을 하셨다. 그렇게 탄생한 그림책 수업을 여기에 소개하고자 한다. 모리스 샌닥을 기리면서…….

책 속으로 풍덩~!!

"괴물들이 사는 나라!" 하며 그림책을 소개해 주는 금요일 오후. 아이들은 벌써부터 그 그림책을 안다며 난리다. "어? 그럼 안 읽어 줘도 되겠네요?" 하자, "아뇨! 아뇨! 읽어 주세요오~!!" 한다. 가끔 이런 밀당을 하는 날 보면, 내가 아이들과 연애를 하는 게 아닌가 하는 생각도 든다.

"여러분, 이 표지를 자세히 보세요. 어떤 것이 보이나요?" 아이들의 탐험정신을 일깨우는 한마디. "저기 물소 같은 괴물이 자고 있어요!" "어? 그런데 저 괴물은 발만 사람 발같이 생겼어요!" "어? 정말?" "저기 나무 뒤로 배가 보여요!" 아이들의 예리한 관찰력을 확인하며 그림책 속으로 들어간다.

앞면지에 예쁜 단풍이 피었다. 그런데 어딘지 모르게 낯선 나뭇잎들이다. 역시 괴물들의 나라에 있는 이파리라 독특하구나, 하며 속표지를 보니 거기에는 또 다른 괴물 둘이 서 있고 반대쪽에는 주인공 아이가 괴물 옷을 입고 으르렁거린다. '괴물들이 살짝 겁을 먹은 듯한 모습인데?' 도대체 이 아이의 정체가 궁금하다는 몇몇 아이들의 성화를 등에 업고 한 장을 넘긴다.

"그날 밤에 맥스는 늑대 옷을 입고 이런 장난을 했지."라는 글 옆에는 작은 그림이 그려져 있다. 그 아이 이름은 맥스, 커다란 망치를 들고 벽에 못을 박고 있다! (이때, 음향효과로 망치질하는 소리를 크게 들려준다.) 늑대 옷을 입은 폼과 책을 밟고 올라 선 모습, 입을 굳게 다문 모습에서 보통 개구쟁이가 아닐 거라는 '확신'이 든다!! "맥스는 지금 어떤 장난을 치고 있나요?" 우리반 아이들 중에도 맥스 같은 장난을 치는 아이가 있을 것 같아 물어본다. "어떤 줄에 커튼을 걸어 놓았어요!" "그 안에 의자가 있는데도 책을 밟고 망치질을 하네요? 바보다!" "야, 그 의자는 텐트 안에 있는 거야! 쟤는 텐트를 만들고 있는 거야!" 상상이 난무하는 교실! 뭐든 좋다. 상상은 자유니까~!!

다음 장면, "이런 장난도 했고."에선 그림이 조금 커져 있다. 맥스가 계단을 뛰어내려가며 강아지를 따라가는 장면인데, 한 손에 포크를 들고 있다!! (이

때, 음향효과로 개가 낑낑거리는 소리를 들려준다.) 아이들이 싱긋 웃는다! 벽에는 맥스가 그린 괴물의 얼굴이 그려 있다. 아무래도 아이가 하는 짓을 보면 괴물을 좋아하는 것 같다. 저러다 혼나지, 하는 생각이 든 순간 엄마가 소리친다. "이 괴물딱지 같은 녀석!" 그럴 줄 알았다는 듯 아이들이 낄낄거린다. 경험에서 나온 직감이랄까? "포크를 들고 개를 쫓다니! 너무했어!" 하는 아이들도 있고, "난 저 정도는 아니다, 뭐." 하며 자신을 두둔하는 아이들도 있다.

"엄마가 저러시면 어떻게 대꾸할 거예요?" "아무 말도 안 하고 조용히 있어요! 말대꾸하면 더 혼나니까요!" 하하, 소심하지만 차분한 아이다. "엄마한테 같이 놀자고 소리쳐요~!!" 흐흐, 당돌하지만 귀여운 아이다. "그렇군요. 하지만 맥스는 소리쳤어요. '그럼, 내가 엄마를 잡아먹어 버릴 거야!' 하고 말이지요." "헐! 세다!!" 의외의 반응에 아이들도 놀란다. "그래서 엄마는 어떻게 했을까요? 저녁밥도 안 주고 맥스를 방에 가둬 버렸대!" "어?" 그 순간 그림이 조금 더 커졌다고 느낀 아이들이 있다. "선생님! 그림이 조금씩 커지는데요?" "그래?" 아이들의 관찰력을 즐기며 계속 그림을 넘긴다. 그날 밤에 맥스의 방에선 나무와 풀들이 자라기 시작하고, 점점 커져서 세상 전체가 된다! 그림이 아주 커지는 순간, 낯선 정글의 새소리를 들려준다. 그다음에 맥스는 맥스 호를 타고 항해를 한다. (뱃고동 소리와 파도 소리를 들려준다.)

하루, 한 달, 일 년이 지나고 맥스는 괴물 나라에 도착한다. 여기서부턴 두 장 가득히 괴물들의 모습과 맥스의 모습이 나타난다. "여러분, 괴물들의 모습이 어때요?" "진짜 괴물 같아요!" "여러 동물들을 섞어 놓은 것 같아요!" "그래요? 그럼 가장 왼쪽에 있는 괴물은 어떤 동물을 섞은 것 같나요?" 음, 아이들은 파마 머리가 사자 갈기 같다고도 하고, 뿔은 코뿔소와 황소의 것이고, 몸통도 사자의 몸통 같다고 한다. 그 위에 올라탄 하얀 괴물은 이빨이 사나운 양 같다고 하고. 그 뒤의 얼굴 큰 괴물은 도깨비 얼굴에 악어 다리, 늑대의 꼬리를 하고 있는데 몸통에 난 줄무늬 털은 얼룩말에서 가져온 것 같다고 한다. 마지막 괴물은 오리발을 하고 있는데 표정이나 동작이 약간 소심해보이는 괴물이라는 평가도 내 놓는다! 하하. 정말 대단한 관찰력이다!! 사람의 첫인상은 3초 만에 결정된다는데 괴물들도 다르지 않은 듯하다! 와우~! 하지만 이 괴물들은 맥스를 반기지 않는다. 낯선 침입자이기에 무서운 소리로 으르렁대고, 이빨을 부드득 갈고, 눈알을 뒤룩대고, 발톱을 세워 보인다! 그렇지만 맥스가 누구인가? 엄마에게 혼나고 방에 갇혀도 씩씩한 개구쟁이 아닌가! 맥스는 눈 하나 깜짝 않고 호통을 친다. "조용히 해!" 그 순간(신비한 음향 효과) 꼼짝 못하고 놀란 괴물들은 맥스에게 '괴물 중의 괴물'이라고 한다. 괴물들이 맥스를 보고 겁을 먹는 장면은 그 표정이나 동작이 생생하게 살아있다. 누가 과연 이렇게 생생한 그림을 그려낼 수 있을까? 역시 상상력의 최고봉을 달리는 그림책이 아닐 수 없다!

"어? 선생님! 그런데 저 뒤에 또 다른 괴물이 나타났어요!" "어디? 어디? 정말!" 맨 처음 표지에서 봤던 괴물의 등장이다. 괴물 나라에도 지각하는 괴물이 있나 보다. 하하.

이제 모든 괴물들은 맥스를 괴물 나라 왕으로 삼고, 맥스는 괴물 소동을 벌

이자고 한다. 왕처럼 의젓해진 맥스와 신하처럼 공손해진 괴물들의 모습이 재미있다. 다음 장면부턴 양면 가득~ 그 유명한 그림들로 채워진다. 괴물 놀이가 이 정도는 되어야지! (괴물 놀이 장면에 맞는 음향효과를 순서대로 넣어 준다.) 첫 장면엔 인디언처럼 달을 보며 오로로로~ 뛰는 모습과 어울리는 음향, 두 번째는 나무에 매달려서 흔드는 모습과 어울리는 음향, 세 번째는 목마를 타고 행진하는 장면과 어울리는 행진곡! 이렇게 신나고 즐거운 놀이를 하는 아이와 괴물들! 놀이에 몰입한다는 건 이런 거다, 너와 내가 하나가 되는 순간!

"이제 그만!" 놀이를 다 끝낸 맥스는 저녁도 안 먹이고 괴물들을 잠자리로 쫓아버린다. 아무래도 자기가 저녁을 안 먹었기 때문이 아닐까?

모든 괴물이 잠들고, 텐트에 앉은 괴물 나라 왕 맥스는 쓸쓸해졌다. 맥스는 자기를 사랑해 주는 사람이 있는 곳으로 돌아가고 싶어진 것이다. 그때 머나먼 세계 저편에서 맛있는 냄새가 풍겨 온다. 맥스는 괴물 나라 왕을 그만두기로 하고 배를 탄다. 괴물들은 슬퍼서 울부짖었지만 맥스는 단호하게 돌아간다! 오, 대단한 결단력이다. 맥스는 일 년을, 한 달을, 하루를 거슬러 오르면서 항해를 하고, 그날 밤에 조용히 제 방으로 돌아온다. 이때 맥스를 기다린

건? 저녁밥이었다! 달빛 창가 앞의 식탁엔 저녁밥이 차려져 있었고, 긴 항해(상상)에서 돌아온 맥스는 쑥스러운 듯 머리를 긁적이며 미소를 짓는다.

마지막 한 장을 넘기면 아무런 그림도 없이, 흰 바탕에 한 줄이 쓰여 있다.

"저녁밥은 아직도 따뜻했어."

이 순간 마음을 흔드는 잔잔한 음악을 깔아 준다. 그렇게 계속 들려준다. 15초가 넘게…….

그 뒤에 누가 저녁밥을 만들어 주었을까, 어떤 메뉴였을까, 맥스는 어떤 생각을 할까에 대한 이야기는 해도 좋고, 안 해도 좋다. 아이들 모두가 자기만의 느낌으로 마음이 흔들렸다면, 그걸로 족하다.

함께 해보기

❶ 우리가 좋아하는 저녁밥 그려 보기

마지막 장면에는 그림이 그려 있지 않다. 그래서 이 그림책이 더 위대해진 것이다. 독자들이 상상할 여지를 남겨둔 작가의 배려에 세상 수많은 아이들이 자기만의 저녁밥을 상상해 본다.

이러한 열린 결말을 즐기기 위해 우리반도 동참한다. A4 종이에 각자가 상상하는 맛있는 저녁밥을 '지어' 보자고 한다. 누군가는 피자를 그리고, 누군가는 케이크를 그리고, 누군가는 한식을, 중식을, 양식을 그려 넣을지도 모른다. 어떤가? 절대 그 밥상에 참견하지 말자. 그 밥상은 온전히 우리 아이들의 밥상이니까!!

참고로, '그리기'보다 재미있는 방법이 있다. 대형 마트의 전단지를 각자 가져와서 자신이 좋아하는 음식과 재료를 손으로 찢어서 접시그림 위에 붙이는 것이다. 콜라주처럼 말이다! 보다 생생한 저녁밥이 지어질 것이다.

❷ 내가 괴물 나라 왕이라면 어떻게 할지 상상해 보기

첫째, 괴물 나라의 왕이 된다면 어떤 놀이들을 할 것인지 글로 쓰는 것이다. 자신이 좋아하는 놀이를 해도 좋고, 새로운 놀이를 만들어도 재미있겠다. 뭐 어떤가? 괴물 나라인데!

둘째, 괴물들과 헤어져서 집으로 돌아올 것인가에 대한 생각을 써본다. 괴물 나라의 왕으로 계속 있다면 매일매일 자기 마음대로 할 수도 있는데 과연 돌아갈 것인지 아닌지에 대한 자신의 솔직한 마음과 갈등을 글로 쓴다. 이때, 억지로 꾸며 쓰지 말고, 생각나는 대로 글을 쓴다. 이렇게 쓰는 것을 '자동기술'이라 한다. 생각의 흐름을 계속 따라가 보는 것이다. 나의 결정을 향해서.

결정이 나면, 쓴 글을 빠르게 읽으면서 발표를 해본다. 듣는 아이들은 마치 그 아이의 머릿속에 들어온 기분이 들 것이다. 정답은 없다. 내가 정답이다!

Tip

"엄마를 잡아먹어 버릴 거야!"라는 말은 맥스가 책 속에서 외친 말이다. 이 말 때문에 한때 미국에서 금서로 취급되던 때도 있었다. 어린이가 그런 말을 하면 안 된다고. 하지만 어린이에겐 그러한 면도 있다는 걸 알기에 샌닥은 뜻을 굽히지 않았다. 그래서 50년이 흐른 지금도 우리는 그의 작품을 사랑할 수밖에 없는 것이다!
이러한 샌닥에게 어느 날, 기자가 다음과 같은 질문을 했다고 한다. "어렸을 때 당신에게 책이란 어떤 것이었습니까?"

"내가 처음으로 진짜 책을 가진 것은 누나가 사준 『왕자와 거지』였습니다. 그 책과 더불어 하나의 의식이 치러졌습니다. 우선 테이블 위에 책을 놓고 뚫어지게 보았습니다. 마크 트웨인에게 감명을 받았기 때문이 아니라 그저 책이 너무너무 아름다웠기 때문입니다. 다음에는 냄새를 맡았습니다. 책 냄새를 맡는 버릇은 그때부터 시작되었습니다. 당시 가게에서 구입한 디즈니의 책은 너무 조잡한 종이에 인쇄된 것이어서 냄새가 고약했는데 이 책은 아주 고급지에 인쇄되어 있었습니다. 좋은 냄새뿐만 아니라 표지도 반질반질했습니다. 나는 그것을 퉁겨봤습니다. 아주 단단했습니다. 나는 그 책을 이빨로 물어보기도 했습니다. 마지막에 드디어 나는 책을 읽기 시작했습니다. 그것은 그것대로 즐거웠습니다. 내가 책 만들기를 사랑하게 된 것은 그때부터라고 생각합니다. 책은 그냥 읽는다는 것 외에 더 많은 의미가 있습니다. 나는 어린이들이 책을 가지고 놀고 책을 끌어안기도 하고 냄새를 맡는 모습을 많이 보아 왔는데 그것을 볼 때마다 어린이책 만들기에 온 마음을 다해야겠다는 생각을 합니다."

우리 모두가 모리스 샌닥의 독특한 '책놀이'에 동참하면 좋겠다!

함께 읽기

『깊은 밤 부엌에서』(모리스 샌닥 글·그림 / 강무홍 옮김 / 시공주니어)
『잃어버린 동생을 찾아서』(모리스 샌닥 글·그림 / 김경미 옮김 / 비룡소)
『아주아주 특별한 집』(모리스 샌닥 글·그림 / 홍연미 옮김 / 시공주니어)
『꼬마 곰』(모리스 샌닥 글·그림 / 엄혜숙 옮김 / 비룡소)

어렸을 때 무언가에 빠져 본 사람은 행복하다

낱말 수집가 맥스
케이트 뱅크스 글
보리스 쿨리코프 그림
신형건 옮김
보물창고

주제 취미 생활로 인생의 활력을 주자!!
대상 무언가를 수집하고 싶은 사람들

마음의 흔들림

예전에, 그러니까 초등학교 시절에 우리들은 취미 생활로 무언가를 수집하는 것에 빠진 적이 있었다. 누나는 복사된 미술작품과 팝송 테이프를 수집했었던 것 같고, 형은 우표와 옛날 돈을 수집했었다. 그런데 나는 뭘 수집했더라? 뭔가 형제들과 겹치지 않으면서 나중에 돈도 되는, 그러한 수집을 하고 싶었다. 그러다가 친구들과 한강 근처를 가게 되었는데 딱! 떠오르는 게 있었다.

'돌~!! 그래, 돌이야. 아니, 수석을 모으는 거야! 좋아, 남들처럼 수집하는데 돈도 안 들고, 눈썰미만 있으면 돼. 발품 파는 정도는 참아 줄 수 있잖아!'

그 후로 나는 강가를 가든, 산을 가든 항상 발뿌리에 채이는 돌멩이에 눈이 갔다. 작은 돌멩이에서 태산을 발견하고, 거북이와 곰을 발견하는 기쁨이 있었다. 사람의 옆모습을 닮은 돌, 백조를 닮은 돌까지 찾아내면 심마니처럼 크게 소리치기도 했다. "심봤다~!!!"

어렸을 때 무언가에 빠져 본 사람은 행복하다. 공부가 아닌 취미 생활이지만 그 순간만은 인생의 활력을 얻을 수 있다! 어른이 된 지금도 가끔 야외로 놀러 가면 발 밑의 돌멩이를 유심히 쳐다본다. 내 손길을 기다리는 예쁜 돌멩이들이 있을 것 같아서.

이 책은 나의 '그림책 스승'인 아들이 소개해 준 책이다. 아무리 노력해도 어른은 아이의 눈을 가질 수 없다. 그럴 땐 절망하지 말고 도움의 눈빛을 보내자. 아이가 좋다고, 재미있다고 소개하는 그림책은 100퍼센트 훌륭한 책이다. 낱말 수집으로 이야기를 만들 수 있다는, 상상 이상의 재미를 들려줄 이 그림책이 여러분의 인생에 반짝거리는 활력을 주길 기대해 본다. 그리고, 아들~! 고마워~!!

책 속으로 풍덩~!!

마음의 흔들림에 쓴 것처럼 선생님(부모님)의 취미 생활에 대해 먼저 말해 준다. 취미 생활을 시작한 배경과 함께 그 활동으로 얻어지는 구체적인 기쁨과 목표를 이야기해 주면 아이들이 솔깃해한다. 취미로 무언가를 수집한다는 것은, 그 분야에서 누구보다 자부심 있는 활동을 한다는 것이다. 그리고 자연스럽게 전문가가 될 수밖에 없다. 한 분야의 당당한 전문가.

"어때요? 여러분도 하고 싶지 않습니까?"

그렇게 아이들을 자극(?)시킨 후에, 혹시 지금 무언가를 수집하는 사람이 있냐고 물어본다. 어떤 아이는 우표를 수집하고 있으며, 또 다른 아이는 외국 동전을 수집하기도 한다. 사실 이 두 가지 수집이 가장 일반적이다. 독특한 수집으로는 신문 기사를 스크랩하는 아이도 있고, 어린이 신문의 만화를 공책에 따로 모으는 아이도 있다. 모두가 소중하고 의미 있는 수집이다. 이 모든 대답에 칭찬을 해줘야 한다!

"그럼 오늘은 색다른 것을 수집하는 친구를 소개해 줄게요." 하면서 그림책 표지를 보여 준다. '낱말 수집가 맥스'. 아이들이 술렁거린다. "낱말을 수집한다니요? 어떻게요?" 표지를 보면 커다란 제목 위로 맥스와 악어, 그리고 강아지와 여러 동물이 나와 있다. 뭔가 심상치 않은 일이 일어나길 기대하는 아이들과 함께 내용을 읽어간다.

"맥스의 형 벤저민은 우표를 모았어요. 또 다른 형 칼은 동전을 모았어요. 하지만 그들이 모은 걸 동생 맥스에겐 하나도 주지 않았지요."

"못됐다!" "너무한다." 아이들은 욕심쟁이 형들이 얄미웠나 보다. 주인공 맥스도 무언가를 모으려고 고민하다가 마침내 결정을 내린다. "그래, 난 낱말을 모을 거야." 결정을 내린 순간부터 맥스는 '행동'하기 시작한다. 처음엔 신문과 잡지에서 '하나, 그것, 나, 누구, 있다, 큰' 등의 짧은 낱말을 모아 책상에 죽 늘어놓았다. 곧이어 '배고픈, 물었다, 악어가, 쉿 소리를 내며' 같은 긴 낱말들도 찾아낸다. 더 나아가 기분을 좋게 하는 낱말들도 모은다. '놀이공원, 야구 경기, 멍멍이, 꼭 껴안기'

"여러분의 기분을 좋게 하는 낱말에는 어떤 것들이 있을까요?" 물어보면 아이들이 다양한 낱말을 말한다. 발표한 낱말들을 분필로 칠판에 써 넣는다.

"그 다음 맥스는 좋아하는 음식 이름을 모으고, 색깔들을 모은 후 낱말들을 여러 더미로 차곡차곡 정리했어요."

형들의 우표와 동전은 다른 순서로 정리해도 별 차이가 나지 않는데 맥스의 낱말들은 다른 순서로 늘어놓으면 엄청난 차이가 나기 시작한다. 예를 들면 이런 거다.

'파란색 악어가 초록색 이구아나를 잡아먹었다.'

'파란색 이구아나가 초록색 악어를 잡아먹었다.'

이 엄청난 차이에 아이들도 놀라워하고 즐거워한다. 게다가 위의 글을 그림으로 표현한 것이 너무 재치 있게 그려져 있다.

이윽고 관심을 보이는 벤저민과 칼. 하지만 아직 충분한 낱말이 없다고 약을 올린다. 그 순간, 맥스는 낱말 몇 개로 이야기를 만들기 시작한다.

"옛날에 큰 초록 뱀이 되고 싶어하는 작은 갈색 애벌레가 한 마리 있었어요."

왼쪽에는 낱말로 된 이야기가 있고 오른쪽에는 그 이야기의 상상이 그림으로 펼쳐진다. 계속 이야기를 이어가는 맥스를 보다가 벤저민이 끼어든다.

"그때 커다랗고 심술궂은 초록색 악어가 다가왔어요."

이번엔 칼이 끼어든다.

'"난 배가 고파." 악어가 말했어요.'

형들이 낱말들로 맥스의 애벌레를 잡아먹히게 하려 하자, 맥스가 빠르게 움직였다.

'작은 갈색 애벌레는 자신이 애벌레인 것을 감사

하며 구멍으로 쏙 들어갔어요.'

다행스러운 결론이 나자 형제들은 다른 이야기도 만들고 싶다고 신이 나서 말한다. 그때 맥스가 말한다. '그런데, 난 우표와 동전을 갖고 싶거든.' 하하, 결국 서로 수집하는 물건을 조금씩 나누어 가진 형제는 재미있는 놀이를 시작한다. 상상의 이야기를 완성하고 그 속으로 빠져드는 형제의 모습이 유쾌한 그림책이다.

뒤표지엔 맥스 덕분에 목숨을 구한 동물이 고맙다는 인사를 한다. 그 해맑은 표정이 여운으로 남는다.

이렇게 책을 다 읽은 후, 관심을 아이들에게 돌려 본다. 아이들이 좋아하는 음식과 색깔, 그 밖의 낱말들을 칠판에 써 주고 한 명을 앞으로 나오게 해서 칠판의 낱말들로 한 문장을 만들어 보게 한다. 아이들의 재치를 확인하는 순간이며 상상의 매력에 빠지는 순간이 될 것이다! 또는 30초의 시간을 주고 먼저 문장을 만드는 아이를 발표시킨다. 이런 활동은 공부와는 무관하게 또 다른 '재능'을 얻을 수 있는 기회다.

마지막으로 "여러분도 맥스와 형들처럼 무언가를 수집해 보세요. 거기서 얻어지는 재미와 보람은 두고두고 여러분의 인생에 활력소가 될 겁니다~!!" 하고 말하면서 수업을 마친다.

함께 해보기

❶ 신기한 낱말 여행 떠나 보기

아이들과 함께 신문과 잡지, 전단지를 가져와서 낱말들을 오리고 신기한 글을 만들어 붙여 보자.

❷ 나는 ○○ 수집가

아이들이 수집하는 것이 무엇인지 발표해 보는 시간을 갖는다. 그 물건을 수집하면 좋은 점들을 말해 본다.

❸ 루팡이 되어 비밀 암호를 만들고 홈즈가 되어 암호를 풀어 보기

모둠별로 비밀 암호를 만든다. 방법은 한글 자음과 모음에 일정한 규칙을 부여하고, 그것을 배열한 편지를 만드는 것이다. 각 모둠이 하나씩 만들면 한 모둠의 것을 화면에 크게 띄우고 남은 모둠이 맞히는 놀이다.

Tip

그동안 내가 모은 돌멩이들이 어디 있는지 궁금하다면, 말해줄 수 있다. 어렸을 적 모은 것은 이사하면서 다 잃어버렸지만 가지고 있는 돌멩이, 아니 수석들은 우리반 교실에 놓여 있고, 내 책장에 놓여 있다. 교실이라는 인공적 환경에서 돌멩이만이 아이들에게 자연을 보여 준다. 또한 책장의 책들 사이에 있는 돌멩이들은 오래된 지혜와 조화롭게 어울려, 보는 사람에게 여유로움을 선사해 준다.

함께읽기

『낱말 공장 나라』(아네스 드 레스트라드 글 / 발레리아 도캄포 그림 / 신윤경 옮김 / 세용출판)

너도 상상을 해봐~!!

이상한 화요일
데이비드 위즈너 글·그림
비룡소

주제 상상의 즐거움, 기대의 설레임
대상 마법 같은 일이 일어나길 기대하는 친구들

마음의 흔들림

아들이 여섯 살쯤이었나, 이 책을 만났을 때가. 같이 도서관에 갔을 때 녀석이 무슨 책을 읽고 있나 궁금해서 슬쩍 찾아가 봤는데 도서관 한쪽 귀퉁이에 쪼그려 앉아 읽던 책 『이상한 화요일』. 표지에 그려진 커다란 시계를 보고 생각했었다. '역시, 요즘 관심 있는 시계가 나와 있어서 읽는 건가?' 하고.

'그런데 표지색이 왜 저래? 온통 시커먼 색이네? 작가가 누구야? 데이비드 위즈너? 누구지?'

그런 궁금증에 아들이 책을 다 읽자 물어보았다. "어때?" "응, 좋아." "그래? 나도 한번 읽어 보자." 아들의 그림책 보는 눈을 알기에 기대를 갖고 읽어 보았다.

단색의 앞면지에 살짝 실망감을 갖고 펼쳐 든 그림책. 속표지가 나오기도 전에 한 장의 그림이 먼저 나타난다. 세 컷으로 나뉜 그림.

연잎 위에서 잠자던 개구리가

연잎째 두둥~ 떠오르고

동료 개구리들도 하늘로 떠오른다.

'어? 뭐지? 무슨 일이 벌어지는 거야?' 하는 마음으로 한 장을 넘기니 속표지가 나온다. 연꽃 위의 제목, 이상한 화요일. '그래, 뭔가 이상한 일이 벌어지는 거야.' 벌써부터 기대감이 하늘을 찌른다.

이 그림책은 화면 분할이 자유롭게 이루어지는 만화의 형식을 빌려 왔다. 하지만 글은 거의 없다. 아니, 시간을 나타내는 '몇 시 몇 분'을 뺀다면 아예 설명글이 없는 셈이다. 말 그대로 글자 없는 그림책. 한 편의 만화책을 보듯이, 그 숨죽인 이야기 전개에서 우리는 즐거움을 느끼고 위기감도 느낀다. 그리고 마법이 풀리는 순간, 허무함과 아쉬움도 느낀다. 하지만! 모든 만화책이 그렇듯 또 다른 기대감을 주는 것도 이 책은 잊지 않는다. 그 기대 때문에 우리는, 설렌다.

책 속으로 풍덩~!!

모든 일에는 알맞은 때가 있다. 알맞은 시간에 알맞은 사람에게 알맞은 내용을 적용하면 받아들이기가 수월한 것이다. 적재적소. 그렇다면 이 그림책을 읽어 주는 날은 언제가 좋을까? 그렇지, 당연히 화요일이어야 한다. (장미꽃을 주고 싶다면, 아무 때나 주는 것보다는 비 오는 수요일에 빨간 장미를 주어야 받는 사람이 더 즐거워하지 않는가. '수요일엔 빨간 장미를'이란 노래가 떠오르기 때문이지.)

그렇다면 어떤 화요일이 좋을까? 마법이 일어나기 좋은 날씨의 화요일이지. 가령 비바람이 몰아치는 어둑어둑한 순간이면 좋겠다. 가정에서 읽어 준다면, 화요일 저녁 8시쯤이 좋겠다. 바로 그 시각에 한적한 늪지대에서 마법 같은 일이 일어나니까! 하늘로 떠오른 개구리들이 연잎과 함께 어디론가 빠르게 날아가는 것이다. (그 모습에 머리를 쏘옥 숨긴 붉은귀거북을 보라.) 이윽고 전선 위의 까마귀들 사이로 개구리들이 묘기비행술을 보여 준다. 깜짝 놀라 도망가는 까마귀들과 통쾌한 복수를 했다고 생각하는 개구리들의 표정이 압권이다. (평소 까마귀들에게 당한 것을 복수하는 마음이 얼마나 통쾌했을까?)

그러던 개구리 편대가 마을까지 날아온다. 하늘에서 바라보는 마을의 모습은 읽는 독자로 하여금 개구리들과 같이 날아간다는 착각을 일으킨다. 당당한 개구리들의 모습과 함께 우리들의 어깨에도 힘이 들어간다.

밤 11시 21분. 어? 그런데 마을에서 한 아저씨에게 들킨다. 살짝 걱정도 되었지만 이내 개구리들의 장난에 웃음이 그치지 않는다! 마당에 널어놓은 빨래를 모두 뒤집어쓰고 날아가는 개구쟁이 개구리떼~!! (그중 몇몇은 슈퍼맨처럼 망토를 두르기도 했다.)

창문과 벽난로를 통해 집안에 침입한 개구리들은 무얼 할까? 잠들어 있는 할머니 앞에서 신나게 텔레비전을 본다! 심지어 리모컨을 잡은 개구리는 혀로 채널까지 바꿔본다. 여기서 아이들에게 물어본다. “개구리들은 어떤 방송을 보고 있을까요?” 다양한 답과 흥분된 목소리가 나와도 당황하지 마시라. 아이들은 벌써 이 마법에 흠뻑 빠져들었으니! (숨어서 그 장면을 엿보는 고양이 한 마리가 있으나, 아무도 그 순간의 위험성을 느끼지 못한다. 마법에 빠지면 모든 고민이 사라지는 경향이 있는 것인가.)

새벽 4시 38분. 신나게 허공을 질주하던 개구리가 표지에서 봤던 개를 만나 도망을 간다. 과연 어떻게 될 것인가? 이 그림책은 매 장면마다 궁금증을 심어주고 다음 장면에서 마법같이 해결해 주는 방식으로 이야기를 진행한다. 그것 또한 매력적인 전개가 된다. 한 장을 넘기기 전에 예측하는 시간을 갖자. 아이들 또한 예측하는 즐거움과 상상력을 키울 수 있는 순간이다.

'한밤의 비행소동을 벌인 개구리들은 어떻게 될까? 이 마법은 언제까지 계속될까?' 생각하는 순간, 마법이 풀린다. 줄줄이 하늘에서 떨어지는 개구리들. 그 허무함과 아쉬움에 모두들 골이 난 표정을 하고 늪으로 돌아간다.

다음 날, 이 이상한 사건을 확인하러 경찰과 탐정까지 출동한다. 길가에 온통 떨어져 있는 연잎을 들고 고민하는 어른들. 그 옆의 개는 모든 것을 목격했지만 말을 할 수 없으니…….

이렇게 모든 일이 한바탕의 해프닝으로 끝난다면 읽는 독자들이 아쉬워할지 모른다. 하지만 걱정 마시라. 다음 주에도 화요일은 돌아오니~!!

또한 마지막 장면에서 아이들은 기쁨의 환호성을 지르게 될지어니~!!

함께 해보기

❶ 그림책 속 숨은 그림 찾기와 작가의 재미난 장치 찾기

경찰들이 조사하는 장면에 보면 어딘가에 개구리가 숨어 있다. 꼭 한번 찾아보기 바란다. 마치 '범죄의 현장에는 반드시 범인이 찾아온다.'는 진리를 표현해 놓은 듯하다.

또 하나, 밤 11시 21분에 토스트를 먹다가 창문으로 날아가는 개구리 편대를 보게 되는 아저씨가 나온다. 그는 누구일까? 바로 작가 자신이다. 영화로 치자면 깜짝 카메오 출연! 데이비드 위즈너의 재치와 재미를 동시에 느낄 수 있는 장면이다! 아이들에게 알려 주면 너무 즐거워한다. 그리고 작가와 비밀스러운 소통이 이뤄진 것 같은 유대감도 생긴다~!!

❷ 그다음에는 어떤 생물이 날아오를까?

마지막 장면에서 날아오르는 생물의 뒷모습과 그림자가 살짝 보인다. 그 마지막 장면이야말로 아이들에게 더 커다란 희망과 기쁨을 준다. '아직 마법이 끝나지 않았어!!' 하는 뜻으로 받아들여지니까. 자, 그렇다면 그다음 화요일에는 어떤 생물이 날아오를까? 아이들과 이야기 나누어 보고 종이에 '다음 주 화요일에 날아오를 생물과 여러 가지 사건들'을 상상하여 쓰게 하는 시간을 가져도 좋다.

"상상은 상상으로만 그치면 잊혀진다. 어딘가에 흔적으로 남겨야 한다."

Tip

책표지를 보면 시계만 눈에 들어오고 날아가는 개구리는 잘 못 본다. 저~ 아래 집 앞의 개가 쳐다보는 것은 시계가 아니라 개구리였는데도! 묘한 호기심을 일으키는 표지의 그림은 '놓치지 말고 잘 찾아봐~' 하는 작가의 의도가 숨어 있는 것 같아 재미있다. 하지만 더욱 흥미로운 것은 이 그림책을 읽은 영국의 팝스타가 이 책을 영상으로 만들었다는 것이다. 바로 전설의 그룹 '비틀즈'의 폴 메카트니가 그 주인공이다. 그림책에 감동하여 딸과 함께 만든 영상을 보면 더욱 생생한 느낌을 받을 수 있다. 팝의 거장이 녹여 낸 유머도 함께~! 보라~! 그림책의 대상은 유아만이 아니다~!!
또 하나. 최근에 영화 〈수상한 그녀〉를 봤다. 올해 본 최고의 영화로 손색이 없었다. 하지만 영화가 끝나자마자 떠오른 그림책이 바로 『이상한 화요일』이었다. 그래! 영화 속 '청춘 사진관'만 찾는다면, 우리의 마법도 계속되는 거야~!!

함께 읽기

『자유낙하』(데이비드 위즈너 그림 / 미래아이)
『시간 상자』(데이비드 위즈너 그림 / 베틀북)
『아기돼지 세 마리』(데이비드 위즈너 그림 / 이옥용 옮김 / 마루벌)
『1999년 6월 29일』(데이비드 위즈너 글·그림 / 이지유 옮김 / 미래아이)
『아트 & 맥스』(데이비드 위즈너 글·그림 / 김상미 옮김 / 베틀북)
『이봐요, 까망씨!』(데이비드 위즈너 그림 / 비룡소)

글쓰기 소재가 필요해?

해리스 버딕의 미스터리
크리스 반 알스버그 글·그림
김서정 옮김
문학과지성사

주제 한 조각의 실마리에 우주가 담겨 있다!
대상 글을 잘 쓰고 싶은 어린이, 청소년, 어른들

마음의 흔들림

'이게 사실일까?' 머리말부터 미스터리로 가득 차 있었다. 그러니까 요약하면 이렇다.

작가가 출판사 일을 했던 피터 웬더스의 집에 초대를 받아 갔었는데 거기서 그림 열네 점을 보게 된다. 사연을 물으니 삼십 년 전에 해리스 버딕이란 남자가 와서 열네 편의 이야기를 썼고, 거기에 딸린 그림 한 점씩을 가져왔다는 것이다. 피터 웬더스는 그림에 매혹되어 모두 읽어 보고 싶다 말하고 화가는 다음 날 원고를 가져오겠다며 열네 점의 그림을 남겨 놓고 갔다. 그러나 그 후로 아무도 해리스 버딕을 본 사람은 없었다. 버딕은 사라지고, 그 그림들에 딸린 글은 무슨 이야기였는지 아무도 모르게 된다. 단지, 버딕이 그림마다 제목과 글 한두 줄을 붙여 놓았기 때문에 힌트는 될 수 있었다. 그것을 보고 웬더스의 아이들과 친구들이 상상력을 발휘하여 괴상망측하고 우습고 터무니없

는 이야기를 쓰게 되었다는 미스터리한 이야기다.

그리고 작가인 크리스 반 알스버그는 다른 아이들도 이 그림을 보고 상상력을 발휘하기 바라면서 해리스 버딕의 작품들을 다시 그려서 만든 것이 이 그림책인 것이다.

나는 그림책을 읽으면서 인상이 찌푸려지고, 마음이 조마조마해지기도 했지만, 놀라운 이야기의 한 토막을 보여 준 그림과 짧은 글에서 터져나오는 매력에 호기심을 감출 수 없었다. 내 몸 어딘가에서 꾸물꾸물 '쓰고 싶다! 그다음에 일어날 일들을 쓰고 싶다!!'는 엄청난 욕구를 느꼈다.

쓰고 싶은가? 글쓰기 소재가 필요한가? 그럼 이 책을 넘기면 된다.

책 속으로 풍덩~!!

이 책을 가지고 그림책 수업을 한 적은 없었다. 적절한 대상과 적절한 순간이 맞아떨어지지 않았기 때문이다. 단지 주변에 인연이 있는 여러 명에게 따로 소개한 적은 있었다. 그럴 때 나는 그림부터 보여 주지 않고 기본적인 정보와 그림책의 배경을 들려주었다. 예를 들면 이렇다.

1단계, 크리스 반 알스버그라는 작가를 모르는 사람이면 〈주만지〉나 〈폴라익스프레스〉라는 영화를 아느냐고 물었다. 혹은 〈자투라: 스페이스 어드벤쳐〉를 본 적이 있냐고도 물었다. 앞의 두 영화는 대부분 알고 있었다. 그러면 말한다. 〈자투라〉에 나오는 여자 주인공의 이름이 '크리스틴 스튜어트'라고. 바로 〈트와일라잇〉과 〈뉴문〉, 〈브레이킹 던〉의 여주인공이라고! "아하~!!"(주로 중, 고등학생들과 소통할 때 좋다.) 그렇게 연결점을 찾은 후 앞에 나온 영화들의 원작이 그림책이고 작가가 크리스 반 알스버그라고 말해준다.

2단계, 크리스 반 알스버그가 피터 웬더스의 집에서 그림 열네 편을 발견한 사연과 그것을 그림책으로 다시 그린 이유를 들려준다. 마음의 흔들림에 쓴 내용 그대로.

3단계, 크게 호흡을 시킨 후 그림책을 보여 준다.

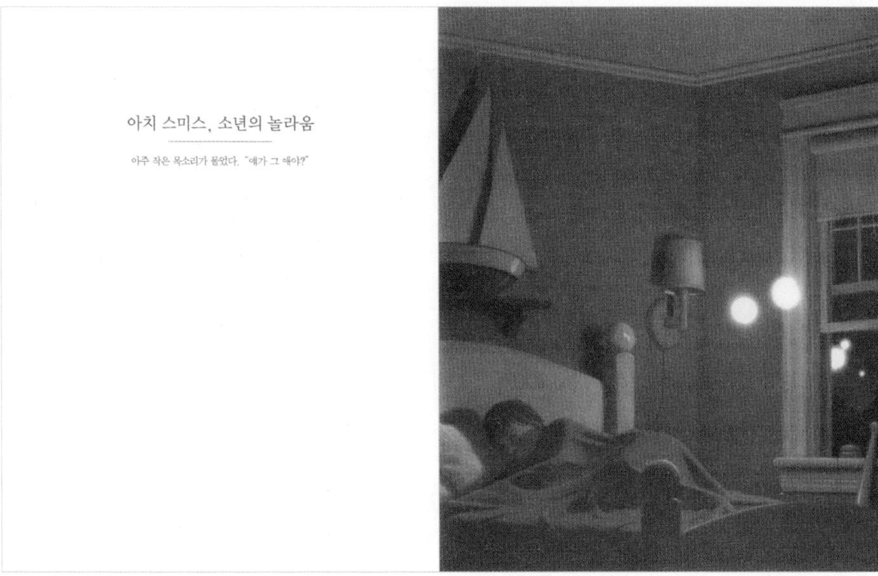

이런 식으로 활동한 후의 반응을 간단히 소개하면 이렇다.

"어때?" "특이해요. 신나는 일이 일어날 것 같아요!" "재밌어요." (초등학생)

"너희도 어떤 일이 일어날지 쓸 수 있을 것 같아?" "음, 생각을 좀 한다면 쓸 수는 있을 것 같아요." (중학생)

"어때요?" "가슴이 떨려요. 두렵고 어떤 일이 일어날지 무서워요. 뚜렷이 나타난 이야기라면 이해하겠는데, 알 수 없는 상황이라 무슨 일이 일어날지

불안해요. 음산하면서 보이지 않는 실체가 있는 것 같기 때문에."(성인)

"아이들한테 그림을 보여 주고 글쓰기를 시킨다면 어떨까요?" "현실에서 일어날 수 없는 다른 세계의 일에 대해 많은 생각을 하면서 쓸 것 같아요. 그러면서도 쓴 글에는 아이들의 심리상태가 나타날 것 같아요."(성인)

"어때요?" "신기하고 놀라워요. 특히 몇 개의 그림은 어떤 영화가 떠올라요."

"어떤 영화요?" "마지막 그림을 보면 집이 하늘로 올라가는데, 마치 영화 〈업〉의 한 장면 같아요. 그리고 중간의 한 그림을 보면 영화 〈작은 영웅 데스페로〉가 떠올라요."

"표지를 보면 떠오르는 건 없나요?" "있어요. 마치 미야자키 하야오의 〈센과 치히로의 행방불명〉의 한 장면 같아요."(사서 선생님)

"맞아요! 발행연도를 보면 우리나라에서는 2009년이지만 원작은 1984년에 만들어졌어요. 시기상으로는 세 영화보다 먼저 그려진 거죠. 그 감독들이 이 그림책을 봤을지는 모르겠지만 유쾌한 상상도 가능해서 재밌네요."

아, 빨리 우리반 아이들에게 소개해 주고 싶은 그림책이다. 아이들의 엄청난 상상력을 발휘시킬 그림들을, 지금 나만 보고 있는 이 순간이 괴롭다.

환영인가? 우리반 아이들이 그림을 보고 쓴 이야기를 밤새도록 읽고 있는 내 모습이 보이다니…….

함께 해보기

❶ 한 조각의 실마리로 풀어나가는 무한의 세계 창조하기

다음 그림을 보고 느껴지는 것을 써보자. (M. C. 에셔의 판화)

무엇이 보이는가?

세상은 마음먹기에 달렸다.

❷ 가장 인상적인 장면 설문조사하기와 융합하기

그림책 속 그림 중 특히 인상적인 장면을 설문조사로 정해 보자. 어떤 그림이 아이들에게 크게 다가가고 있는지. 순위를 정하는 활동 자체에서 다른 이야기가 나올 수 있다.

또한 그림들을 몇 개씩 묶어서 하나의 이야기로 융합하는 활동도 창의력의 기본 활동임을 잊지 말자.

❸ 우리도 할 수 있다! 엉뚱한 상상!!

특히 이 그림들은 초등학생, 중학생뿐만이 아니라 고등학생과 대학생, 그리고 일반 작가들도 작업실에 걸어두고 보면 좋을 것 같다. 무언가를 쓰고 싶다는 욕구가 마음 밑바닥에서부터 뭉클뭉클 올라올 테니!

참고로 『해리스 버딕의 미스터리』는 현재 미국 초등학교와 중학교 학생들의 글쓰기 소재로 널리 쓰이고 있다. 그리고 이 그림책은 위대한 작가인 스티븐 킹에게도 영감을 주어 몇 편의 단편 소설을 쓰게 하기도 했다!

"우리도 할 수 있다! 엉뚱한 상상!!"

Tip

한 조각의 그림과 한 줄의 글을 보고 새로운 세상을 창조한다는 것은 무모할 수도 있다. 하지만 극강의 상상력과 창의력이 더해진다면 놀라운 이야기가 만들어질 수 있음을 내 인생에서 여러 번 보았다. 그 대표적인 예를 말한다면 이렇다.

- '알타미라 동굴 벽화'의 소 그림을 보고 자신의 상상력과 추리력을 발휘해 쓴 이문열의 중편 소설 『들소』.
- 채석장에 버려진 금이 간 쓸모없는 대리석 속에서 웅장한 아름다움을 본, 미켈란젤로의 '다비드상'.
- 6·25 전에 청계천 근처 시장 바닥에서 보았던 서푼짜리 책 표지에서 영감을 얻은 순수 창작물, 고우영의 『일지매』.

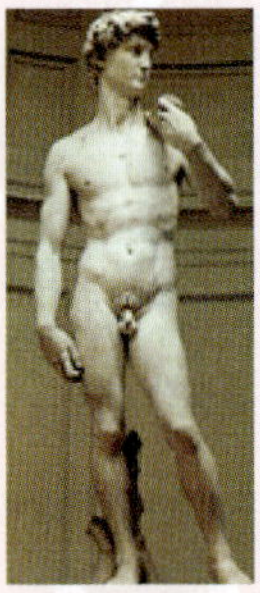

- 2차 세계대전 때의 사진 한 장으로 만들어진 영화, 강제규 감독의 '마이웨이'

어디 이뿐이겠는가? 미시에서 거시를 볼 수 있는 사람이!

여러분의 글쓰기에 날개를 달아 줄 세상의 책들을 소개하면 다음과 같다.

- 『유혹하는 글쓰기-스티븐 킹 창작론』. 2002. 스티븐 킹 저. 김진준 역. 김영사
- 『아이디어 블록』. 2010. 제이슨 르쿨락 저. 명로진 역. 토트
- 『5000만의 글쓰기』. 2013. 조제희 저. 들녘
- 『그림책 쓰는 법』. 2002. 엘렌 E. M. 로버츠 저. 김정 역. 문학동네
- 『리추얼』. 2014. 메이슨 커리 저. 강주헌 역. 책읽는수요일

함께 읽기

『압둘 가사지의 정원』(크리스 반 알스버그 글·그림 / 이상희 옮김 / 베틀북)
『미술관에 간 윌리』(앤서니 브라운 글·그림 / 장미란 옮김 / 웅진주니어)
『잃어버린 것』(숀 탠 글·그림 / 엄혜숙 옮김 / 사계절)
『먼 곳에서 온 이야기들』(숀 탠 글·그림 / 이지원 옮김 / 사계절)
『방귀 만세』(후쿠다 이와오 글·그림 / 김난주 옮김 / 아이세움)

평범한 사람 vs 비범한 사람

파란 의자
클로드 부종 글·그림
최윤정 옮김
비룡소

주제 다양하게 놀 줄 안다면 상상력이 높은 거야
대상 망설임 없이 놀고 싶은 친구들

마음의 흔들림

『로마인 이야기』란 책을 보면 이런 글귀가 있다.

"천재는 그 개인에게만 보이는 '새로운' 사실을 볼 수 있는 사람이 아니다. 누구나 뻔히 보면서도 그 중요성을 깨닫지 못했던 '기존의' 사실을 깨닫는 사람이야말로 천재다." (2권 192쪽)

즉, 누구나 보는 평범한 사실을 비범하게 보는 사람이야말로 천재라는 이야기다.

여기 모든 것을 비범하게 보는 작가가 한 명 있다. '클로드 부종'. 그는 의자로 무엇을 할까? 또 책으로는 무엇을 할 수 있을까? 궁금하다면 그의 작품 『파란 의자』와 『아름다운 책』을 참고하면 좋겠다. 상상 이상의 반전이 있는 그림책의 명작이니까. 만약 연예인을 보고 당신도 예뻐지고 싶다면? 역시 그의 작품 『보글보글 마법의 수프』를 읽어 보라. 해답을 얻을 수 있으리니.

이렇듯 클로드 부종은 그림책의 세계에서 독특한 상상력으로 우리들에게 깨달음을 주고 있는 작가다. 우리도 어렸을 때는 '그러한' 상상들을 하며 지냈을 텐데, 지금은 그러지 못함에 아쉬움이 일어난다.

그림책 작가란, '어린 날'의 마음과 상상, 그리고 즐거움을 온전히 간직한 어른이 아닐까. 그런 면에서 나는 우리반 아이들이 부럽다. 매일 즐거운 모습으로 '까르르~'대며 생활하는 모습이!

아, 공자는 『논어』에서 이런 말씀도 하셨지.

'알기만 하는 사람은 좋아하는 사람만 못하고, 좋아하는 사람은 즐기는 사람만 못하다(子曰, 知之者不如好之者, 好之者不如樂之者).'

아이들처럼 평범을 비범하게 볼 줄 아는 사람이 된다면, 인생을 즐기는 사람이 될 것 같다. 이 글을 쓰고 있는 순간이 즐거워 입가에 피식피식 웃음이 도는 나도 '즐기는 사람'에 입문하는 게 아닐까? 하하.

이 그림책을 다시 읽으며 문득, 파란 의자를 하나 사서 교실에 두고 싶어졌다. 아니, 학교 창고에 가서 오래된 의자를 찾아 파란 페인트칠을 하는 것도 재미있겠다. 나 혼자 하지 말고 우리반 모두가 페인트칠을 하는 '즐거움'을 나눠 줘야지. '톰 소여'처럼 돈을 받진 않겠지만! 흐흐.

책 속으로 풍덩~!!

"우리 앞에 의자가 하나 놓여 있어요. 그걸로 무얼 할 수 있을까요?"

"앉아서 책을 읽어요." 평범한 대답. "피곤하니까 누워 자요." 피곤한 대답. "멀리서 달려와서 의자를 발로 밟고 쓰러뜨려요! 전에 많이 해봤어요. 크크." 개구쟁이 대답. "거꾸로 앉아서 말타기 해요!" 괜찮은 대답. "머리에 쓰고 다녀요!" 황당한 대답. 하지만 이 모든 대답이 자연스럽게 나오는 아이들은 건강한 상상력을 가진 아이들이다. 거리낌 없는 발상들! 느낌표가 들어 있는 대답들! 듣기만 해도 시원시원한 느낌이다. 반면 상상하는 데 적정선이 그어져 있는 우리 어른들은 참 심심하게 사는 것 같다.

표지를 보여 주며 말한다. "여기 두 친구가 있어요. 소개할게요. 오른쪽에 있는 친구는 에스카르빌이에요. 인사해요." 하면 아이들은 "안녕~!!" "너, 이름 재밌다!" 한다. "왼쪽 친구는 샤부도예요." 하면 자동으로 "안녕~!!" "우헤헤 너도 이름이 웃기다!" 하며 즐거워한다.

"표지에 있는 파란 의자와 두 친구, 과연 어떤 이야기가 있을까요? 한번 들어가 볼까요?" 하면 아이들이 크게 주문을 외친다. 그림책 속으로 들어가는 마법의 주문, "똑, 또옥~!!"

앞면지를 보면서 여기가 어디냐고 물어본다. 누르스름한 곳, 어디일까? 아이들은 금방 사막이라고 대답한다. 참 신기하다. 어떻게 알았지? 어른들은 혹시 틀릴까 봐 대답을 안 하는데 아이들은 거침이 없다. 그 모습이 너무 좋다. 앞면지를 계속 보여 주면 관찰력 좋은 아이가 물어본다.

"어? 선생님! 저~기 있는 거, 파란 의자 아닌가요?"

"어? 그런가? 너는 관찰력이 참 좋구나!" 하며 책장을 넘긴다.

사막을 걷던 에스

카르빌과 샤부도는 '삭막한' 사막에서 '파란' 의자를 발견한다. 샤부도가 냉큼 의자 밑으로 들어가 웅크리고 앉으며 한마디 한다. "난 의자가 좋아. 밑에 들어가서 숨을 수 있잖아." "와하하~!!" 아이들은 자기들도 해봤다는 듯이 크게 웃는다. 아마 다들 경험이 있었으리라.

이번엔 에스카르빌이 끼어든다. "에이, 그 정도는 진짜 시시하지." 하며 개썰매도 되고, 불자동차, 헬리콥터, 비행기 등 뭐든지 될 수 있다고 말한다. 그럴싸하다. 이제부터 본격적인 상상놀이를 시작한다. "물에 둥둥 떠다니는 것도 할 수 있다. 물론 상어를 조심해야지."

다음 장으로 넘긴 후 그림만 보고 무엇을 하고 노는지 물어본다. "무슨 놀이를 하고 있는 중일까요?" 아이들은 호기심 가득한 눈빛으로 상상을 하기 시작한다. "어, 물건을 파는 것 같아요!" "피아노 치는 게 아닐까요?" 다 맞다. 세상에 상상하는데 오답이 있을 수 있을까!

에스카르빌과 샤부도는 그렇게 가게 놀이도 하고 키 커지는 놀이, 서커스 놀이를 하며 점점 상상 놀이에 빠져든다. 그 흥분된 모습과 표정이 딱, 우리 반 아이들의 지금 표정과 흡사하다. 하하.

두 친구가 그렇게 즐겁게 놀고 있는 동안 저만치서 한 마리 동물이 나타난다. "과연 어떤 동물이 나타날까요?" 그림책을 넘기기 전에 '상상'을 해보자고 한다. "사막이니까…… 낙타가 나타날 수 있겠죠." "아냐, 목도리 도마뱀이 나타날지 몰라! 우~와, 우와~ 하며!!" "하하하~" 우리의 상상이 맞았다. 낙타가 나타났다. 하지만 낙타는 두 친구의 놀이가 마음에 안 든 모양이다. "머리가 어떻게 된 거 아냐! 뭐가 서커스야? 의자는 말이야, 그 위에 앉으라고 있는 거야." 하는 거다. "에이, 게임 끝났네." 하며 아이들은 상상 놀이가 끝남을 서운해했다.

한술 더 떠 낙타는 의자 위에 떡하니 앉아버리는 것이 아닌가! 그 표정이며 자세가 마치 당연한 교훈을 주었다는 듯한 권위적인 모습이었다. 선생님인 나는 조금 무안했다.

이제 두 친구는 어떻게 할까? 그 자리를 떠나며 에스카르빌이 한 말은 참으로 통쾌하다.

"에이, 우린 가자. 이 낙타는 상상력이라고는 통 없는 거 같다."

덧붙여 말한 샤부도의 한마디는 우리반을 쓰러지게 만들었다!

책을 다 읽고 "어때요, 여러분?" 하며 물어본다. "재밌어요! 의자로 여러 가지 놀이를 하며 노는 게 대단해요!" "그런데 낙타는 정말 못됐어요. 자기 의자도 아니면서 막 뺏어버리잖아요! 나쁜 어른 같았어요." 음, 거침이 없네…… 하며 조금 찔리는 이 기분은 뭐지?

"그래요, 의자 하나를 가지고도 참 많은 놀이를 할 수 있었죠? 상상력이 없는 낙타는 그냥 앉아만 있었잖아요. 얼마나 심심할까요. 우리반 친구들은 의자로 많은 상상을 해봤나요? 여러분이 상상한 것이 나온 장면이 있나요?" 하며 서로의 의견을 들어 본다.

그리고 평범한 물건 하나를 봐도 다양하게 상상할 수 있는 연습을 하면 좋겠다고 말한다. 물론, 즐기면서 말이다!

함께 해보기

❶ 주인공인 두 친구의 성격 알아보기

에스카르빌과 샤부도는 상상을 잘하는 친구들이지만 약간 다른 개성이 있다. 두 친구의 말과 행동을 보고 성격을 알아보는 시간을 갖는다.

가장 먼저 떠오르는 건, 샤부도의 말투다. 정확한 걸 좋아하는 샤부도가 보기에 의자는 '파란' 의자였고, 누구 하나 얼씬 안 하는 건, '삭막하다'였다. 즉, 샤부도는 정확한 단어 선택과 함께 자세한 표현을 하는 편이다. 그러니 정확하고 꼼꼼한 성격일 수 있다. 하지만 노는 것도 빠지지 않는 재미있는 친구다. 그럼 에스카르빌은 어떨까? 아이들에게 물어보면 알 수 있다!

❷ 파란 의자 만들기

학교 창고에 가보면 꽤 오래된 의자들이 많이 있다. 그중에서 그림책에 나온 것과 비슷한 의자를 모둠별로 골라온다. 그리고 학교 옥상에 신문지를 깔고 모둠별로 페인트칠을 한다. 이때 꼭 파란색만으로 하지 않고 토의해서 마음에 드는 색을 고르게 한다(모둠별로 선택한 색깔의 페인트를 미리 사 둔다). 아이들의 개성이 드러나는 활동이다.

학교 옥상에서 활동하는 이유는 첫째, 다른 반 친구들이 만지지 못하게 하는 것과 둘째, 자연스러운 바람에 의한 통풍과 건조를 위함이다. 아, 물론 그늘에서 작업하는 것도 잊지 말자.

이렇게 완성된 모둠별 의자는 교실의 코너학습 자리에 배치해도 좋고, 모둠별로 하루에 한 명씩 앉는 기회를 가져도 좋겠다. 내가 하루 종일 파란 의자에 앉을 수 있다면 얼마나 즐거울까! 아마 상상력도 높아질 것이고 발표도 많이 할 것 같은 기분이 들지 않을까?

Tip

우리반의 미술시간엔 조금 특별한 수업을 한다. 예를 들어, 피카소 수업을 하면, 실제 '게르니카'와 비슷한 크기로 협동화를 그린다. 또 종이접기를 해도 조그마한 백조접기는 안 한다. 아이만큼 큰 백조를 접는다. 교실마다 색도화지가 비치되어 있는데 생각보다 많이 쓰이진 않는다. 그렇게 몇 년을 모으다 보니 색도화지가 많이 생겼다. 명함보다 작은 백조접기 종이가 아니라 8절 도화지를 하나로 한다. 그것으로 백조를 접는 순간, 아이들의 상상력과 즐거움을 엿볼 수 있다. 그냥 색깔이 있는 대로 노랑, 파랑, 초록, 분홍 백조를 접을 줄 알았는데 변화가 일어난다. 한 모둠은 무지개 백조를 접고, 다른 모둠은 목걸이가 달린 백조를 접기도 한다.

'거침없는 상상력!' 아이들의 최대 장점이 아닐까 한다.

함께읽기

『아름다운 책』(클로드 부종 글·그림 / 최윤정 옮김 / 비룡소)
『보글보글 마법의 수프』(클로드 부종 글·그림 / 이경혜 옮김 / 웅진주니어)
『세상에서 가장 아름다운 달걀』(헬메 하이네 글·그림 / 김서정 옮김 / 시공주니어)

그림책, 3D로 튀어나오다~!

이상한 나라의 앨리스
루이스 캐럴 글
존 테니얼 그림
로버트 사부다 만듦
홍승수 옮김
넥스트주니어

주제 이야기를 즐겨! 책의 아름다움을 느껴!
대상 팝업북의 황홀함을 느끼고 싶은 친구들

마음의 흔들림

'이 세상에서 아이들을 위한 책 가운데 가장 유명한 작품은 무엇일까?'

이런 질문을 받는다면 여러분은 어떤 책을 이야기하겠는가? 곰곰이 생각하는 시간을 가져보자. 이 세상 모든 사람들이 다 알 정도로 유명한 책…… 아무래도 시간의 흐름을 이겨낸 '고전'에서 찾아야겠다면, '피터 팬'이나 '오즈의 마법사' 혹은 '백설공주' 등이 떠오를 것이다. 우리들의 어린 시절을 아름답게 수놓았던 환상의 이야기들, 주인공들~!! 하지만 전 세계 사람들이 가장 좋아할 것 같은 이야기는 단언컨대, '이상한 나라의 앨리스'일 것이다!! 이 책이야말로 재미의 삼박자가 제대로 맞아떨어진 작품이니까.

이 책이 나올 당시(1866)에는 교훈이 없는 아이들 책은 상상도 하지 못하는 시대였다. 그런데 이 작품은 교훈 따위는 신경도 쓰지 않고, 아이들에게 즐거움을 선사하는 데 최선을 다한 것이다. 그 덕분에 세월이 흐른 지금도 전혀 지루하지 않고 생생한 재미를 주는 책으로 남은 것이다. 뿐만 아니라 이 책이 만들어지는 과정에는 전설 같은 이야기가 자리잡고 있어서 더욱 재미있다. 때는 1862년 7월 4일. 아동 문학사의 대사건으로 기록될 뱃놀이가 이루어진 현장으로 가보자. 루이스 캐럴이 크라이스트처치 대학 학장의 세 딸(로리나, 앨리스, 이디스)과 함께 배를 타고 나들이를 갔다가 돌아오며 즉흥적으로 이야기를 지어내 들려준 일이 있었다. 너무 재미가 있었는지 앨리스가 그 이야기를 글로 써 달라고 졸라댔다. 그래서 집으로 돌아온 캐럴은 밤새도록 그 이야기를 글로 쓴 것이다! 이 얼마나 놀랍고 아름다운 이야기인가! 캐럴은 아이들을 사랑하는 마음으로 온 힘을 기울인 것이다. 물론 글을 다듬고 삽화도 직접 그려서 책을 완성하기까지는 다시 2년이란 시간이 걸렸다지만, 한 줄 한 줄 장인의 정신으로 손수 쓰고 그려 나간, 세상에 하나밖에 없는 책이 탄생한 것이다!! 그 책을 선물 받은 앨리스는 얼마나 행복했을까!!

그 후의 이야기는 더욱 놀랍다. 학장의 집을 방문한 소설가가 우연히 거실 탁자 위의 그 책을 읽고 출판하라고 조언해 준 것이다. 확신이 안 선 캐럴은 친구와 상의를 하고, 친구는 그 책을 집으로 가져가 자기 아이들에게 읽어 주었는데 그때 한 아들이 말한 것이 책을 내는 결정적인 한마디가 되었던 것이다. "아빠! 이 책은 속편이 6만 권쯤 있었으면 좋겠어요!!"

드디어 새롭게 손질하고 수정한 이야기에, 그 당시 가장 인기 있던 삽화가 존 테니얼의 그림이 들어간 『이상한 나라의 앨리스』가 완성된 것이다. 온 힘을 다했던 캐럴의 아름다운 전설과, 독특한 삽화를 넣은 존 테니얼의 그림과, 엉뚱하면서 유쾌상쾌통쾌한 이야기가 결합된 이 책은 오랜 시간이 지나도 그 생생한 재미를 아이들에게 전해 줄 최고의 책이 된 것이다.

그런데 140여 년 동안 아이들에게 최고의 인기를 누렸던 이 책에 '새로운 시도'가 하나 추가되는 사건이 일어났다! 그것은 바로 팝업북의 황제인 로버트 사부다가 이 책을 아름다운 팝업북으로 재탄생시킨 것이다!! 두께 5cm가 넘는 입체북으로, 책장을 펼칠 때마다 이야기 속 앨리스와 흰 토끼, 모자 장수와 공작부인, 트럼프 병사들과 무서운 여왕이 금방이라도 튀어나올 것 같은 마법 같은 책이 탄생한 것이다. 이 책은 현재 아이들뿐만 아니라 어린 시절의 추억을 간직한 어른들까지 매료시키고 있다(이 팝업북을 개인적으로 소장하는 어른들이 주위에 계속 늘어나고 있음을 목격하기는 쉬운 일이다. 당장 학교 도서관의 사서 선생님께 물어보시라).

아~ 하고 탄성을 지를 수밖에 없는 책! 지금, 그 책을 보여 드리려 한다.

책 속으로 풍덩~!!

이 책을 교실에서 보여 주려 한다면, 말리고 싶다. 이 책은 온전히 집에서 자녀를 무릎에 앉히고 보여 주는 게 팝업의 효과를 최대로 얻을 수 있는 방법이다!! 교실에서 보여 준다면 아이들만 감질나게 할 것이다. 그 원성을 생각한다면, 어휴~.

집에서 보여 주려 한다면, 읽어 줄 필요도 없다. 친절하게도 오디오 CD가 들어 있으니 틀어주고 부모와 아이가 같이 들으며 눈앞으로 튀어오르는 팝업을 만끽하면 된다. 자, 그럼 자녀를 품에 안고서 환상적인 이야기 속으로 들어가보자. (여기서는 이야기 전체를 다루지 않고 팝업북의 재미를 느낄 수 있는 부분들을 중심으로 이야기하고자 한다. 다만 팝업 장면을 넣을 수 없음이 아쉬울 따름이다. 직접 사서 보는 호사를 누려 보자!)

"앨리스는 언니와 함께 집 뒤에 있는 언덕에 앉아 있었어요……."로 이야기는 시작된다. 이때 펼쳐지는 커다란 나무들의 출현! 그 우거진 숲 위를 자세히 보면 앞으로 나올 등장인물들의 모습도 살짝 보인다. 그리고 갑자기 흰 토끼 한 마리가 앨리스 옆을 빠르게 지나간다. 이 부분에서 아이보고 흰 토끼를 만져 보라고 해보라. 정말 토끼의 털같은 질감을 느낄 수 있다. 아이들도 깜짝 놀라는 순간!! 앨리스는 토끼 굴속으로 빨려들어간다. '열어 주세요!'라고 써진 부분을 열고 토끼 굴을 쭈욱 잡아당겨서 보라. 떨어지는 앨리스를 볼 수 있을 것이다.

책의 왼쪽면에는 오디오에서 나오는 글이 그대로 쓰여 있다. 그 면을 펼치면 또 다른 작은 팝업이 튀어오른다. 특히 자신의 눈물 안에서 헤엄을 치는 앨리스의 손발의 움짐임은 보는 사람에게 폭소를 자아내게 한다. 본인의 심각한 표정과는 상관없이 말이다!

다음 장면에선 집보다도 커진 앨리스가 집안에서 버둥거리는 모습을 만날 수 있고, 파란 애벌레가 꿈틀거리는 장면도 엿볼 수 있다. 그리고 집안을 날아다니는 주방도구들을 피하고, 얼굴이 바뀌는 아기한테 놀라고, 갑자기 나타나는 체셔 고양이는 또 뭐람! 게다가 웃기까지 하는 고양이의 표정이란!! 고양이 몸이 허공에서 사라져도 웃는 얼굴은 한참 동안 남아 있다! 그래도 앨리스는 놀라지 않는다. 이곳에서는 이상한 일만 일어나니까!! 큰 장면에 나오는 고양이의 털도 만질 만하다~!!

천신만고 끝에 삼월 토끼의 집에 도착하면, 그 유명한 다과회 장면이 나온다. 뒤죽박죽 엉망진창인데다 무례하고 시끄러운 대화들을 엿들으면 정신이 하나도 없다! 하지만 그 유쾌한 기분은 어쩔 수 없다. 아유~! 여기서도 삼월 토끼의 귀와 뺨을 매만져 주고, 찻주전자에 처박힐 운명인 도마우스의 등과 옆구리도 미리 쓰다듬어주자.

정원에 핀 흰 장미를 빨간색으로 칠하는 정원사들의 모습에선, 아이와 어른의 반응이 다르다. 아이들은 정원사의 바보 같은 행동이 마냥 즐겁지만 어른들은 쓴 웃음을 짓게 된다. 자신의 실수를 대충 눈속임으로 끝내려는 누군가가 생각났기 때문일까?

드디어 만나게 된 무시무시한 여왕. 첫마디가 '당장 저 여자아이의 목을 쳐라!'였다니~!! 하지만 용기를 낸 앨리스는 말대꾸를 하고 그 말에 여왕이 더 놀라서 할 말을 잃는다. 그리고는 뜬금없이 그들은 크로케 경기를 하기 시작한다! 아하하~ 정말 아이들 장난 같은 이야기에 아이들은 푹~ 빠지는 것 같다!! 살아 있는 고슴도치를 크로케 공으로 사용하고, 살아 있는 홍학을 방망이로 사용하는 엉망진창 경기라니~!! '나 같으면 저걸로 칠 수 있을까?' 그 순간 하늘에 웃는 얼굴의 체셔 고양이가 나타나고, 바닷가재 춤을 추는 가짜 거북이가 독수리를 닮은 그리펀과 함께 춤을 춘다! 펼쳐지는 장면 내내 감탄이 절로 나는데, 느낌표(!)로밖에 표현을 못하는 현실이 안타까울 정도다. 이 장면에선 좌우로 길게 펼쳐지는 크로케 군중들의 모습이 멋지다.

드디어 맨 마지막 법정 장면! 엉터리 재판과 함께 '목을 쳐라' 외치는 여왕, 앨리스에게 달려드는 트럼프 병사들~!! 그 장면이야말로 팝업북의 백미이며, 그 누구도 도전할 수 없는 화려함의 극치이고, 팝업의 최고 걸작 판타지 장면이 아닐 수 없다~!!!!! (느낌표 다섯 개) 그 정교한 기교와 치밀한 구성, 생생한 배치는 전 세계 어느 책에 견주어도 따라올 책이 없을 정도다~!!!!! (또 느낌표 다섯 개) 하늘로 떠오른 트럼프 병사들의 구조물(?)을 자세히 살펴보는 재미도 환상적이지만, 몸을 꺾어 방어하는 앨리스의 역동적인 모습도 놓치지 말기 바란다~!! 그야말로 3D의 진수~!! 물론 도망가는 토끼의 털도 만져주는 걸 잊지 말자!

이야기의 끝이 어떻게 되는지 궁금하다면, 지금 당장 서점으로 달려가자~!!! 만약 이 책을 도서관에서 빌려 읽으려 한다면, 온통 후회로 가슴을 치게 될 것이다. 왜냐하면 섬세한 팝업북의 특수성은 다수가 공유하는 순간, 그 찢어진 책장들만큼이나 독자의 가슴도 찢어지게 할 테니까!

함께 해보기

❶ 글쎄, 이 명작에 무엇을 함께 할 수 있을까.

❷ 우리 아이가 팝업북을 바르게 정리하는 방법 연습하기

아이와 함께 즐거운 시간을 가졌다면, 이제 팝업북을 올바르게 정리해 보자. 장면마다 조심스럽게 펼치고 덮으면서 꼬이는 부분이 없는지 살펴보는 것도 중요하다. 특히 굴속으로 떨어지는 부분은 잘 닫아야 한다. 그리고 글이 쓰여 있는 부분들도 모서리의 작은 홈에 올바로 넣어보자. 마지막 명장면의 카드들도 세게 덮으면 꼬이는 부분이 있다. 기본적으로 살살 다루는 행동이 책에 대한 예의임을 잊지 말자. 우리가 이상한 나라 사람이 아니라면!!

Tip

"교훈 따위는 신경 쓰지도 마~!!"라고 외치는 또 하나의 『이상한 나라의 앨리스』를 소개하고 싶다. 웅진주니어에서 나온, 김석희가 옮긴 책. 게다가 『지각대장 존』의 작가인 존 버닝햄의 아내 헬린 옥슨버리가 삽화를 그려 더욱 예뻐진 '이상한 나라의 앨리스'! 이 책 또한 최고의 그림책 상인 '케이트 그린어웨이 상'을 받은 명작 중의 명작이다. 특히 사랑스러운 앨리스의 모습은 원작자 존 테니얼의 150년 아성에 도전하는 새로운 스타일의 앨리스를 창조했다는 평이다. 그 앨리스가 너무 예뻐서 누나에게 인형으로 만들어 달라고 부탁했다. 이 인형이 마음에 든다면, 미대를 나온 초등교사 누나의 블로그(소희랑 바늘과 나무)도 소개해 본다. 거기엔 퀼트, 비즈, 한옥, 인형, 교실환경, 소설 이야기 등이 무수히 쌓여 개인의 풍경을 더해가고 있음을 볼 수 있다. 참고하면 좋겠다.

함께읽기

『오즈의 마법사』(L. 프랭프 봄 글 / 로버트 사부다 만듦 / 푸른 삼나무 옮김 / 넥서스주니어)

『피터팬』(제임스 배리 글 / 로버트 사부다 만듦 / 노은정 옮김 / 비룡소)

『나니아 연대기』(C. S. 루이스 글 / 로버트 사부다 만듦 / 박민정 옮김 / 넥서스주니어)

『이상한 놀이공원』(앤서니 브라운 글·그림 / 김향금 옮김 / 미세기)

『One Red Dot』(David A. Carter / Little Simon)

『600개 까만 점을 찾아라』(데이비드 A 카터 글·그림 / 이상희 옮김 / 비룡소)

세종대왕님도 감탄할 한글 자음의 상상력~!!

움직이는 ㄱㄴㄷ
이수지 글·그림
길벗어린이

주제 한글의 자음으로 상상력을 키워 봐~!!
대상 암호 같은 수수께끼를 풀기 원하는 친구들

마음의 흔들림

그림책의 태동기를 연 시대에는 그림책을 가지고 아이들에게 '가르치려'는 의도가 강했다. 그런 이유로 유럽에서 발달한 그림책의 장르에 빠지지 않고 나오는 것이 '알파벳 그림책', 일명 'ABC북'이다.

우리가 아는 유명한 그림책 작가들은 대부분 ABC북을 한 권 이상 만들었다. 그림책의 황금시대를 연 월터 크레인, 케이트 그린어웨이는 물론이고, 모리스 샌닥을 비롯하여 에릭 칼, 레오 리오니, 존 버닝햄, 헬린 옥슨버리, 브라이언 와일드스미스, 브루노 무나리, 닥터 수스, 크리스 반 알스버그 등이 재미있고도 독특한 방식으로 그림책을 만들어 왔다.

ABC북의 내용은 보통 이런 식이다. 'A is for apple' 'B is for ball'…… 등이 왼쪽 면에 글자로 쓰여 있고, 오른쪽 면에는 대응하는 그림이 그려진 방식이다.

우리나라에도 많이 번역되어 들어온 ABC북은 인기는 있지만 마음 깊이 들어오는 감동은 적은 편이다. 아무래도 우리가 '한글'을 사용하기 때문일 것이다. 그렇다면, 우리의 문자인 한글의 알파벳은 무엇일까? 바로 'ㄱㄴㄷ'이다. 우리나라 아이들을 위한 재미있고 독특한 형식의 'ㄱㄴㄷ책'을 찾아본다면 서점에 몇 가지가 나와 있음을 알 수 있다.

우선 박은영의 『기차 ㄱㄴㄷ』이 있다. '기다란 기차가' '나무 옆을 지나' '다리를 건너' 하며 이야기를 들려주는 방식이다. 아이들이 많이 좋아할 만한 내용과 그림들이다. 그리고 한글을 사랑하는 이보나 흐미엘레프스카의 『생각하는 ㄱㄴㄷ』은 '개미'와 '낙타'가 등장하는 이야기로 이어지는데 오른쪽 면에는 다양한 그림들이 ㄱㄴㄷ 형태로 그려져 있다. 다소 과장된 그림도 있지만 보는 재미가 좋다. 다른 'ㄱㄴㄷ책'도 비슷한 방식이다. 그런데 이수지의 『움직이는 ㄱㄴㄷ』은 많이 다르다. 그 색다른 책은 기차도 안 나오고, 나무도 안 나온다. 그럼 무엇이 나오냐고? 제목 그대로 '움직이는' 낱말들이 나온다. '동사'. 대부분의 책들이 '명사'를 가지고 이야기를 하는 데 비해 이수지의 책은 독특하게 '동사'를 다룬다. 그래서 더욱 생경한 재미가 있다. 'ㄱ'으로 시작되는 동사에는 무엇이 있을까? 가다? 굽다? 그림책의 'ㄱ' 옆에는 새장이 있고 그 안엔 'ㄱ'이 들어 있다. 자, 어떤 동사가 쓰일까? 정답은 '가두다'이다. 그다음에 녹기도 하고 다치기도 하는 한글 자음의 움직이는 세계로 들어가 보자.

책 속으로 풍덩~!!

아이들은 수수께끼를 좋아한다. 이 그림책은 수수께끼 형식으로 되어 있다.

고로 아이들은 이 그림책을 좋아한다! 정말 그렇다.

아이들에게 그림책을 읽어 줄 때 보면 대부분의 아이들이 '이야기'의 흐름에 집중하고 '감정이입'을 하면서 '카타르시스'를 느끼게 된다. 아이들이 이야기의 주인공과 감정을 교류하면서 '온전히' 이야기 속으로 빨려 들어간다는 뜻이다. 이런 효과도 좋지만 가끔은 '활기찬 소통'이 이루어지는 그림책 수업도 재미있다. 하나하나 읽어 나갈 때마다 작가가 의도한 것이 무엇일까 생각하고 맞추는 재미는 또 다른 상상력을 발전시켜 주기 때문이다. 이 그림책이 바로 활기찬 소통을 할 수 있는 수업에 딱 맞는 책이다. 한글날 즈음에 수업하면 가장 좋겠다.

"여러분! 10월 9일이 무슨 날이지요?"

하고 물으면 한 목소리로 대답한다.

"한글날이요오~!!"

"그렇지요! 그럼 한글은 누가 만드셨을까?"

짐짓 모른 척하면, 또 한목소리로 소리친다.

"세종대왕이요오~!!"

"세종대왕님이 혼자서 다 만드셨을까?"

"아뇨, 집현전 학자들과 같이 만드셨어요~!!"

"하하, 그래요! 잘 알고 있군요. 그럼 여러분은 한글의 자음과 모음도 잘 알고 있나요?"

"네에~!!"

좋았어, 이때가 기회다.

"한글은 자음이 몇 개지요?"

물어보면 의외로 고학년도 손가락으로 세기 시작한다. 음, 14개라는 답이 나오면 다시 묻는다.

"그럼 누가 나와서 한글 자음을 순서대로 적어 볼까요?"

쉬울 것 같은 문제에는 아이들이 서로 덤벼든다. 분필을 주고 다른 아이들을 조용히 시키면, 나온 아이가 자음을 쓰기 시작한다. 'ㄱㄴㄷㄹㅁㅂㅅㅇㅈㅊ'까지는 잘 쓴다. 그런데 'ㅋㅌㅍㅎ' 순서는 조금 어려워하는 아이들도 보인다.

"참 잘 썼어요! 그러면 이 자음들을 어떻게 읽지요? 읽어볼 사람?"

처음에는 자신만만하게 나와서 읽지만, 정확성을 기하기 위해 자음 밑에 발음을 쓰라고 하면 다~ 틀리게 쓴다. 정말이다! 지난 20년 동안 6학년을 포함해서 'ㄱㄴㄷㄹㅁㅂㅅㅇㅈㅊㅋㅌㅍㅎ'의 발음을 한 번에 정확히 다 쓴 아이는 한 명도 없었다. '세상에 이럴 수가……'라고 생각하시겠지만, 한번 써 보시라. 대학생들도 쉽지 않을 것이다. (굳이 이유를 찾자면, 초등학교 1학년 때 배운 후로 다시는 배우지 않았기 때문일 수도 있겠다.)

한글 자음을 제대로 복습한 후에 그림책을 꺼낸다.

"오늘은 한글 자음만을 가지고 그림책을 만드신 이수지 작가님의 그림책을 읽어 드릴게요. 여러분이 작가님만큼 상상력이 뛰어난지 대결을 해볼까요?"

"네에~"

먼저 표지를 보여 준다. '움직이는 ㄱㄴㄷ'. 제목부터 아이들은 궁금해한다. "움직인다고?" 하면서. 앞표지를 넘기면 한글 자음으로 가득 찬 면지가 나타난다. "자~ 그럼 다시 한 번 큰소리로, 정확하게 읽어 볼까요?" 하며 또 한 번 복습한다. 이때 분단별로 시켜도 좋고, 아까 틀린 아이를 다시 시켜도 좋다. 원래 실수를 통해 배운 것은 안 잊혀지기 때문이다. 다양한 크기로 나타낸 자음의 집합이 아름답다.

속표지를 펼치면, 뭔가 이상하다. 급한 성격의 아이는 "어? 선생님! ㄱㄴㄷ이 움직였어요!" 한다. "그러네? ㄷ은 어디로 갔지?" 하면 아이들도 찾기 시작한다. 얼핏 보면 제목 위치에 ㄷ이 없다. 눈치 빠른 아이가 외친다. "찾았다! 샘~ 맨 밑에 있어요!" "그러네? 관찰력이 좋은데?" 칭찬하며 책 속 내용으로 들어간다.

주의할 점은, 빔 프로젝터로 보여줄 때는 'ㄱ과 그림'만 보여준다. 그림책으로 보여 줄 때는 '그림' 부분만 보여 준다.

첫 번째 그림은 검은색 새장 안에 빨간 ㄱ이 들어가 있다.

"자, 여러분. 사물의 이름을 나타내는 것(품사)을 무엇이라고 부르죠? 그렇죠, 명사죠. 그럼 사람이나 사물의 움직임을 나타내는 것(품사)을 무엇이라고 부르죠?"

"동사요."

"네! 맞습니다. 오늘의 그림책은 각 자음으로 시작하는 '동사'를 찾아내는 것입니다. 그림을 보면 누가 ㄱ을 새장에?" "가두었어요!" "네, 잘했어요. 그런데 우리는 '기본형'으로 맞혀 볼까요?" " '가두다' 요!" "맞아요! 앞으로 이

런 식으로 자음의 그림을 보고 풀어나갈 거예요. 여러분의 순발력과 상상력을 기대해 볼게요! 자, ㄴ 갑니다~!!" 노란 ㄴ은 이미 밑부분이 녹고 있다. "녹다~!!" 연두색 ㄷ은 모서리 부분에 붕대를 감고 있고 위쪽엔 밴드를 붙이고 있다. "다치다~!!" 이런 방식으로 선생님은 그림을 보여 주고, 아이들은 '동사'를 맞혀 나간다.

이러한 수업은 새로운 시선으로 그림을 보는 연습이 되며, 단서를 보고 숨겨진 의미를 찾는 상상력과 관찰력을 키우는 훈련이 될 수 있다. 상상력은 타고나는 게 아니다. 부단한 연습과 훈련으로 태어나는 것이다! 낯설게 보고, 다르게 보고, 유추해 보고, 관계지어 보기를 꾸준히 하자. 그렇게 하기에 좋은 방법에는 그림책 읽기가 있음을 강조하고 싶다.

참고로, 내게 가장 강렬하게 다가온 자음 그림에는 'ㅂ, ㅅ, ㅌ'이 있다. 아이들에게 물어보면, 거기에 'ㅁ, ㅊ, ㅎ'이 더해진다. 선물 받고 싶은 ㅁ, 퍽퍽 소리가 들리는 ㅊ, 뎅~ 소리가 나는 ㅎ. 크크크

함께 해보기

❶ 'ㄱㄴㄷㄹㅁㅂㅅㅇㅈㅊㅋㅌㅍㅎ'의 발음 정확히 알기

'기역, 니은, 디귿, 리을, 미음, 비읍, 시옷, 이응, 지읒, 치읓, 키읔, 티읕, 피읖, 히읗'

한글 자음의 발음에는 나름대로 '규칙'이 있다. 바로 'ㅣ으'법칙이다. 비어 있는 앞글자의 초성 자리와 뒷글자의 종성 자리에 'ㄴ, ㄹㅁㅂ, ㅇㅈㅊㅋㅌㅍㅎ'을 순서대로 대입하면 발음이 된다. 예외는 '기역, 디귿, 시옷' 세 개뿐이다. 예외 없는 법칙은 없으니까.

❷ 내가 생각하는 'ㄱㄴㄷ 그림책' 만들기

보통의 방식에는 네 가지가 있다. 'A is for apple'처럼 연상되는 명사를 그려 본다. 또는 '이어지는 이야기'(박은영 작가)로 내용을 만들어 본다. 그리고 '글자 모양'을 가지고 새로운 그림을 그려 본다(이보나 흐미엘레프스카). 마지막으로 이수지 작가의 방법처럼 '새로운 방식'을 창조해 낸다. 어떤 것이 마음에 드는가? 그것(!)으로 만들어 보자. 느낌 아니까~!!

❸ 우리나라의 상징물(태극기, 애국가, 무궁화) 알아보고 그리기

몇 년 전에 텔레비전에서 대학생과 초등학생을 대상으로 태극기 그리기를 실험한 적이 있었다. 누가 더 정확히 그렸을까? 결과는 초등학생들이 더 정확히 그렸다. 엉망으로 그린 대학생들이 많이 나와서 전 국민이 경악했던 기억이 난다. 그것도 명문대생이!

초등교육은 중요하다. 내가 처음 발령이 났을 때 아이들을 가르치면서 느낀 것은 단 하나다!

'우리가 정말 알아야 할 모든 것은 초등학교에서 배웠구나~!!'

요즘도 나는 기초탄탄의 의미로 초등교육을 가르치면서 스스로도 배우고 익히고 있다.

만약, 자신이 얼마나 알고 있는지 궁금하다면 스스로에게 물어보자.

질문 1. 당장 종이에 태극기를 그려

『우리가 정말 알아야 할 모든 것은 유치원에서 배웠다』의 글귀를 교실에 붙여 두었다.

보라. 그리고 태극기의 내용을 일곱 글자로 부른다면 어떻게 부를까?

질문 2. 나는 애국가 3절을 갈등(?) 없이 큰 소리로 부를 수 있을까? 그렇다면 지금 사람들 앞에서 불러 보라.

질문 3. 무궁화의 꽃잎은 몇 개인가?

지금, 생각에 잠겼다면…… 당황하신 거다.^^

Tip

'활발한 소통'이 이루어지는 그림책을 하나 더 소개하면 이렇다. 앤서니 브라운의 『미술관에 간 윌리』. 명화를 패러디한 작가의 독특하고 재미있는 작품을 보고 원작품의 제목을 맞히는 재미가 쏠쏠하다. 그 후에 명화를 스케치한 학습지를 나눠주고 색칠을 하는 미술활동을 해도 좋다.
또 한 가지 생각해 볼 것은, 'ABC북'을 만드는 모든 사람들은 공통된 고민에 빠진다는 것이다. 어떤 알파벳을 표현할 때 가장 어려울까? 그렇다. 'X'와 'Z'로 시작하는 단어 찾기가 쉽지 않다는 것이다. 반대로 'ㄱㄴㄷ책'은 무궁무진하다. 기쁘지 아니한가?

함께읽기

『기차 ㄱㄴㄷ』(박은영 글·그림 / 비룡소)
『개구쟁이 ㄱㄴㄷ』(이억배 글·그림 / 사계절)
『생각하는 ㄱㄴㄷ』(이지원 글 / 이보나 흐미엘레프스카 그림 / 논장)
『수수께끼 ㄱㄴㄷ』(최승호 글 / 이선주 그림 / 비룡소)
『동물친구 ㄱㄴㄷ』(김경미 글·그림 / 웅진주니어)

우째 이런 문제가?

세상에서 가장 아름다운 달걀
헬메 하이네 글·그림
김서정 옮김
시공주니어

주제 진정한 아름다움
대상 천진난만한 감성과 풍부한 상상력을 가진 친구들

마음의 흔들림

세상에는 참 재미있는 수수께끼가 많다. 문제를 들을 때의 황당함과 함께 풀 때의 통쾌함이 사람들에게 활력을 준다. 그럼 지금부터 황당한 수수께끼를 내보겠다. 통쾌함으로 응수해 주기 바란다.

첫 번째, 스핑크스(Sphinx)의 그 유명한 수수께끼다.

"아침에는 네 발로 걷고 점심에는 두 발로 걷다가 저녁에는 세 발로 걷는 짐승은 무엇인가?" 답은 인간이다. 이 수수께끼를 푼 오이디푸스는 테베의 왕이 된다.

스핑크스의 두 번째 수수께끼도 있다. "두 자매가 있다. 언니가 동생을 낳고 다음에 동생이 언니를 낳는다. 이 자매는 누구인가?" 이 수수께끼를 풀지 못하면 당신은 괴물에게 사로잡혀 죽음과 같은 고통을 겪을 것이다. 답이 무엇일까? 만약 답을 맞혔다면 다음으로 넘어가 보자.

스핑크스의 세 번째 수수께끼, "처음 생겨날 때 가장 크고, 한창일 때 가장 작고, 늙어서 다시 커지는 것은?"

자, 스핑크스의 수수께끼를 통과하였다면 당신의 목숨은 아직 붙어 있는 셈이다. 그렇다면 이번엔 우리 반 아이들이 낸 수수께끼를 풀어 보시라.

1. 백설공주가 무엇을 먹고 죽었을까?
2. 먹고 살기 위해 하는 내기는?
3. 사람들이 가장 몸무게가 많이 나갈 때는?
4. 콜라와 마요네즈를 섞으면?
5. 항상 둥글지만 길어졌다 짧아졌다 하는 것은?
6. 물건은 하나인데 보는 사람마다 다르게 보는 것은?
7. 윷놀이에서 걸이 뜻하는 동물은?
8. 포유류 중에서 유일하게 점프를 못하는 동물은?
9. 먹을 수 없는 조개는? 산은 산인데 먹을 수 있는 산은?
10. 어른들이 밤에 좋아하는 동물은?
11. 세상에서 가장 큰 여자는?
12. 성 3개가 불이 나면?
13. 어부들이 가장 싫어하는 가수는?
14. '엄마가 미아가 되면'을 뜻하는 말은?

오~ 여기까지 잘 통과하였다면, 마지막으로 우리 아들이 낸 수학문제의 원리를 맞춰보라. "9+5는?" 답은 '14'가 아니라 '2'란다. 왜 그럴까? 한 번 더 보여 준다면, "10+7은?" 답은 '5'. 힌트 한 조각을 준다면, 방안의 벽에 걸려 있는 것을 생각해 보라.

하하. 이렇게 많은 수수께끼와 문제들을 낸 이유는 지금부터 소개할 그림책 때문이다. '세상에서 가장 아름다운 달걀'은 어떤 것일까? 이 그림책은 하나의 이야기 속에 큰 의미를 담아 두었다. 예전에 우리가 들었던 삼형제가 날 수 있는 마법융단, 멀리 보는 망원경, 병을 고치는 마법의 사과를 가지고 공주를 살린 이야기를 생각해 보자. 과연 공주는 누구랑 결혼해야 하는가? 옛이야기의 답은 이랬다. 사과를 가진 막내가 결혼해야 한다고. 왜냐하면, 삼형제 중 자기 보물을 희생한 건 막내이기 때문이다. 나름대로 타당한 결말이다. 하지만 생각해 보면 남은 두 형제의 물건이 없었다면 결코 고칠 수 없었던 것도 사실이다. 그래서 사람들에게 많은 생각과 토론을 불러일으킨 이야기다.

이 책 『세상에서 가장 아름다운 달걀』은 그렇게 흥미로운 이야기에 깜짝 놀랄 재치마저 담은, 이 시대의 새로운 이야기다.

책 속으로 풍덩~!!

즐거운 수수께끼 맞추기를 한 후에 이 그림책을 읽어 주어도 좋고, 그림책을 먼저 읽어 준 후에 여러 가지 수수께끼를 즐기는 시간을 가져도 좋겠다. 순서의 선택은 자유.

이 그림책의 표지를 빔 프로젝터로 띄워 준 후에 한참을 들여다보게 한다. 표지에 나온 그림을 자세히 탐험할 기회를 주는 것인데, 심심하면(?) 닭이 몇 마리 그려져 있는지 세어도 좋다고 한다. 그리고 닭들의 얼굴을 자세히 들여다보라고 한다. 처음에는 다 똑같은 닭일 거라고 생각하지만, 자세히 보는 순간, 다른 닭들을 발견할 수 있을 것이다. 심지어는 왕을 발견하고 놀라는 아이도 있다. 크크. 왕의 왕관 위 달걀까지 발견하는 아이는 적지만.

우리반처럼 약 32마리의 닭이 등장하는 표지는 나중에 다시 한 번 다루어 주기로 하고 이제 내용으로 들어가 본다. 풍덩~!!

'옛날 옛날에'로 시작하는 이야기에는 화사깃털 아가씨, 늘씬다리 아가씨, 멋진볏 아가씨가 나온다. 그 셋은 자기가 가장 예쁘다고 늘 다투었다. 화사깃털 아가씨는 깃털이 너무나도 아름다웠고, 늘씬다리 아가씨는 길고 쭉 곧은 다리를 가졌고, 멋진볏 아가씨는 빼어난 볏을 지닌 아가씨였다. 누가 가장 예쁜지 가릴 수 없는 셋은 임금님한테 물어 보기로 한다. 그런데 임금님의 판결이 기가 막히다.

"가장 아름다운 달걀을 낳는 이가 진짜 아름다운 이로다. 과인은 너희 셋 중에서 가장 아름다운 이를 공주로 삼겠노라."

판결 방식도 놀랍지만, 보상도 예사롭지 않다. 공주가 될 수 있는 기회라니! 그림에서는 아무렇지도 않게 식사를 하면서 판결을 내리는 임금의 모습이 여유로워 보인다. (그런데 사실 이 장면엔 잔인한 그림이 숨어 있다. 세 마리의 닭

들이 말하는 자리에서 조금 떨어진 식탁 위엔, 노릇노릇한 닭고기가 포크에 꽂혀 있다. 식탁이 높아 닭들이 못 본 게 천만다행 아닐까? 하지만 아슬아슬한 위트는 보는 사람을 즐겁게 해주는 효과도 있다.)

드디어 나라 안에 있는 모든 암탉들이 임금님 뒤를 따라나서고, 첫 번째 참가자인 화사깃털 아가씨가 알 낳을 준비를 한다. 잠시 후, 모두들 말을 잃고 만다. 눈처럼 하얗고, 흠집 하나 없는데다, 윤을 내 놓은 대리석처럼 반짝거리는 달걀이 눈 앞에 놓여 있었기 때문이다. 임금님이, "이보다 더 완벽할 순 없도다!" 하고 소리친다.

두 번째 참가자인 늘씬다리 아가씨도 알을 낳는다. 허걱, 임금님 앞에는 타조도 부러워할 만큼 크고 무거운 달걀이 놓여 있었다. 임금님은 "이보다 더 클 수는 없도다!" 하고 소리친다.

마지막 참가자인 멋진볏 아가씨를 보는 모두는 이보다 더 완벽하고, 이보다 더 큰 달걀을 낳을 수 없을 것이라 생각하고 동정의 눈빛을 보낸다. 드디어 멋진볏 아가씨가 일어섰을 때, 임금님은 "이보다 더 환상적일 수는 없도다!" 하고 소리친다. 모두들 고개를 끄덕끄덕한다. 이 장면에서는 두 손을 들고 놀라는 모두의 모습 앞에 나온 알을 가려서 보여준다.

"자, 여러분! 과연 멋진볏 아가씨는 어떤 알을 낳았을까요?"

이렇게 말하면서 아이들이 얼마나 환상적인 달걀을 상상할 수 있는지 기회를 준다. 아이들은 자신만의 상상력과 창의력으로 환상적인 달걀을 예측해 본다. 그 순간이 얼마나 재미있고 흥미진진한지~. 아이들의 발표를 들어본 후에, 정답을 보여 준다~ 꽈광~!! 그야말로 놀랄 만한 달걀이 탄생한 것이다~!! 아이들도 웃고 난리다. 그 황당함을 즐기는 마음엔 카타르시스와 함께 엔도르핀이 펑펑 솟아나고 있으니!

"그렇다면 임금님은 어떤 달걀을 가장 아름답다고 했을까요?"

아이들과 함께 타당한 이유를 들어서 각자가 주장하는 '아름다운 달걀'을 말해 보자. 그렇게 의견을 들어 보고 임금님의 선택을 보자. 가장 아름다운 달걀을 가려내기란 '불가능'한 일이었다. 결국 셋 모두 공주가 된다는 이야기였다.

"그 셋이 죽지 않고 아직까지 살아 있다면, 어떤 일이 일어날까요?"

물으며 우리가 뒷이야기를 꾸미는 시간도 갖자.

이야기가 아름다우려면, 읽고 있는 사람에게도 마음의 흔들림을 전해 주어 더 풍성한 상상을 할 수 있게 해주어야 한다. 감동 혹은 감탄으로~!!

책을 다 읽은 후엔 앞표지를 확인해 본다. 거기에서 아이들은 주인공을 쉽게 찾을 수 있을 것이다. "아항~!!"

그리고 뒤표지를 보면 그토록 완벽하고 크고 환상적인 알에서 나온 2세들이 걸어가는 장면이 있다. 뒷이야기를 발표한 후에 보는 재미가 쏠쏠할 것이다.

함께 해보기

❶ 멋진볏 아가씨의 달걀을 상상해서 그려 보기

그림책 장면에서 예측한 것을 발표하는 것만으로 그치지 말고, 직접 도화지에 그려 보는 시간도 가져 보자. 시간은 약 5분 정도만 주자. 순간적 재치와 상상은 끙끙댄다고 나오는 것이 아니고 스파크처럼 '번쩍' 하는 순간 나오는 것이다. 그 번쩍이는 시간을 즐기자.

❷ 내가 네 번째 경쟁자라면, 나는 어떤 달걀을 낳을지 그려 보기

그림책 이야기 속으로 뛰어 들어가 보는 거다. 자신이 또 다른 주인공으로 참가하는 것이다. 이름도 지어 보고, 새로운 달걀을 그림으로 표현하는 것이다. 자신의 개성과 함께 자신이 생각하는 아름다움을 표현하는 시간 또한 흥미진진할 것이다.

❸ 뒷이야기 꾸미기

그림책의 마지막은 임금님과 세 아가씨가 뱃놀이를 하는 장면으로 끝이 난다. 그 후에 어떤 일이 또 일어날지, 아이들만의 천진난만한 감성과 개구쟁이 기질과 상상력을 더해서 만들어 보자.

❹ 마음의 흔들림에 나온 세상의 수수께끼 풀어보기

선생님이 먼저 수수께끼를 내고 답을 맞힌 아이가 나와서 새로운 수수께끼를 낸다. 손을 든 아이 중 한 명을 시켜 답을 맞히게 한다. 이렇게 계속 반복하여 세상의 수수께끼를 만나 본다.

- 스핑크스 수수께끼의 답 : 낮과 밤, 그림자
- 아이들의 수수께끼의 답 : 1. 나이, 2. 모내기, 3. 철들 때, 4. 혼난다, 5. 해, 6. 거울, 7. 양, 8. 코끼리, 9. 보조개, 맛동산, 10. 자라 11. 태평양, 12. 삼성화재, 13. 배철수, 14. 맘마미아
- 아들 수수께끼의 답 : 시계의 원리(12진법인 셈)

Tip

우리반 아이들은 학급역사라는 것을 쓴다. 교실에서 일어나는 여러 가지 일들을 매일 기록하는 일종의 '일지'다. 학급역사의 맨 아래에는 '나만 아는 상식, 알려줄까? 말까?' 코너가 있다. 그날의 역사를 기록한 아이가 마음대로, 아무 문제나 내는 것이다. 수수께끼도 좋고, 재미있는 문제, 속담, 상식 등을 내는 것이다. 재미있는 것은 '자기만 아는 문제'를 내도 좋다는 것이다. 예를 들어, '우리집 식구는 몇 명?'이라든가 '내가 가장 좋아하는 선물은?'이라고 내어도 좋다. 어떤가? 나만 아는 상식을 알려주는 코너인데~!! 오히려 아이들은 더 열광한다! 특히 발표하는 아이가 조용한 아이일수록 아이들의 열렬한 반응을 즐기는 순간이 된다. 발표력이 좋아지는 건 물론이고, 모두가 즐거운 시간이 된다!!
학교나 집에서도 할 수 있는 '역사의 기록'을 직접 해보고 싶은 독자를 위해 간단한 소개를 하면 이렇다.

〈학급역사〉

그날 학교에서 있었던 일을 학생들이 개성에 따라 일기 쓰는 형식으로 적는다. 그날 있었던 수업내용도 한 번 되새길 수 있고, 또 우리반에서 일어나는 일에 관심을 가질 수 있는 계기가 된다. 다 쓰면 다음 날 아침에 교실 앞으로 나와 발표를 한다. 나만 아는 상식을 내고 직접 발표를 시키는 경험도 한다. 서로 시켜달라고 난리다.^^;;

앞에 나와서 말하는 아이는 자신감뿐 아니라 리더라는 역할에 대한 묘한 카타르시스도 느낀다. 이에 따른 보상은 훈장(스티커)으로 한다.

(1) 방법

① 원칙은 남자 1번, 여자 1번, 남자 2번, 여자 2번…… 순으로 학급역사를 쓴다.

② 처음엔 쓰고 싶은 사람이 먼저 쓰고 더 이상 지원자가 나오지 않으면 ①처럼 자연스럽게 번호대로 쓴다.

③ '나만 아는 상식'란에는 어떤 내용이든 상관없이 적게 한다. (예: 일반 상식, 수수께끼, 기네스북, 스포츠, 연예인 뉴스, 과학, 역사, 자기 가족 이야기 등등)

(2) 만들기

① 다음 그림처럼 표지를 한다. 가운데 그림은 우리반의 마스코트.

② 우선 1학기용만 등사해서 왼쪽 여백을 많이 주고 좌철한다. (2학기까지 하면 금방 망가짐)

학급역사의 시작은…….

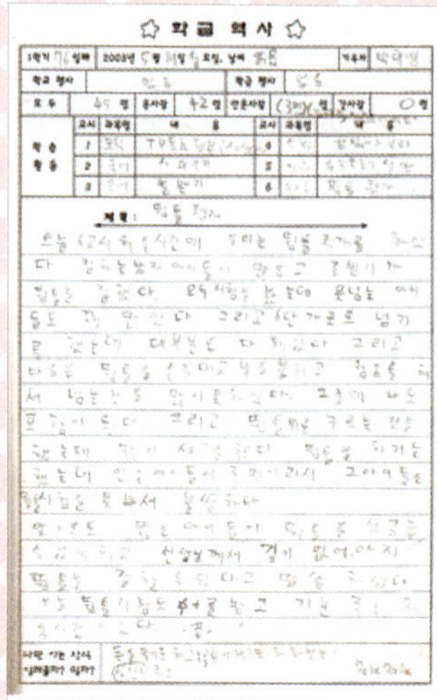
☆ 학급 역사 ☆

〈학급역사〉란 것을 처음 시작한 것은 발령 후 세 번째 아이들을 만난 해였다. 매일매일 교실에서 일어났던 일들을 기록으로 남기면 나중에, 10년이고 20년이고 지난 후에도 그 학년 때의 일 년 모습을 쉽게 찾을 수 있는 추억의 보물상자가 되지 않을까 하고. 처음 시작은 우연이었다.(이것이 내가 말하고 싶은 핵심이다. '우연'이라는 것!) 아침 출근 시간에 전철을 타고 가는데, 그 많은 사람들 사이에서 작은 책을 읽는 사람이 있었다. 그리고 그냥 그 책이 눈에 들어와서 나도 눈을 찡그리며 읽어 보았다. 거기엔 이런 글이 있었다. 한 초등학생이 그 담임 선생님께서 〈학급일지〉를 돌아가며 쓰게 하셨는데 5~6년이 지나서 그 선생님을 찾아갔을 때 그때의 학급일지를 보여 주며 기억도 가물가물한 나의 추억을 보여 주셔서 너무 감사했다는!

그 글을 읽고 나도 한번 해봐야겠다고 마음먹고 시작해 보았다. 처음엔 무제공책에 일기처럼 돌아가며 쓰게 했다. 그러다가 어느 정도 틀이 잡혀갈 때 정기원 선생님의『365일 열린 교실을 위한 학급경영』이란 책이 나와 거기에 있는 것을 바탕으로 만들어서 지금껏 사용하고 있다.

특히 좋았던 건 수업 내용을 쓰는 칸이 있어서 아이들이 다시 한 번 그 수업을 반추해 볼 수 있는 시간을 가져서 좋았고, 주제가 자유로운 일기형식이지만 수업에 대한 내용이 많이 나올 수 있어서 좋았다. 나도 아이들의 수업에 대한 솔직한 반응을 들을 수 있어서 좋았다. 가끔…… 뜨끔하기도 했지만. ^^;

학 급 역 사

<table>
<tr><td>1학기 일째</td><td colspan="6">2014년 월 일 요일 날씨</td><td>기록자</td><td></td></tr>
<tr><td colspan="2">학교 행사</td><td colspan="3"></td><td colspan="2">학급 행사</td><td colspan="2"></td></tr>
<tr><td>모 두</td><td>명</td><td>온 사람</td><td>명</td><td>안 온 사람</td><td>명</td><td>간 사람</td><td colspan="2">명</td></tr>
<tr><td rowspan="4">학 습
활 동</td><td>교시</td><td>과 목</td><td>내 용</td><td>교시</td><td>과 목</td><td colspan="3">내 용</td></tr>
<tr><td>1</td><td></td><td></td><td>4</td><td></td><td colspan="3"></td></tr>
<tr><td>2</td><td></td><td></td><td>5</td><td></td><td colspan="3"></td></tr>
<tr><td>3</td><td></td><td></td><td>6</td><td></td><td colspan="3"></td></tr>
<tr><td colspan="9">제 목 :</td></tr>
<tr><td colspan="2">나만 아는 상식
알려줄까? 말까?</td><td colspan="7"></td></tr>
</table>

함께 읽기

『세 친구』(헬메 하이네 글·그림 / 황윤선 옮김 / 시공주니어)

『개구리 왕자 그 뒷이야기』(존 셰스카 글 / 스티브 존슨 그림 / 엄혜숙 옮김 / 보림)

『그건 내 조끼야』(나카에 요시오 글 / 우에노 노리코 그림 / 박상희 옮김 / 비룡소)

『슈퍼 토끼』(헬메 하이네 글·그림 / 김서정 옮김 / 시공주니어)

『콧구멍을 후비면』(사이토 타카코 글·그림 / 안미연 옮김 / 애플비)

『난 토마토 절대 안 먹어』(로렌 차일드 글·그림 / 조은수 옮김 / 국민서관)

part 5 또다른 세상 속으로

호랑이 굴에 들어가도 정신만 차리면 된다!

호랑이 뱃속 잔치
신동근 글·그림
사계절

주제 엉뚱한 발상이 위기를 기회로 만든다
대상 옛이야기의 위트와 유머를 즐기고 싶은 모든 사람

마음의 흔들림

다섯 살 난 딸이 가장 좋아하는 옛이야기 그림책이 있다. 『팥죽 할머니와 호랑이』. 착한 할머니한테 위기가 닥치자 여러 생활 도구들이 팥죽 한 그릇을 얻어먹고 힘을 합쳐 호랑이를 물리치는 이야기로, 그 반복적인 구조와 다양한 흉내말이 매력적인 그림책이다. 그런 이유로 밤마다 우리들의 베갯머리에 자주 올라온다.

나는 개인적으로 올 한 해 인천의 한 도서관에서 의뢰가 들어와 '시각장애우를 위한 그림 설명이 있는 그림책'이란 타이틀로 재능기부를 하고 있다. 일 년 동안 꾸준히 할 계획인데 벌써 4개월째 접어들었다. 처음에는 내가 아이들과 함께한 책을 중심으로 그림책을 읽어 주고 그림 설명을 녹음하는 방식이었다. 그러다가 좀 더 반응이 좋았던 그림책 유형을 살펴보니 이야기가 재미있는 것이 더 크게 다가간다는 것을 알았다. 그래서 우리 옛이야기 그림책을 떠올렸고, 우리 딸이 좋아하는, 옛이야기의 고전이라 할만한 『팥죽 할머니와 호랑이』를 녹음했던 것이다. 그런데 부작용(?)이 생겼다. 아들이 입이 삐죽 나온 것이다. 그러더니 책장에서 그림책 한 권을 들고 나타났다.

"아빠! 난 이 책이 제일 재미있어! 이 책을 녹음해 줘!"

아들이 들고 온 그림책, 『호랑이 뱃속 잔치』는 그날 바로 녹음이 되었다. 재미있는 것은 신동근이란 작가의 생각이다. 옛날 사람들은 어떤 생각을 하면서 살았는지, 그때의 세상은 어땠는지가 궁금해서 옛이야기 그림책을 만들게 되었다는 얘기다. 하하. 그래서 책이 더욱 기발하고 유머 넘치는 것 같아 소개하고 싶어졌다.

가만히 생각해 보니 우리 옛이야기에는 호랑이가 참 많이 나온다. 무섭기도 하지만 그 영험함이 멋있기도 한 호랑이. 앞으로 호랑이가 나오는 우리 그림책을 더 많이 찾아 읽고, 느끼고, 녹음할 것 같다.

책 속으로 풍덩~!!

앞표지에서 '호랑이 뱃속 잔치'란 글자를 지우고 아이들한테 보여 준다. 과연 이 장면이 무엇일지. 그냥 보면 시커먼 장소에, 위에는 엄청 커다란 고드름이 매달려 있는 것 같다. 그곳을 어떤 아저씨가 쳐다보는 장면. 정말로 아이들을 궁금하게 만드는 표지다.

표지를 넘기면 하늘색 바탕의 속면지가 나오는데 회색으로 형태만 나온 여러 동물들이 보인다. '가만, 하나씩 볼까?' 하니 닭도 보이고 멧돼지와 뱀, 토끼, 말 등도 보인다. '어? 이건 하마인가?' 하는 생각이 드는 동물도 있었다.

속표지를 보니 주인공인 듯한 아저씨가 멍한 표정으로 위쪽을 쳐다보는 그림이 있다. 마치 이 책의 제목 '호랑이 뱃속 잔치'란 글자를 쳐다보는 듯한 느낌이랄까. 본문으로 들어가니 그 아저씨의 정체는 소금장수였다. (지금부터는 옛이야기의 정취를 살리기 위해 구어체로 이야기하겠다.) 하지만 하루 종일 소금 한 톨 팔지 못해 산 너머 다른 마을로 가려 하는데, 가는 길에 커다란 동굴이 떡하니 나

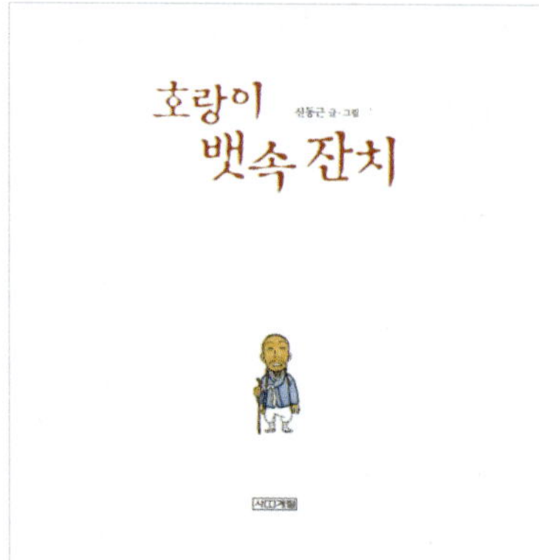

타난 거야. 신기해서 동굴을 쳐다보는데 동굴이 점점 커지더니 갑자기 앞으로 확 달려들어 소금장수를 집어삼키는 거 아니겠어?

"어이쿠! 무신 동굴이 사람을 집어삼킨대요~?" 하는 소금장수의 말투는 미리 연습을 좀 해야 반응이 좋다. 강원도 금강산 출신이니까!

다음 장으로 넘기면 화면 가득히 산보다 큰 호랑이가 나타나네 그려. 어찌나 큰지 얼굴 하나만 겨우 그려져 있네. 그런데 이놈의 표정을 보니 마치 시치미를 떼듯이 낼름 잡아먹고선, 입맛을 다시네? 허어라. 소금장수는 어찌 되나 봤더니 대굴대굴 굴러서 쿵! 하고 호랑이 뱃속으로 떨어진 거야.

"나라에 산만 한 호랭이가 산다더니……." 하는 사이, 무엇인가 대굴대굴 굴러 들어와 쿵! 봤더니 자기 같은 사람인 거라. 소금장수 아저씨는 그 와중에도 반가웠는지 인사를 하네. 알고 보니 태백산 아래께 사는 숯장수인 거야. 호랑이가 그새 경상도 태백산까지 간 거지. 또 대굴대굴~쿵! 하더니 이번엔 충청도 속리산 사는 대장장이가 들어온 거야. 어둠 속에서도 반가워 흐뭇한 얼굴을 하고 있는 게 더 재미있어.

이쯤에서 "세 사람은 어떻게 될까?" 하고 질문을 하는 게 좋다. 다양한 대

답이 기대되고 아이들의 상상력과 창의력도 발휘되는 순간이니까. (심지어 아이들의 인생관과 성격까지 알 수 있는 질문일 수도 있어!)

세 사람은 살 길을 의논하다가 슬슬 배가 고파 오지 뭐야. 그때 대장장이가 쿨하게 한마디 하는 거야.

"우리, 이 호랭이를 먹어유!" 푸하~ 다들 손뼉을 치고 좋다고 했지. 여기서부터 대장장이의 유머가 발휘돼. "호랭이 고기니께 호랭이 모양으로 도려내유~" 하더니 호랑이 뱃속에 낫으로 호랑이 모양을 그려서 도려낸 거야. 그걸 또 소금장수는 어떻게 했겠어?

맛있으라고 소금으로 간을 했지. 그럼 숯장수는? 그래, 숯불을 피워 고기를 구웠지. 바로, 호랑이 뱃속에서 말이야!!

고기를 다 먹은 숯장수가 "뭐라캐도 고기는 소고기가 최고 아이니껴?" 하니 이번엔 소 모양으로 고기를 도려냈는데, 먹어보니 희한하게 소고기 맛이 나는 거야! 가만히 있던 소금장수가 "그럼 멧돼지고기도 한번 맛보재요." 해서 멧돼지 모양으로 도려낸 고기 맛은 어떤 맛일까? 당연히 멧돼지고기 맛이겠지? 그 이유가 궁금했는데 세 사람의 결론은 이랬어. 이것저것 잡아먹은 호랭이라서 여러 가지 고기 맛이 나는 걸로!

그 순간, 갑자기 호랑이 뱃속이 출렁출렁 춤을 추는 거야. 뱃속에서 고기를 도려내 불까지 피웠으니 탈이 날 만도 하잖아! 결국 찍~! 하고 죽을 똥을

들이 앞다투어 도와주기 마련이다.

재미있는 이야기를, 재미있게 말해 보는 것도, 재미있는 경험이 된다!

Tip

'인천의 화도진도서관과 함께 하는 그림 설명이 있는 그림책 읽기'란 주제로 시각장애우를 위한 그림 설명이 곁들어진 그림책 읽어 주기 활동을 하고 있다. 그림책 속의 글을 먼저 읽어 주고 그림으로 표현된 부분을 다양한 관점에서 설명하고 묘사해서 녹음을 한다. 그러면 그 녹음파일을 각각의 시각장애우 가정에 메일로 보내는 것이다. 특별하지 않은 작은 재능이지만 누군가에게 도움을 줄 수 있다는 기쁨에 일주일마다 한 권의 책을 고르고, 탐험하고, 분석하고, 2번 이상 연습한 후에 녹음을 한다. 일주일 중 가장 가슴 떨리고 기쁜 순간인 것이다. 여기에 이런 활동을 알려 더 많은 사람들에게 도움을 주고자 화도진도서관과 협의하에 관련 글을 올려 본다. 필요하신 분들은 화도진도서관에 문의 바란다.

함께읽기

『팥죽 할머니와 호랑이』(조대인 글 / 최숙희 그림 / 보림)

『줄줄이 꿴 호랑이』(권문희 글 / 임효정 그림 / 사계절출판사)

『간식을 먹으러 온 호랑이』(주디스 커 글·그림 / 최정선 옮김 / 보림)

『호랑이 잡는 법』(이윤정 글·그림 / 비룡소)

쉬어가기: 인천광역시 화도진도서관과 함께하는 '작가가 들려주는 그림책 이야기'

담당자 이메일	brailler@hanmail.net	전화	032-760-4133

작가가 들려주는 그림책 이야기 기획

2007년도부터 제작되어 보급된 시중의 점자라벨 도서는 장애인이 손으로 점자를 읽거나 음성으로 제작된 도서를 읽거나 혹은 점자라벨지를 이용하여 책의 내용을 어떤 매체를 통해 읽을 때, 장애인과 비장애인이 함께 책장을 넘기며 서로 내용을 이해하거나, 의사소통하는 데 지장이 없게끔 하는 데에 목적을 두고 제작되었다. 제작 당시 장애인이 비장애인과 함께 무엇인가를 할 수 있다는 가능성을 보여 주었다는 점에서 가히 혁명적이라는 평가를 받았다.

하지만 어떤 것이든 시간이 지나면 구식이 되며 끊임없이 변화하기 위해 노력하지 않으면 도태되고, 잊혀진다. 점자라벨 도서도 예외는 아니다. 시간이 지나면서 책을 읽는 독자들의 욕구를 따라가는 데 부족함이 있었다는 점은 충분히 인정한다. 자녀와 함께 하고 싶은 시각장애인들의 마음을 읽어 그들이 자녀와 함께 책을 읽을 때 그 내용을 듣는 비장애인인 자녀의 마음을 읽는 데까지는 점자라벨도서의 역할은 충분하지 못했다. 점자라벨지 채택자인 담당자도 이런 문제가 있으리라고는 전혀 예상치 않았었다. 서비스 제공자인 담당자는 장애인들의 입장을 우선으로 고려하여 서비스 및 매체 개발에 열중하였지, 일상생활에서 그들이 부딪히게 될 문제를 세세하게 생각하지 못하였던 것이다. 장애를 가진 부모의 마음이 비장애인과 장애인이 다를까? 아이들의 끝없는 호기심은 함께 책을 읽어 주는 것으로 채워지는 것이 아니라, 모든 감각기관을 자극하는 쪽으로 해주어야 즐거워하고 만족하며 아동의 감성 및 지능 개발에도 유효하다.

따라서 시각장애인 부모로서 자녀가 책에 실려 있는 그림을 설명해 달라고 하거나, 그림 중 일부를 자녀가 가리키며 무엇인지를 묻는다면 꿀 먹은 벙어리가 되거나 시각장애인 자신의 상상력에 의지하여 말할 수밖에 없는 것이 현실이다. 또한, 이런 조그마한 것조차 어린 자녀를 위해 해줄 수 없다는 것을 깨닫게 된다면 장애인 부모로서 느끼게 될 좌절감을 어느 누가 어루만져 줄 수 있을까? 전통적으로 육아는 여성의 몫으로 남겨져서 시각장애인이라고 하더라도 시각장애를 지닌 엄마가 주체가 되어 어린 자녀의 무한한 호기심과 욕구를 만족하게 하고자 노력하는 경우가 대다수였다. 하지만 현대에서 육아는 공동의 역할로 여겨지면서 양○○ 씨와 같이 아버지로서 아버지만이 해줄 수 있는 역할을 하려고 할 때 이를 제대로 수행할 수 없다면 장애인을 위한 서비스를 제공하는 업무를 수행하는 담당자와 같은 위치의 이들은 존재해야 할 의미가 없는 것이다. 즉, 업무 유기요 근무태만이 된다. 이런 점이 시각장애인 부모, 특히 아빠를 위한 작가가 들려주는 그림책 이야기 프로젝트의 시발점이 되었다.

'언제까지나 너를 사랑해'란 그림책을 번역한 김숙 작가와는 작년부터 일을 해왔다. 올해 '마음으로 떠나는 그림책 여행'의 저자인 김용찬 씨와의 만남은 우연이 많이 작용하였다. 도서관 사서는 항상 새로 간행되는 도서를 접할 기회가 일반 독자들보다는 많다. 교육과학기술부와 한국과학창의재단의 「선생님 저자되기 프로젝트」를 위한 선정도서 중의 하나로 초등학교 선생님인 저자가 그림책을 초등학교 학생들을 대상으로 읽어 주는 수업을 주 내용으로 한 책이다. 선생님 본인이 일선 현장에서 느낀 점을 함께 덧붙였다. 그의 책 내용 중 하나가 '고릴라'였다. 비룡소에서 출판된 앤서니 브라운의 '고릴라'라는 그림책을 어린 초등학생에게 읽어주고자 하는 그의 마음과 준비 사항을 보면 그의 성향을 보다 쉽게 알 수 있을 것이다. 아버지에 대한 그림책으로 표지부터 설명에 들어간다. 하나의 나뭇가지에 고릴라와 소녀가 매달려 있는 것으로 단순히 그림만을 설명하는 것이 아니라 서로 다른 나무의 나뭇가지가 서로 연결되어 자라게 되는 '연리지'의 설명도 함께 곁들인다. 책을 읽는 동안 그는 자신의 감정을 이입하여 소리의 강약을 주면서 듣는 아이들의 생각도 물으면서 짧은 시간이지만 집중력을 유지하면서 들을 수 있게끔 구성하였다. 하지만 담당자의 눈길을 끈 대목은 팁(Tip)이라는 항목을 따로 두어 그림책을 읽을 때 어떤 식으로 해야 보다 더 효과적인지를 언급한 대목이었다.

> 이 그림책에서는 고릴라 인형이 변하는 모습이 작은 그림으로 표시되었지만, 영상으로 보여줄 땐 하나씩 점점 크게 표현하는 게 더 효과적이었다. 긴장감도 있고!
>
> "그런데!" "그날 밤에!!" "굉장한 일이!!!" "일어났어~!!!!"

〈그림책 『고릴라』에 실린 작가의 표현 방식 팁(tip)의 한 예. 마지막 줄을 주의 깊게 보라.〉

작은 대목이었지만, 그의 수업 방식은 담당자가 찾는 바로 그런 것이었으며, 이런 방법으로 그림책을 읽는 이야말로 듣는 어린 독자들의 마음을 끌어당길 수 있으며, 시각장애인들에게도 마찬가지일 것이라는 생각이 들었다. 이것은 장애인 서비스 개발을 주 업무로 하는 담당자가 필요로 하는 것과 일치하였다. 또한, 책의 뒤편에는 저자인 김용찬 씨에 대한 소개와 연락처가 나와 있어 저자와 연락을 취하는 데에는 문제가 없었다. 그는 저자의 자녀에게 '누가 내 머리에 똥 쌌어? 를 읽어주면서 아이들의 무한한 상상력과 기발함을 발견하였고, 오히려 그들을 통해 무엇인가를 배우고 노력하면서 살아야 한다는 삶의 지혜를 얻게 되었다고 고백하고 있었다. 초등학교 선생님으로 연구년 수행 중인 그와의 연락을 통해 프로그램의 취지를 설명하니, 곧바로 하겠다는 답을 받았다. 윈도우의 녹음기를 활용하여 그림책 한 권을 그림 위주로 하여 설명해 줄 것을 요청하였다. 김용찬 씨는 이미 보이스레코더를 소장하고 있었기 때문에 컴퓨터를 이용할 필요는 없었다. 2013년 45세라는 중년의 나이에도 그의 목소리는 아이들이 좋아할 만한 장난기와 순진무구함으로 가득 차 있었다.

작가가 들려 주는 그림책 이야기 프로젝트 진행

그림책 이야기라는 프로그램 시작 초기에는 도서 선정은 작가의 선택에 의존하였으며, 담당자가 바로바로 그림책과 녹음 현황을 확인하였다. 작가가 들려 주는 그림책 이야기 프로젝트의 진행은 순조로웠다.

녹음 과정은 어떤 형식에 구애받지 않고 그림책을 읽는 작가의 재량에 전적으로 위임한 상태로 운영하였다. 단지, 녹음된 파일을 이메일로 받은 후 담당자가 들어본 후 읽는 속도, 목소리의 크기 등을 확인하고 그림책의 설명이 적합한지를 들어본 후 다시 작가와 협의하는 수순을 밟았다. 다음은 녹음 작업을 시작한 지 얼마 되지 않을 때의 초등학교 선생님이자 작가인 김용찬 씨의 솔직한 고백이 담긴 이메일이다. 학교

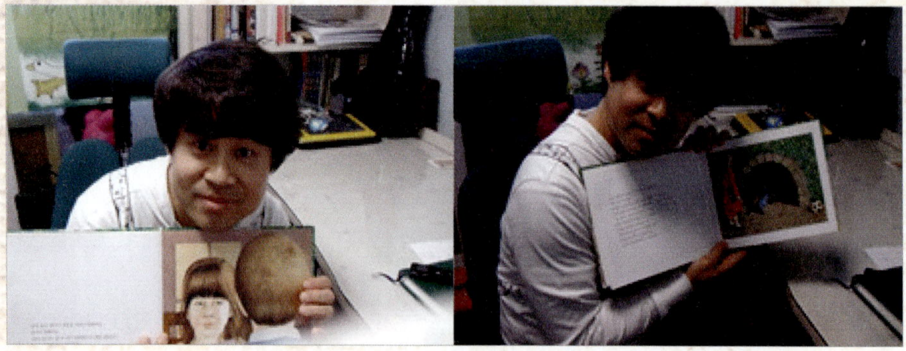

〈녹음 중인 그림책을 배경으로 포즈를 취하고 있는 김용찬 작가〉

에서 학생들을 대상으로 이십여 년 수업을 해온 베테랑 선생님이기는 했지만, 녹음을 통해 얼굴도 모르는 이와 목소리로 대화를 한다는 사실이 그를 긴장시키기도 하고 흥분시키기도 했나 보다.

> 제가 녹음하는 과정을 설명하면...^^
> 녹음을 하기 전에 일단 세수와 손을 씻고, 양치를 합니다.
> 그리고 집의 모든 문을 닫고 가장 작은 방에 들어가서 책상위에 읽을 그림책과
> 녹음할 보이스레코더를 준비합니다.
> 제가 쓴 책의 해당 그림책 부분을 눈으로 한 번 읽고, 그림책을 앞표지부터 뒤표지까지
> 찬찬히 읽어갑니다.
> 눈을 감고 말할 순서를 가만히 생각해 봅니다.
> 그리고~!! 단 한 번에 녹음을 합니다~!!!
> 조금 서툴거나 말을 틀리게 해도 그냥~~~ 녹음합니다. 왜냐하면,
> 첫 마음, 첫 느낌이 제가 할 수 있는 최선의 노력이니까요.
> 만약, 다시 녹음을 하게 된다면 그만큼 생생하게 느낌을 말할 수 없을 것 같아요.
> 이해, 하시죠?
> 그러니 실수가 있어도 씨~익 웃어주실 수 있으시죠?? 감사합니다~!!

〈그림책 이야기 참여 작가인 김용찬 씨의 이메일 중 일부〉

그의 이메일을 보는 순간 웃음이 터져 나옴과 동시에 숭고함마저 느껴졌다. 종교인들이 새벽 기도 전에, 혹은 자녀와 가족의 무사안녕을 기원하며 달밤에 정화수를

떠놓고 기도하던 우리네 어머니의 모습과 흡사하지 않은가? 비록 성우로서 좋은 목소리를 가지고 준비된 상태에서 하는 녹음은 아닐지라도 누군지 모르는 독자를 위해 최선을 다하는 그의 모습이 보였고, 진심을 느낄 수 있었다. 이미 초등학교에서 학생들을 대상으로 오랫동안 그림책을 읽는 수업을 진행해 온 선생님의 경험이 그림책 이야기 프로젝트를 운영하는 데 많은 도움이 되었다. 그림책을 듣는 청자들의 집중력이 짧은 점을 고려하여 그림책 한 권에 20~30분 정도의 시간을 할애하였다. 그림이 많은 책은 그림 설명을 많이 하는 방향으로, 그림이 적고 내용이 많은 경우에는 설명글이 생생하게 들어가는 방향으로 진행하였다.

다음은 김용찬 작가가 녹음한 『무지개 물고기』의 일부 내용이다. 시각에 문제가 없어 모든 것을 볼 수 있는 이들에게는 그림을 보는 데에 전혀 문제가 없다. 하지만 시각에 문제가 있는 이들은 이런 그림 자체를 볼 수 없거나, 윤곽만을 보는 등 보는 데에 문제가 있기 때문에, 작가가 그림을 설명해주는 것은 글 전체를 이해하는 데에 커다란 도움을 준다.

이 사진은 비장애 아동을 대상으로 『무지개 물고기』 그림책 수업을 하고 있는 장면이며, 시각장애인을 위한 녹음본에서는 다음과 같이 설명하고 있다.

〈그림 설명〉: "이 장면에서는요. 무지개 물고기와 파란 꼬마 물고기가 서로 마주 보고 있어요. 그리고 무지개 물고기가 은빛 반짝이 비늘을 손에 들고 파란 꼬마 물고기에게 건네주는 장면이 있어요. 아~ 이걸 받으려는 파란 꼬마 물고기의 표정을 보면 어~ 너무 기뻐서 씩 웃으면서 손을 내밀고 있네요. 그리고 그 밑에는 여러 가지 알록달록 물풀들이 흔들리고 있고요."

그림책 이야기 프로젝트 시행 초기인 현재, 32명의 시각장애인 열람자들에게 매주 화요일 개인 이메일로 배포하고 있다. 이를 본 이들의 반응은 이런 그림이 내용 중에 있었느냐는 말이 많았다. 그림책은 보통 유아와 어린이를 대상으로 제작되는 것이 보통이다. 즉, 독자층이 제한적이다. 하지만 앞을 보지 못하는 시각장애인들은 독자층이 제한적이 될 필요는 없다. 대학에 재학 중인 장애인들조차도 재미있어 했고, 이 서비스를 지속적으로 받기를 원했기 때문이다.

〈…중략…〉

또한, 그림책 여행을 통해 얻게 되는 작가들의 자료는 장애인에게 한정되어 공급되는 것이 아니라, 다문화가정의 어린 자녀가 한국어 습득의 어려움을 조금이나마 덜어줄 수 있는 프로그램으로 확대해 나갈 수도 있을 것이다.

〈…중략…〉

앞으로 전국 맹학교 학생, 시각장애인 부모나 시각장애인 자녀를 둔 부모 등 신청자가 많아지면 시각장애인이 가장 많이 이용하고 있는 전자통신망인 '넓은마을'을 통해 음성파일을 제공할 것이며 여러 통로를 통해 '작가가 들려주는 그림책 이야기'가 세상에 알려진다면 서비스 대상이 확대되어 시각장애인뿐만 아니라 누구든지 쉽고 편안하게 들을 수 있는 누구나 들을 수 있도록 마음으로 다가가는 서비스가 될 것으로 기대한다.

〈김용찬 선생님이 일 년 동안 녹음한 그림책 목록
– 필요한 분들에게 도움이 되면 좋겠습니다.〉

고릴라(24") / 우리 엄마(18") / 터널(20") / 무지개 물고기(19") / 열두 띠 동물 이야기(19") / 누가 내 머리에 똥 쌌어?(17") / 오늘의 일기(33") / 노래하는 볼 돼지(32") / 칠판 앞에 나가기 싫어(19") / 샌지와 빵집 주인(23") / 팥죽 할머니와 호랑이(15") / 호랑이 뱃속 잔치(20") / 우리 엄마 맞아요?(22") / 괴물들이 사는 나라(25") / 구름 공항(26") / 언제까지나 너를 사랑해(13") / 투발루에게 수영을 가르칠 걸 그랬어!(23") / 점(18") / 짖어봐 조지야(16") / 혼나지 않게 해 주세요(23") / 피터 래빗 이야기(27") / 어리석은 농부와 귀신들의 합창(25") / 미피의 생일(17") / 윌리와 악당 벌렁코(23") / 도대체 그 동안 무슨 일이 일어났을까?(19") / 고향의 봄(30") / 무엇이든 삼켜버리는 마법 상자(19") / 움직이는 ㄱㄴㄷ(14") / 도깨비를 빨아버린 우리 엄마(17") / 안녕, 친구야(26") / 줄줄이 꿴 호랑이(17") / 세상에서 가장 아름다운 달걀(21") / 파란 의자(15") / 누구 자전거일까?(15") / 친구를 데려가도 될까요?(23") / 방귀 만세(21") / 괜찮아(16") / 메리 크리스마스, 늑대 아저씨!(14") / 엄마 마중(18") / 난 내가 좋아!(14") / 마지막 거인(52") / 고릴라 왕과 대포(12") / 시장에 간 뽀삐(7")

맨 끝의 두 그림책 녹음은 2014년 1월에 떡국 먹고 여섯 살이 된 우리 딸 지윤이가 녹음했답니다. 예쁘게 들어주세요~!! (화도진도서관 문의)

마음을 곱게 써야 하는 이유

똥벼락
김회경 글
조혜란 그림
사계절

주제 선은 권하고, 악은 벌한다
대상 성실한 삶의 행복에 대해 확인하고 싶은 사람

마음의 흔들림

우리가 옛이야기를 들은 적이 언제였을까? 학교 가기 전? 초등학교 때? 그럼 우리가 옛이야기를 마지막으로 들었을 때는 언제일까? 곰곰이 생각해 보면 두 시기가 겹치는 경우가 많다. 우리에게 옛이야기를 들려주셨던 분들은 부모님이나 할아버지, 할머니셨고, 우리들 머리가 굵어질 무렵부터(중학교 때부터) 아무도 이야기를 들려주지 않으셨다. 물론 다 자랐다고 느낀 나도 들을 생각을 안 했지만.

살면서 후회되는 것 중 하나가 그것이다. 왜 그 당시엔 소중함을 몰랐을까 하는, 後悔(뒤 후, 뉘우칠 회). 사전을 찾아보니 '회'자에는 '아깝게도, 유감스럽게도'란 뜻도 들어 있었다. 결국 후회란 놈은 나중에 찾아올 수밖에 없는 구조인 것이다. 그 당시, 당사자는 깨달을 방도가 없다.

영국의 극작가 버나드 쇼가 말했었지. '젊음은 젊은이에게 주기에는 너무

아깝다.'고. 젊음의 소중함을 모르고 낭비하는 젊은이가 많기 때문에, 그걸 바라만 보는 안타까움이 있었을 것이다.

내가 어렸을 때 들은 옛이야기 중 아직도 기억에 남는 것은 프롤로그에서 밝힌 '흥부와 놀부' 이야기다. 학교에서 돌아온 내가 일하시는 엄마의 무릎에 머리를 대고 누워 '옛날이야기' 하나 해달라고 떼를 썼고, 그러면 엄마는 '흥부와 놀부' 이야기를 들려주곤 하셨다. 다 들은 나는 "한 번 더 얘기해 주세요!" 하고 말했다지. 똑같은 이야기를 여러 번 들으면서 나도 모르게 깨달은 교훈 하나는 '착하게 살아야겠다.'는 것이다. 왜? 나중에 복을 받게 되니까!

옛이야기의 거의 모든 주제는 그랬었다. 권선징악. 그리고 다양한 상황의 이야기 속에서 깨달을 수 있도록 풀어 냈다. 옛이야기의 힘은 거기에 있지 않았을까? 생활 속 다양한 상황에서 올바르게 살 수 있는 기준을 제시해 주는!

그런 의미로 우리는 옛이야기를 자주 들어야 하고, 봐야 한다. 특히 어렸을 때 경험한 것은 평생을 같이 간다고 하지 않는가! 여기 어렸을 때 못 들었던 신선한(?) 옛이야기 하나를 들려주겠다. 다 들었다면, 입으로 전해야 한다. 구전. '누가 나를 위해 이야기를 들려주는가.' 소중함은 그걸 인식했을 때에만 빛을 발한다.

책 속으로 풍덩~!!

표지를 보여 주고 물어본다.

"지금 이 장면은 어떤 장면인 것 같아요?"

"어? 놀부가 있고 그 앞에 똥이 떨어졌어요!"

"하하. 놀부같이 생겼어요?"

"네~ 놀부 옆에는 흰고양이도 있어요!"

역시 아이들은 관찰력이 좋다. 어른인 내 눈엔 사람과 똥만 보였는데. 흐흐.

"똥벼락! 과연 어떤 일이 일어나는지 옛이야기 속으로 들어가 볼까요? 똑, 또옥~!!"

속표지에 돌밭이 그려져 있고 그 왼쪽부터 이야기가 시작된다. 김 부자가 돌쇠 아버지를 30년 동안 부려먹고 돌밭을 새경으로 내 놓았다는 이야기. '너무하네'라는 마음이 들기도 전에, 돌쇠 아버지가 기뻐하며 돌을 골라낸다. '처음부터 기름진 밭이 있나?' 하면서 열심히 돌을 골라내어 어느새 돌들은 밭의 테두리에 놓인다.

"이 장면으로 봐서 돌쇠 아버지는 어떤 성격일까요?" 하면, "성실해요, 착해요, 긍정적이에요." 한다. 이런 긍정의 마음이 돌쇠 아버지에게 힘을 주었지만 금방 밭에 뿌릴 거름이 없어 걱정이 든다.

"여러분. 가장 좋은 거름이 무엇일까요?" "똥이요~!!" 하하, 아이들은 이미 알고 있다.

다음 장면, 돌쇠네는 온 동네의 똥을 모아 온다. 개똥도 막대기에 꽂아 오고, 마른 똥도 손에 들고 온다. 밖에서 놀다 똥이 마려우면 부리나케 집으로 달려오는 돌쇠의 노력도 재미있다.

하루는 돌쇠 아버지가 산너머 잔칫집에 갔다가 맛난 음식을 먹고 배에 신호가 온 것이다! 똥구멍을 오므린 채 집으로 달려오는 돌쇠 아버지!

"하하하. 방귀도 껴요. 똥 나오겠네~!!"

비슷한 경험이 있는 아이들은 느끼는 게 있나 보다. 똥구멍을 막고 달리는 모습에 자지러진다. 관찰력 좋은 아이들은 그 모습을 걱정스럽게 지켜보는 잔칫집 사람들의 모습도 찾아낸다.

"하하, 여러분도 가끔 기름진 뷔페 음식을 먹으면 화장실에 잘 가지요? 저 돌쇠 아버지는 집까지 무사히 가나 볼까요?"

너무 급한 상황이라 돌쇠 아버지는 '싸서라도 가져가자.'고 마음을 바꾼다. 산 중턱에 커다란 나뭇잎을 깔고 '뿌지지직!' 참았던 똥을 누자 오줌도 세차게 뻗쳐 나왔다. 어라? 그런데 오줌 줄기가 낮잠 자던 산도깨비 얼굴에 쏟아지고 만 것이다. 산도깨비의 고함 소리에 놀란 돌쇠 아버지는 그만 똥 덩이 위에 주저앉고 만다.

"아이쿠! 아까운 내 똥 다 뭉개졌네!"

그 꼴을 본 산도깨비는 기가 막힌다.

"그깟 더러운 똥이 아깝다니?"

하지만 눈물까지 흘리는 돌쇠 아버지를 보자 딱하다는 생각이 들어 도와주기로 한다.

"여러분. 도깨비가 어떻게 도와줄 수 있을까요?" "도깨비 방망이로 도와줘요!" "그러면 어떤 도움을 주려나?" 물어보면 아이들마다 다양한 생각을 말한다. 눈치 좋은 아이는 똥벼락을 내려준다거나, 마음 착한 아이는 황금을 내려준다거나 하고 말이다. 말은 사람의 품성이란 게 사실인가 보다.

"도깨비는 인정이 많은가 봐요."

하지만 공교롭게도 김 부자네 똥들만 돌쇠네로 날려버리는 도깨비. 역시 단

순함이 있다. 집으로 와 보니 거름간에 똥이 수북했다. 밥보다 반가운 돌쇠 아버지는 똥에다 풀도 넣고 재도 섞어서 잘 썩힌 똥 거름을 만들었다. 그걸 돌밭에 뿌리니 농사가 아주 잘 되었다. 풍성한 추수를 한 돌쇠네 가족의 행복한 모습이 참 보기 좋다.

그런데 이게 웬일? 돌밭에서 금가락지를 캐낸 것이다. '어라? 웬 가락지람?' 곰곰 생각하다가 곧장 김 부자네로 달려간다.

"왜 김 부자네로 달려가나요?" 물어보면, "그 똥이 김 부자네서 왔잖아요!" 하는 아이들. 이 순간에 우리는 '예측하기'를 해본다.

"그럼 김 부자네서 어떤 일이 일어날까요?"

고맙다고 상을 준다는 생각을 하는 아이는 거의 없다. 이미 아이들은 표지 모델이 김 부자일 거라고 추측을 했고, 그 놀부 심보가 드러난 얼굴에서 '욕심'을 찾아낸 것 같다.

"억울하게 도둑으로 몰릴 것 같아요!"

딩동댕~!! 가락지를 본 김 부자는 지난 봄에 손자가 똥독간에 빠뜨린 것을 기억하며 사정을 물어본다. 돌쇠 아버지는 신나게 있었던 일을 말해주지만, 오히려 '똥 도둑놈'으로 몰려서 몰매를 맞고 만다! 그 장면, 매를 맞는 장면은 온통 먹색으로 칠해 있다. 아무래도 유쾌하지 않은 장면이라 작가가 독자를 배려해 준 것일 수도 있고, 억울한 장면의 먹먹한 기분을 한국적 실루엣으로 처리한 것일 수도 있다. 어쨌든 보는 우리도 암울했다. (그와 상관없이 금색으로 반짝거리는 가락지가 얄밉다.)

금가락지를 얻은 김 부자는 매를 맞은 돌쇠 아버지에게 '똥을 갚든지, 곡식을 내놓든지' 하라고 강요한다.

"아!~ 나쁜 놈!" "과연 돌쇠 아버지는 어떻게 할까요?"

또다시 예측을 해본다. "원님한테 고발해요!" "도깨비한테 복수하라고 해요!" "이사 가요!" 하며 나름의 방법을 찾는 아이들. 결국 산도깨비에게 찾아가 하소연을 하고, 산도깨비는 기가 막혀서 '기가 막힌 방법'을 단숨에 생각해 낸다. 백 배로 갚아준다고 온 세상의 똥들을 김 부자네로 날린다! 드디어 세상의 똥 덩이가 모두 솟아올라 똥 구름을 일으키면서 온 하늘을 뒤덮는다. 곡식을 기대한 김 부자 앞에 똥 한 덩이가 떨어지고, 순간적으로 똥벼락이 "후득후득 처덕처덕 푸드득 퍼드득!" 내리꽂힌다. 밤새도록 똥벼락이 내리쳐 그 자리엔 똥 산이 생겼다. "야호~!!" 아이들도 후련한 마음인가 보다. 똥 이야기가 이렇게 통쾌할 줄이야!

자, 이제 마무리를 할 시간이다.

"그렇다면, 저 똥 산은 어떻게 될까요? 그리고 김 부자는 어떻게 되었을까요?"

열린 결말로 끝나는 옛이야기는 아이들 마음에 무엇을 남겼을까? 권선징

악? 굳이 묻지는 말자. 이미 마음속에 그 떨림을 담았을 테니.

함께 해보기

❶ 김 부자의 생사와 똥 산을 처리하는 방법 찾아보기

마지막 똥 산 부분을 보면 오른쪽 아래 숲속으로 똥 발자국이 있다. 고양이 발자국까지. 이것으로 미루어 보아 김 부자는 살아 있음을 알 수 있다. 하지만 과연 반성하고 있을까? 아이들과 김 부자에 대해 다양한 해석을 해보자.

그리고 저렇게 큰 똥 산은 어떻게 처리할까? 그림책 안에 답이 나와 있지만 우리들이 먼저 해결해 본다. 그리고 결론을 들려준다. 좋은 거름이 되니 온 동네 사람들이 가져가서 농사를 짓고 풍년을 맞이했다는 결론!

쉬운 답이라도 아이들이 먼저 맞히는 보람을 느끼게 해주자.

❷ 뒷이야기 만들기

마지막 장면엔 금가락지가 걸린 곡식이 자란다. 이 작은 그림은 또 다른 이야기의 씨앗이 될 수 있다. 마치 영화의 다음편을 예고하는 듯한 이 장면을 보며 '똥벼락'의 뒷이야기를 만들어 보자. 정답은 없으므로 신나게, 재미있게 이야기를 써 보자. 호기심은 모든 창작의 근원임을 알 수 있을 것이다!

Tip

어렸을 적 엄마의 옛이야기는 교훈과 재미만 있는 것이 아니다. 들려주던 그 상황도 고스란히 남는다. 따스한 엄마의 체온과 소곤거리던 목소리가 아직도 내 귀를 간질이는 느낌으로 남아 있기 때문이다. 그 따스함이 아이를 따스한 사람으로 성장시킬 것이다.

참고로 『로마인 이야기』에 이런 글귀가 나온다. 시오노 나나미가 카이사르를 보며 쓴, '어렸을 때 부모의 영향'에 대한 글.

'평생 동안 그(카이사르)를 특징지은 것 하나는 아무리 절망적인 상태에 빠져도 유쾌한 기분을 잃지 않았다는 점이다. 그렇게 낙천적일 수 있었던 것은 흔들리지 않는 자신감이 있었기 때문이다. 그리고 사나이에게 최초로 자부심을 심어주는 것은 어머니의 애정이다. 어릴 때 어머니의 사랑을 받으며 자라면, 자연히 자신감에 뒷받침된 균형감각을 얻게 된다. 과거에 얽매이지 않고 미래를 바라보는 적극성도 어느새 저절로 몸에 배게 된다.'(4권 29쪽에서)

내 아이가 풍요로운 '내일'을 살 수 있게 '오늘' 옛이야기를 들려주자.

함께 읽기

『똥떡』(이춘희 글 / 박지훈 그림 / 사파리)

『정신없는 도깨비』(서정오 글 / 홍영우 그림 / 보리)

『도깨비와 범벅장수』(이상교 글 / 한병호 그림 / 국민서관)

『국시꼬랭이 동네 시리즈 18권 세트』(이춘희 외 지음 / 임재해 감수 / 사파리)

『보리 옛이야기 보따리 10권 세트』(서정오 지음 / 보리)

우리는 정말 환경을 보호하고 있을까?

숲을 그냥 내버려 둬!
다비드 모리숑 글·그림
크레용하우스

주제 실천적 환경 보호를 하자
대상 말로만 환경 보호를 외치고 싶지 않은 사람

마음의 흔들림

우리 다음 세대에게 가장 심각한 문제는 무엇일까 생각해 봤다. 교육? 진로? 정치? 경제? 아니다. 가장 큰 문제는 환경이다. 이미 지구온난화로 인해 해수면이 올라오고 있고 공기, 물, 토양 그 모두가 오염되어 가고 있잖은가. 그렇다면 학교에서는 어떻게 환경교육을 하고 있는가. 전국의 모든 학교에서는 환경을 위해 '환경보호 포스터 그리기' '환경보호 글쓰기' 그리고 '환경보호 표어 만들기'에 심혈을 기울인다. 상장 하나 받으면 환경보호에 대한 교육은 그걸로 끝이 난다. 이미 지나간 행사일 뿐이다. 그게 학교 교육의 현실이다. '실천'만 빠진 호들갑.

'교육이란 무엇일까?' 모르는 것을 알게 하는 것? 생각의 확장? 융합과 통섭? 내가 생각하는 교육을 한마디로 말한다면 '실천'이다. 행동하지 않는 지식은 헛지식이다. 공공질서를 배우지만 무단횡단을 하는 아이들. 환경보호를 배우지만 쓰레기를 길가에 버리는 아이들. 효도를 배우지만 부모의 잔소리에 짜증을 내는 아이들. 우정을 배우지만 친구를 왕따시키는 아이들. 배려를 배우지만 자발적 불우이웃돕기를 하지 않는 아이들. 참 많이 봐왔다.

그렇다면 어떻게 교육의 본질인 '실천'을 스스로 하게 할 수 있을까? 아이들 마음을 흔들어야 한다. 그것이 감동이든 창피함이든 간에! 흔들린 마음 한 구석에 행동할 수 있는 씨앗 하나를 심어주어야 한다. 그러기 위해선 진심으로 말해야 한다. 진정성을 가지고 가르쳐야 한다. 그 진심이 통한다면 행동은 자연스럽게 나올 것이다. 그리고 실천으로 가는 한 가지 방법으로 '그림책'을 권한다.

환경에 관한 세 가지 그림책을 추천한다면 다음과 같다. 『달 샤베트』 『투발루에게 수영을 가르칠 걸 그랬어!』 『숲을 그냥 내버려 둬!』. 앞의 두 그림책은 1권에서 이미 다뤘기에 여기서는 세 번째 그림책으로 환경의 심각성을 이야기하고자 한다.

책 속으로 풍덩~!!

아주 괜찮은 그림책을 만났다. 이름은 익히 들어서 알고 있었지만, '뭐, 비슷비슷하겠지' 하는 마음에 선뜻 손이 안 가던 책이었는데 아들과 함께 찾아간 작은 도서관(소나무푸른도서관)에서 다시 만나게 되었다. 발명품을 만드는 쥐돌이의 이야기다. 발명은 즐겁다. 누구에게나 즐겁지. 우리 생활을 편리하게 해주니까.

그림책 속으로 들어가 보자. 앞표지를 보면 설계도를 들고 있는 비버에게 하얀색 생쥐가 설명을 하는 장면이 있다. 이 그림책은 앞표지부터 이야기가

시작되는 특이함을 갖추고 있다(내용이 많은 그림책은 지면의 한계를 극복하기 위해 속표지부터 이야기를 시작하거나, 아예 앞면지부터 시작하기도 하는데 이렇게 앞표지부터 시작하는 그림책은 드물다).

앞면지, 어느 푸르른 숲 속 한가운데 작은 공터에서 주인공 쥐돌이는 잠수함, 혹은 우주선 같은 기계를 만들고 있다. 꽤나 멋지게 만든 걸 보니 발명에 소질이 있는가 보다. 친구 비버가 쥐돌이를 도와서 열심히 망치질하며 발명품을 완성하려는 순간이다. 잠시 쉬면서 둘은 새 발명품이 만들어 낼 물건에 대해 이야기한다. '아! 이 발명품은 무언가를 만들어 내는 기계였구나.' 하고 생각하는데, "플라스틱 병, 비닐봉지, 건전지, 알루미늄 캔……. 우리 생활을 편리하게 해 주는 물건들이지."라고 쥐돌이가 말을 한다. 어? 그런데 뭔가 끈적끈적한 보라색 물이 쥐돌이 얼굴에 튄 거다. "오염물질인가?" 하는 혼잣말 뒤에 아~주 큰 소리로, "걱정할 것 없어! 멀리 가져가 버리면 돼." 하는 게 아닌가. '녀석, 정말 쿨하구만.' 하는 생각도 잠시, 수레에 오염물질을 싣고 숲 속에 구덩이를 파 감쪽같이 땅속에 묻었지만 그 위의 꽃이 죽어 버린다. 오염물질 때문에 죽었나 봐. 어쩌지?

"걱정할 것 없어! 더 멀리 가져가 버리면 돼."

쥐돌이는 뚝딱뚝딱 작은 잠수정을 만들어 바다 속에 버리고 온다. 그런데 잠깐만! 오염물질은 더 빨리 숲의 나무와 풀을 병들게 한다. 사태가 더 심각해지자, 쥐돌이는 더 큰 소리로 **"걱정할 것 없어!"**를 외친다. 로켓을 만들어 오염물질을 싣고 달나라에 버리고 온다. 하지만, 결국 보라색 구름으로 되돌아오는 오염물질……! 이런? 비가 오네! 끈적끈적한 보라색 비가~!!

"이러면 온 세상이 오염되는 거 아니예요?"

"그렇지! 과연 쥐돌이는 어떻게 할까요? 여러분이라면 어떻게 할 거예요?"

아이들은 발명품 만드는 것을 당장 그만두어야 한다고 말한다. 버리고 온 오염물질을 다시 가져와야 한다고 말한다. 환경에 해로운 것을 만들지 말아야 한다고 말한다. 말은 쉽다. 그러면 이렇게 되묻는다.

"우리 생활에 편리한 물건들을 만들기 위해 지금도 공장에서는 오염물질이 만들어지고 있어요. 여러분은 환경을 위해 편리한 물건들을 안 쓸 자신이 있어요?" "네~!"라는 대답 뒤에 다시 묻는다.

"플라스틱 병에 담긴 음료수, 안 마실 수 있어요? 비닐봉지, 사용하지 않을 건가요? 장난감에 들어가는 건전지, 사용하지 않고 지낼 수 있어요?"

그 정도는 지킬 수도 있다고 말한다.

"그래요, 참고 노력하면 지킬 수 있지요. 그러면 공장에서 만드는 것이 그것들뿐일까요? 어때요, 휴대폰 사용 안 할 수 있어요?"

"어? 그건……."

자신들에게 직접적인 영향이 있는 것에는 고민을 하고 마는 아이들. "쉽지 않겠지요." 하는 말로 잠시 마음을 흔들어 주고, 다시 그림책으로 돌아간다.

"온 세상이 다 오염되고 말 거야." 하는 '진정한 걱정'이 든 쥐돌이에게 이 상황을 극복할 기회는 올 것인가…….

환경 사랑. 우리가 쉽게 이야기하지만 피부에 닿지 않음을 안다. 그래서 작가 다비드 모리송은 이 책을 만들었나 보다. 피부로 느끼라고.

우리가 궁금해하는 이 그림책의 결과는 어떻게 될까? 그리고 쥐돌이가 만들던 발명품은 어떻게 되었을까? 궁금함에 힌트를 준다면 두 친구는 '축구'를 하러 가고, 뒷면지에는 공터의 발명품이 다시 나온다. 아이들이 그 밑의 글에서 의미를 찾으면 좋겠다.

환경 사랑, 이 책에서 시작하면 좋을 것이다.

함께 해보기

❶ '실천'으로 환경을 보호하는 방법을 찾고 실천하기

아이들과 함께 환경보호를 '실천'할 수 있는 방법들에 대해 토론한다. 우선 모둠별로 토론을 하고 반 전체로 다시 한 번 이야기한다. 모둠별로 가장 좋았던 방법들을 발표한 후, 모두가 좋은 방법으로 환경 보호를 실천할 수 있도록 격려하자. 물론, 실천한 내용들을 교실 벽에 기록해 두는 것도 잊지 말자.

"우리, 말로만 하지 말자."

❷ '흙으로 돌아가는 시간' 조사하기

쓰레기가 썩는 데 걸리는 시간을 알아보고 일회용품의 사용을 줄이도록 해 보자. 먼저 선생님과 부모님부터 실천하고 그 작은 경험을 아이들과 나누는 시간을 갖자. 내가 실천하는 것을 몇 가지 이야기하면 이렇다. 김밥집에서 나무젓가락 안 받기, 카페에서 머그컵에 커피 달라고 주문하고 빨대 사용 안 하기, 학교에서 개인 컵 사용하기 등이 있다.

〈쓰레기가 흙으로 돌아가는 시간〉

우유팩 : 5년
종이컵 : 20년
비닐봉지 : 30년
플라스틱 : 50~80년
알루미늄 캔 : 80~100년
종이 기저귀 : 100년 이상
스티로폼 : 500년 이상
유리병 : 1,000,000년 이상

〈분리 배출 마크〉

Tip

지난 여름 도서관 독서캠프를 했었다. 그림책을 활용한 독서교육으로 캠프에 참가한 아이들이 책에 대한 즐거움과 마음의 흔들림도 느꼈고, 더위도 잊는 수업이 되었던 것 같아 좋았다. 환경에 대한 이야기도 나누었기에 소개하고자 한다. 수업 분량은 적절히 조절하여 알맞게 하면 무리가 없겠고, 꼭 이대로 하는 것보다는 상황에 맞게 융통성을 발휘하는 수업이 되면 더욱 좋겠다. (부록, '교사를 위한 도서관 독서캠프' 참고)

함께읽기

『달 샤베트』(백희나 글·그림 / 스토리보울)
『투발루에게 수영을 가르칠 걸 그랬어!』(유다정 글 / 박재현 그림 / 미래아이)
『야, 우리 기차에서 내려!』(존 버닝햄 글·그림 / 박상희 옮김 / 비룡소)
『지렁이다』(차보금 글 / 김영수 그림 / 사파리)
『대머리 사막』(박경진 글·그림 / 미세기)
『난지도가 살아났어요』(이명희 글 / 박재철 그림 / 마루벌)

진실의 힘 - 꿈꾸는 자와 이루는 자

쌍둥이 빌딩 사이를 걸어간 남자
모디캐이 저스타인 글·그림
신형건 옮김
보물창고

주제 마음먹은 일을 해내는 용기를 현실에서 배우다
대상 아름답지만 사실이 아니라는 진실에 실망하는 친구들

마음의 흔들림

그림이 예쁘지도, 글이 화려하지도 않지만 그 내용이 사실이라면? 아마 또 다른 감동에 전율할 수밖에 없을 것이다. 그게 '진실의 힘'이니까.

쌍둥이 빌딩을 기억하는가. 2001년 '9 · 11 테러'에 의해 순식간에 잿더미로 무너져 내린 세계무역센터. 엠파이어 스테이트 빌딩과 함께 영화에서 킹콩이 올라간 빌딩이었고 뉴욕의 상징이었던, 그 빌딩 말이다. 이젠 존재하지 않지만 그 빌딩에 대한 세계인의 여러가지 추억들은 앞으로도 계속 기억 속에 남을 것이다.

혹시, 그 빌딩의 높이가 얼마나 되는지 알고 있는가? 아니, 우리나라의 63빌딩은 몇 미터나 될까? 갑자기 궁금해진다. …… 검색을 해보니 63빌딩(지상 60층, 지하 3층)의 높이는 249미터나 된다고 한다. 와~ 생각보다 훨씬 높구나! 그렇다면, 쌍둥이 빌딩은 몇 미터일까? 놀라지 마시라, 무려

400미터나 되었단다. 휴, 그 위에서 아래를 내려다 보면 얼마나 떨릴까. 생각만 해도 아찔해진다. 그런데 한 남자가 그 높은 쌍둥이 빌딩 사이에 줄을 걸고 건너간 사건이 있었다. 1974년에 있었던 실화이다. 필립 쁘띠라는 프랑스 젊은이가 친구들의 도움을 얻어서 쌍둥이 빌딩 사이에 줄을 걸고 그 위에서 걷고, 춤추고, 묘기를 부리는 데 성공한 것이다. 그 용기에 박수를 보내고 싶다. 하지만 점점 궁금해지는 것이 있었다. 도대체 어떠한 방법으로 그곳에 줄을 걸었을까? 꽤 굵은 줄이었을 텐데 그걸 어떻게 연결했을까? 그리고 과연 빌딩 주인은 허락을 해주었을까? 정말 궁금한 마음으로 책을 열어보았다. 그리고 지금, 그 놀라운 사실을 빨리 이야기해 주고 싶다.

책 속으로 풍덩~!!

"오늘은 한 남자의 이야기를 들려줄게요. 그 전에 여러분은 쌍둥이 빌딩을 아나요?" 하는 질문으로 수업을 시작한다.

"여의도에 있는 거요?" "미국에 있는 쌍둥이 빌딩은 무너졌잖아요?" 하며 반문하는 아이들.

"네. 미국에 '있었던' 쌍둥이 빌딩을 말하는 거예요. 미국 뉴욕의 세계무역센터가 정식 이름이었죠. 하지만 지금은 없어졌지요?"

"맞아요, 9 · 11 테러로 무너졌어요."

많은 아이들이 사실을 알고 있다. 언제 무너졌냐고 물어보고 정확한 연도도 말해 준다. 2001년!

"그럼, 그 빌딩은 과연 몇 미터나 되었을까요?"

정확히 아는 아이들은 거의 없다. 비슷한 높이를 맞춘 아이에게 칭찬을 해 주고 말해 준다. 400미터라고. "우와~!! 정말 높네요!!" "참고로 우리나라의 63빌딩은 몇 미터인지 아세요?" 하면 아이들이 순진하게 대답한다. "63미터요~!!" 하고. "하하, 아녜요. 63빌딩도 249미터나 된답니다! 오늘은 63빌딩보다 약 150미터나 더 높은 뉴욕의 쌍둥이 빌딩에서 일어났던 이야기를 들려줄게요." 하며 그림책 『쌍둥이 빌딩 사이를 걸어간 남자』의 표지를 보여 준다.

앞표지에는 하늘 높은 곳에 줄이 있고 그 위에 한 발을 디딘 그림이 나온다. 아래로는 무수한 빌딩의 지붕과 개미떼만큼 작아 보이는 자동차들의 행렬이 보인다. 그 순간 뒤표지를 활짝 펼쳐 보이면, 두 다리가 보이면서 저 멀리 강 건너 마을까지 보이는 그림이, 마치 3D 입체화면처럼 아슬아슬하게 다가온다! "우와~!!" 아이들이 감탄한다. (앞뒤표지가 하나의 장면으로 그려진 그림책의 매력이 이런 게 아닐까 생각해 본다.)

속표지를 보면 한창 쌍둥이 빌딩을 짓고 있는 모습이 그려져 있다. 아직 완

쌍둥이 빌딩이 나란히 서 있었습니다.
뉴욕에서 가장 높은 그 빌딩들은 높이가

공이 되지 않았을 때의 이야기인가 보다. 그 당시 뉴욕에서 가장 높은 빌딩들. 그 앞에서 한 남자가 쳐다보고 있었다. 그 남자의 이름은 필립이었는데 외발 자전거를 타고 묘기를 부리는 거리의 곡예사였다. 그가 가장 좋아한 것은 줄 위에서 걷고 춤추는 것이었다. 그런 그가 결심한 것은 쌍둥이 빌딩 사이에 줄을 매고 줄타기를 해야겠다는 것이다. 그는 한번 마음먹으면 꼭 하고야 마는 사람이었다. 하지만 경찰과 빌딩 주인은 결코 허락을 해주지 않았다. 그래서 필립은 비밀리에 계획을 세우기 시작했다. 아직 완공되지 않은 건물이었기에 기술자인 척 가장하고 친구들과 함께 남쪽 빌딩으로 들어간 것이다. 그들은 200kg이나 되는 전선 다발과 여러 도구들을 챙기고 공사 중인 맨 위층까지 올라갔다. 캄캄한 밤, 모든 사람들이 돌아갔을 때 그들은 옥상까지 올라갔다. 한밤중, 반대쪽 빌딩 옥상엔 다른 친구들이 기다리고 있었다.

"여기서 문제~!! 과연 이들은 어떻게 줄을 연결하였을까~요?"

아이들은 다양한 추측과 상상력을 발휘하여 발표한다. 돌멩이에 줄을 연결하여 던진다는 방법부터 대포를 쏴요~ 하는 녀석들도 나온다. 하지만 필립의 친구들은 화살에 가는 줄을 묶어 40미터쯤 떨어진 반대쪽 빌딩으로 쏜다. 아슬아슬하게 그 줄을 잡고, 이번엔 그 줄에 더욱 질긴 줄을 묶고 반대쪽 친구들이 다시 잡아당긴다. 그러면 거기에 더욱 굵은 전선을 연결하고 다시 당기는 방법으로 줄을 연결한 것이다. (줄타기를 할 전선은 굵기가 엄지손가락만 했다.) 하지만 전선이 너무 무거워 아래쪽으로 축 늘어지고 말았다. 양쪽 빌딩

에서 필립과 친구들이 전선을 다시 끌어올리는 데는 무려 세 시간이나 걸렸다. 전선을 팽팽히 당겼을 때는 거의 동이 트고 말았다. 드디어 검은 옷을 입은 필립이 균형을 잡기 위해 8미터나 되는 장대를 잡고 그 줄 위로 발을 옮겨 놓았다! 다음 장에는 쌍둥이 빌딩 사이를 걸어가는 필립의 모습이, 펼쳐지는 세 면으로 길게 나타난다. 그 모습이 얼마나 숨 막히고 손에 땀이 나는지!! 하지만 그는 행복했고 자유를 누리고 있었던 것이다! 400미터 위 공중에서 누군가가 춤을 추는 모습은 아찔하면서도 아름다운, 눈부신 일이었다~!!

줄타기가 성공한 후에 일어난 소동에 대해서는 간단히 나와 있다. 경찰에 의해 법정으로 끌려온 필립에게 내려진 판결은 무엇이었을까? 재판관의 재치 있는 판결을 추측해 보는 일도 우리들의 즐거운 순간이다. '내가 재판관이라면 어떤 판결을 내릴까?'를 발표하는 활동을 꼭 해보자.

그렇게 그림책 수업을 마치면 아이들이 물어본다. "선생님, 이거 실제로 있었던 일이에요? 아니죠?" 한다. 보통의 그림책 이야기들은 아름답게 포장되어 있어서 실화가 적은 것도 사실이기에. 이럴 때는 뜸을 들이고 천천히, 낮은 목소리로 말한다.

"이 이야기는, 1974년, 쌍둥이 빌딩이 지어질 때 일어났던! 진짜 있었던 일이다~!!"

"에엥? 잉? 진짜요? 정말요?" 아이들은 난리가 난다.

"이게 실화라니~!!" 또 다른 전율을 느끼나 보다. 이것이 진정 '진실의 힘'이 아닐까?

"못 믿겠다면 그 당시의 모습을 찍은 영상을 보여 줄까?" "네에~!!" 그림책의 진실된 이야기를 영상으로 다시 만난다면, 그거야말로 감동 두 배인 것이다! (EBS 지식채널ⓔ에서 '줄 위를 걷는 사람'편을 보여 준다.)

이제 쌍둥이 빌딩은 사라져 버렸지만, 필립의 용기는 우리들 가슴속에 남을 것이다.

그리고 1985년에 완공된 우리나라의 63빌딩. 부모님들에게는 정수라가 '아, 대한민국'을 부른 빌딩으로, 아이들에게는 수족관과 아이맥스 영화관이 있는 황금색의 아름다운 빌딩으로 기억되는 여의도의 상징물도 잊지 말자고 한다.

함께 해보기

❶ 쌍둥이 빌딩 사이에서 줄타기할 때 필요한 준비물 생각해 보기

"우리가 만약 쌍둥이 빌딩 사이에서 줄타기를 한다면 어떤 준비물을 챙겨가야 할까?" 그림책을 읽어 줄 때 이 부분에서 미리 생각해 보는 시간을 갖자. 다양한 준비물이 필요하겠지? 일단, 줄이 나오고 장대나 장갑 등이 나온다. 힘낼 수 있는 간식으로 우유와 빵을 준비한다는 의견도 나온다. 거기서 아이들의 번뜩이는 재치를 엿볼 수 있는 준비물도 나올 수 있으니 '풍요로운 상상'을 즐길 준비를 하자!! 정답이 없는 대답은 얼마나 즐거운 순간이던가~!!

❷ 실화를 다룬 그림책 찾아보기

그림책 중에는 실제 일어났던 일을 쓴 것도 있고 아닌 것도 있다. 그중에 실화를 다룬 그림책들을 찾아보는 것도 의미있는 일일 것이다. 『나무를 심은 사람』의 아름답고 고귀한 이야기가 실제 있었던 일이 아니라는 사실에 아이들이 많이 실망하기도 한다. 한국인이 나오는 책 중에는 『다이빙을 사랑한 한국인 소년 새미 리』를 보여 주는 것도 좋다. 인터넷에 '새미 리'를 치면 사진도 나온다. 그중에 김연아 선수랑 같이 찍은 사진이 있으니 아이들에게 보여 주면 더욱 현실감 있게 다가올 것이다.

❸ 모디캐이 저스타인의 다른 책에서 실화 찾아보기

모디캐이 저스타인은 주로 실제 일어났던 사건이나 인물의 일대기를 표현하는 작가다. 그의 다른 책들도 접해 보면 '실화의 감동'을 더 많이 누리는 기회를 얻을 것이다.

Tip

이 책의 가장 큰 매력은 이야기가 '사실'이라는 것이다. 진짜 일어난 이야기. 진실만큼 전율을 일으키는 것이 있을까? 그래서 아이들은 환호하고 감동한다. 1974년 '필립 쁘띠'라는 프랑스 젊은이가 쌍둥이 빌딩 사이에 줄을 매고 그 위에서 묘기를 부리는 데 성공한다. 그리고 그 전 과정을 직접 책으로 쓰기까지 했다. 『나는 구름 위를 걷는다』(필르프 프티 글 / 이민아 옮김 / 이레). 더 관심이 많은 아이들과 어른이 있다면 그 책도 권해 본다.

또 하나, 이 그림책을 보여 준 후에 실제 움직이는 주인공의 영상을 보여 주면 감동이 배가 된다. 지식채널ⓔ의 '줄 위를 걷는 사람'으로 진실의 깊은 맛을 보여 주자. 그 주인공의 열정과 용기를 가슴에 새겨 주자.

그리고 같은 내용을 다큐영화로 만든 〈맨 온 와이어〉도 있음을 알려준다. 관심이 생긴다면 언젠간 볼 것이다.

함께 읽기

『다이빙을 사랑한 한국인 소년 새미 리』(유보라 글 / 이담 그림 / 이재원 옮김 / 길벗어린이)

『라이카는 말했다』(이민희 글·그림 / 느림보)

『와일드 보이』(모디캐이 저스타인 글·그림 / 신형건 옮김 / 보물창고)

『거인을 깨운 캐롤린다』(모디캐이 저스타인 글·그림 / 전하림 옮김 / 보물창고)

귀신이 도와주겠다고 한다면, 어떻게 할래?

어리석은 농부와 귀신들의 합창
나세르 케미르 글
엠레 오룬 그림
이효숙 옮김
솔

주제 자유로운 해석을 해봐!
대상 이야기가 주는 재미를 느끼고 싶은 친구들

마음의 흔들림

어떤 강의를 듣다가, 마음에 쏘옥 들어오는 이야기를 만난다면 어떨까?

어떤 책을 읽다가, 가슴에 파고드는 글귀를 만난다면 어떨까?

그럴 땐 이렇게 외쳐야 한다. "심봤다~!!" 혹은 "아싸라비야~!!" 무엇이든 괜찮다. 운명적 만남의 기쁨을 밖으로 표출해야 한다. 그 후엔? 빨리 생각공책이나 스마트폰에 그 순간의 감동을 적어 두어야 한다. 시간이 지날수록 감동이 바래지니까.

우연히 얻어지는 건 없다. 똑같은 이야기를 만나도, 똑같은 책을 읽어도 시(視) 하지 말고, 견(見) 하는 재능을 가진 사람은 다르게 경험한다. 준비가 된 사람이다. 단언컨대 우연한 만남은 없다.

몇 해 전, 온몸을 전율케 한 이야기를 만났다. 아라비아 지방의 이야기, 『어리석은 농부와 귀신들의 합창』이 그것이다. 어둡고 무시무시한 이야기가 숨어 있는 그림책, 그 어떤 교훈이나 도덕률도 제시하지 않는 그림책, 아이들에게 공포와 스릴을 느끼게 해주는 그림책은 아마 세상에 이 책 하나뿐일지도 모른다. 무섭지만, 거기서 주는 재미를 잊을 순 없다. 마치, 맵지만 맛있게 매운 고추장처럼 아이들에게 매콤달콤한 이야기로 기억될 것이다. 다만 그 책을 읽으면 무슨 교훈을 얻느냐고 묻지는 말기 바란다. 아이들에겐 '느끼는 것'이 가장 큰 소득이니까 어른의 기준으로 교훈을 강요하지 말자.

이 책은 천둥과 번개가 치고 비바람과 어둠이 몰려오는 오전 시간에 아이들에게 읽어 주면 최고일 책이다. 일 년에 몇 번 없을 음산한 날씨를 맞이했는데 공부만 한다면 이 얼마나 아까운 순간이겠는가. 그런 날엔 아이들이 먼저 말한다. "무서운 이야기 해주세요~!!" 기대를 저버리지 않는 것도 교사의 센스다. 교과서를 놓고 어두운 표정으로 이야기를 들려주자. 아주 음산하게. 특히, 탁한 목소리로 우리를 전율하게 만드는 "너 거기서 뭐 하는 거냐?" 하는 대사는 미리 연습해 두는 게 좋다(가급적이면 책상을 탁! 치면서 큰 소리로). 오우…… 이 대사는 정말, 지금 생각해도 소름이 돋는다.

이야기가 꽤 길어서 처음엔 책을 보고 읽어 주겠지만, 확실한 효과를 얻으려면 외워서 구연동화처럼 들려주는 것이 가장 좋다!! 반복적인 대사와 상황이 나오므로 중요한 줄거리를 머릿속에 그리고 외우면 된다. 실감 나게 말한다는 것은, 책을 보고 읽는 것이 아니라, 눈을 보고 외치는 것이다. 빠지는 내용이 조금 있으면 어떤가. 전체 이야기의 흐름에 감정을 실어서 눈을 마주치고 실감나게 말하는 게 더 좋지 아니한가!

첫 대사는 이렇게 끌어가자. 그림책의 맨 앞에 써진 한 줄의 대사로.

"만약 귀신이 도와주겠다고 한다면 당신은 어떻게 하시겠습니까?"

책 속으로 풍덩~!!

표지의 그림은 이렇다. 새빨간 하늘 아래 커다란 머리통만 나와 있는 귀신들의 모습과, 그 앞에 앉아 귀를 막고 있는 작은 사람. 강렬한 표지 그림이 인상적이다. 표지를 스캔해서 커다란 화면으로 보여 주고 이야기한다면 아이들의 피를 끓게 할 것이다. 물론 일 년에 한 번, 여름날에 먹구름과 비바람이 몰아쳐야 들려줄 수 있는 이야기다. 가능하다면 최적의 상황에 최대의 효과를 누리는 것이 좋으니까.

아이들이 먼저 무서운 이야기 해달라고 할 때까지 짐짓 뜸을 들인다. 그런 후에 표지를 보여 준다(이때 제목은 지우고 보여 주자). 어떤 느낌이냐고 물어보면 석상 같다느니, 좀 무섭다느니 하는 대답이 나온다.

"제목은 '어리석은 농부와 귀신들의 합창'이야~." 하며 검은색과 빨간색으로 쓰인 제목을 보여 준다. "자, 이제 이야기 속으로 들어가 볼까요? 똑~ 또옥!!"

"만약! 귀신이 도와주겠다고 한다면 당신은 어떻게 하시겠습니까?"라고 물은 뒤, "옛날에 아주 가난한 농부가 있었어요……." 하며 이야기를 시작한다.

발단은 이렇다. 가난한 농부가 결혼을 하고 아들이 태어나자, 아이한테는 가난을 물려주고 싶지 않아 일거리를 찾아다닌다. 하지만 번번이 허탕만 친다. 그러다 발견한 밭이 있었는데 귀신들의 밭이라는 소문 때문에 그곳에 농사를 지을 수는 없었다. 그렇게 몇 달, 몇 년이 흘렀다. 가난한 농부는 결국 귀신들의 밭으로 가서 농사를 짓기로 한다. 오래전부터 버려져 있던 밭에는 엉겅퀴, 가시덤불, 잡초가 잔뜩 뒤엉켜 있었다. 농부가 덤불을 잡고 힘껏 당기자 땅 밑에서 목소리가 들려 왔다. "너 거기서 뭐 하는 거냐?" 농부가 목소리의 주인을 찾아보려고 두리번거릴 때 또다시 그 목소리가 들려오는 게 아닌가? "너 거기서 뭐 하는 거냐?" "그, 글쎄요, 가시덤불을 뽑고 있었던 것 같은데……." 그러자 목소리가 또 들려왔다. "도와줄 테니 기다려라!" 그러더니 땅 속에서 투명한 귀신 다섯이 스르르 올라와서 일제히 밭에 난 풀을 뽑아버리기 시작했다. 순식간에 밭에는 풀 한 포기도 남아 있지 않았다. 집에 돌아온 농부는 아내에게 달려가 밭에서 있었던 일을 모두 이야기해 주었다. 하지만 아내는 귀신들을 믿을 수 없으니 조심하라고 한다.

다음 날 아침, 농부는 "밭에 있는 돌들을 다 골라내야지!" 하며 첫 돌을 골라내자 땅 밑에서 낯익은 목소리가 들려온다. "너 거기서 뭐 하는 거냐?" 돌을 골라낸다는 농부의 말에 "도와줄 테니 기다려라!" 하며 귀신 열 명이 나와 돌을 골라내기 시작한다. 여기까지가 발단이다. (그림책 속 그림들은 모두 어둡고 음침하다. 이야기 장면에 맞는 그림을 보여 주며 계속 말한다.)

아내는 여전히 걱정하지만 밭에 나간 농부는 일부러 큰 소리로 중얼거린다.

"오늘은 밭을 갈아야겠다!"

"너 거기서 뭐 하는 거냐?"

"밭을 갈려고 하는데요!"

"도와줄 테니 기다려라!"

듣고 있던 아이들은 오히려 잘되었다고 말하기도 한다. 그리고 귀신들의 숫자가 두 배로 늘어나는 것을 눈치챈다. 교사가 "땅 속에서 투명한 귀신이?" 하면, "스무 명~!!"이라고 외친다. 그런 일이 계속 반복되고 아이들은 귀신의 숫자를 계산하면서 즐거워한다. 밀알을 심을 때 귀신 마흔 명, 새를 쫓을 때 귀신 여든 명, 그리고 백육십 명에서 삼백이십 명으로, 다시 육백사십 명으로……. 여기까지는 좋은 일만 일어난다. 그런데 농부가 그만 병이 들고 말았다. 농사일을 거를 수 없다고 생각한 농부는 어린 아들을 불러 신신당부한다.

"얘야, 우리 밭은 귀신들의 밭이란다. 귀신들이 물어보면 넌 그냥 대답만 하거라. 그러면 귀신들이 알아서 도와줄 거다. 겁먹지 말고, 다른 건 아무것도 하지 말고. 이 점을 절대 잊어서는 안 된다."

아들은 아버지가 일러준 대로 말하고 귀신들은 도와주었다. 하지만 문득 아버지에게 좋은 일을 하고 싶어서 밀알의 개수를 세기 시작한다. 계속 계산이 틀려지고 다시 세는 일을 늦게까지 한다. 그러다 배가 고파진 아들은 밀알을 입에 넣자마자 땅 밑에서 목소리가 들려왔다.

"너 거기서 뭐 하는 거냐?"

"저어, 밀알 한 톨을 먹고 있는데요!"

"도와줄 테니 기다려라!"

그러더니 땅 속에서 만이천팔백 명의 귀신들이 나타나 밀알을 한 톨도 남기지 않고 다 먹어 버린 것이다. "아! 어떡해?" 아이들도 안타까운 마음이 드나 보다.

잔뜩 겁을 먹은 아들은 혼이 날까봐 집에 돌아가지 않고 숨어 버린다. 돌아오지 않는 아들을 걱정한 농부는 밭으로 나와 밀알이 한 톨도 남지 않은 밭을 본다. 그리고 아들을 발견하자 화를 참지 못하고 따귀를 한 대 때리고야 만다. 그러자 낯익은 목소리가 들려온다.

“너 거기서 뭐 하는 거냐?”

“아들의 잘못을 고쳐 주려고 따귀를 살짝 때렸어요.”

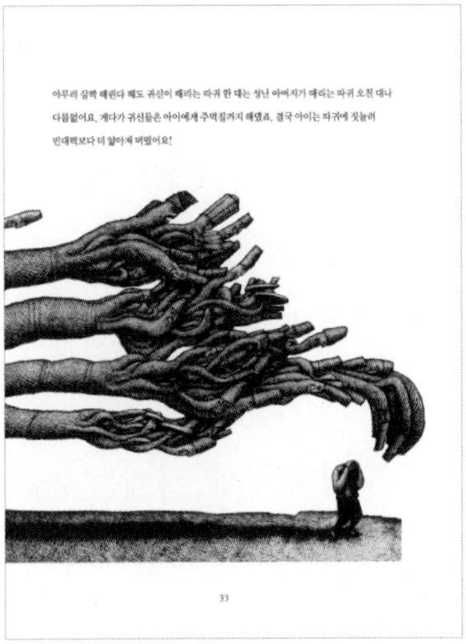

이번에도 어김없이 목소리가 들려왔다. “도와줄 테니 기다려라!” 이 장면에서 이만오천육백 명의 귀신들이 튀어나와 일렬로 서더니 아이에게 따귀를 한 대씩 때리기 시작한다. 아, 결국 아들은 어떻게 되었을까? 아무리 살짝 때린다 해도 귀신의 따귀 한 대는 성난 아버지가 때리는 따귀 오천 대나 다름없어서, 결국 아이는 따귀에 짓눌려 빈대떡보다 더 얇아져 버렸다! 아내의 말을 안 듣고 귀신들의 힘을 빌렸던 농부는 후회를 하면서 집으로 돌아가지 않기로 한다.

“귀신들이 너무하네요!” 하는 아이도 있고, “아내 말을 들었어야 했어요!” 하는 아이도 있다. “농부가 시킨 대로만 했으면 되었을 텐데!” 하며 안타까워하는 아이도 있다. 각자의 아이들이 각자의 느낌을 가지고 말하는 순간은 소중하다.

“그럼 아내는 어찌 되었을까요?” 하며 계속 이야기해 준다. 납작하게 쓰러진 아들을 발견하고 너무 괴로운 나머지 자기 머리를 쥐어 뜯고 만다…….

“아!”

그 뒤 이야기는, 당신의 예상대로다.

함께 해보기

❶ 우리 반 친구들이 느낀 점 말해 보기

아이들이 느낀 점을 자유롭게 말하는 시간을 갖자. 어차피 인생에 정답은 없다. 역시 부모님의 말을 잘 들어야 한다든지, 세상에 공짜는 없다든지, 위험한 일을 하면 안 된다든지 하는 말들도 좋다. 아이들이 느낀 만큼 깨달으면 된다.

이 그림책의 맨 끝에는 옮긴이의 말이 나와 있다. 마무리하는 의미로 간단하게 읽어주는 것도 좋으리라. 인간의 어리석음과 고통에 대한 이야기와 인간에 대한 연민과 이해심도 함께 느낄 수 있도록 말이다.

❷ 우리나라의 옛이야기에서 어리석은 인간상 찾아보기

욕심으로 인해 어리석은 행동을 한 우리나라의 옛이야기 속 인물들을 찾아본다. 대표적으로 혹부리 영감과 놀부가 있으리라. 그리고 더 많은 옛이야기를 찾아서 인물들의 어리석은 행동을 알아보고 타산지석으로 삼으면 좋겠다.

Tip

우리나라의 소중한 옛이야기가 담긴 책으로 반드시 추천할 만한 책들이 있다. 우리나라의 옛이야기 그림책은 대부분 이 책의 내용들을 텍스트로 삼아서 만들었음을 밝혀 둔다.

- 『옛이야기 보따리』 (서정오, 보리)
- 『옛이야기 들려주기』 (서정오, 보리)
- 『깔깔 옛이야기』 (서정오, 보리)
- 『철 따라 들려주는 옛이야기』 (서정오, 보리)

함께 읽기

『먹다 먹힌 호랑이』(강벼리 글 / 문종훈 그림 / 한림출판사)
『정신 없는 도깨비』(서정오 글 / 홍영우 그림 / 보리)

침묵을 지킬 수는 없었니?

마지막 거인
프랑수아 플라스 글·그림
윤정임 옮김
디자인하우스

주제 더불어 살아가지 못하는 인간의 이기심을 비판하라
대상 스스로 자기 집을 부수고 있는 인간들

마음의 흔들림

1992년 프랑스 몽트뢰이 어린이 도서 전시회의 토템 앨범과 프랑스 문인협회의 어린이 도서 부문 대상, 프랑스 주간 서적의 세르클 도르 상 수상. 1993년 프랑스 어린이 전문 서점과 도서관 협회가 공동으로 선정하는 마법사 상과 벨기에 비평가들이 주는 최우수 어린이 그림책 상, 프랑스 청소년 잡지 리르 오 콜레주의 대상 수상. 1994년 프랑스 도서출판협회 명예도서로 선정, 미국에서 헝그리 마인드 리뷰 상 수상. 1996년 독일의 라텐팡거 상 수상.

이 책이 처음 나왔을 때 세상이 인정한 내용이다. 그 후에 국제 어린이 도서 협의회 명예도서 선정, 우리나라에서는 환경부와 환경보전협회 선정 우수 환경도서로 인정받았다. 이 책의 맨 뒤에는 서울대학교 생명과학부 최재천 교수의 7쪽에 달하는 글이 실려 있다.

왜 이런 이야기를 하는가. 정말로 중요한 책인데, 진짜로 소중한 내용인데,

반드시 지켜야 할 것이 들어 있는데! 온 세상이 인정하는 책이니까, 꼭 읽어 보라고 말하고 싶어서다…….

자연의 아름다움과 비밀은 떠벌리고 다니는 순간, '인간의 이기심' 때문에 파괴된다는 것을 알아야 한다.

이 책은 몇 년 전 일상처럼 도서관을 떠다니듯 탐험하다가 발견한 책이다. 두 손에 들어오는 작은 그림책. 거인의 등에 새겨진 문신과 그를 지켜보는 작은 인간의 모습이 나를 끌어당겼다. 햇살 가득 들어오는 창가에서 책을 다 읽고 다시 표지를 보았다. 거인의 뒷모습이 쓸쓸해 보였고 작은 인간이 미워졌다.

"야! 침묵을 지킬 수는 없었니?"

책 속으로 풍덩~!!

보통의 그림책보다는 긴, 장편의 그림책이다. 이 책을 다 읽는 데는 반 시간 이상이 소요된다. 하지만 그 시간만큼 몰입되는 느낌이 좋다. 마지막엔 무거운 침묵이 따라오더라도.

책의 첫 장을 넘기면 나오는 한마디, "침묵을 지킬 수는 없었니?" 거기서부터 약간의 불편함을 안고 읽기 시작한 책, 『마지막 거인』. 주인공인 '나'가 일인칭 시점으로 적어 놓은 일기 같은 글로 이루어져 있다.

'내 인생을 송두리째 바꾸어 놓은 그 물건'을 사들인 주인공. 그것은 이상한 그림이 조각되어 있는 커다란 이(齒牙)였다. 부적처럼 지니고 다녔다던 늙은 뱃사람은 그것을 '거인의 이'라며 비싸게 팔았다. 거의 주먹만 한 이는 어른의 어금니와 꼭 닮았던 것이다. 호기심과 놀라움으로 세심한 관찰과 연구를 하던 '나'는 이 뿌리 안쪽 면에 새겨진 미세한 지도를 발견한다. 아주 오래된 책에서 묘사되었던 '거인족의 나라'인 것이다. '나'는 곧 가방을 꾸리고 동인도 회사의 무역선을 타고 긴 여행을 떠난다.

미얀마를 거쳐 두 달 간의 항해를 한 끝에 드디어 흑해를 거슬러 오르기 시작한다. 급류와 절벽을 지나 상류에 이르자 울창한 삼림이 나타난다. 탐험은 고행이 틀림없다. 걸어서 그곳을 지나는데 거머리와 모기, 개미들의 등살을 견뎌 내야 했다. 그렇게 책으로 20쪽 넘게 묘사된 고난의 길을 뚫고 발견한 것은 '거인의 발자국'이다! 가슴속 심장이 쿵쿵거리는 순간, 바닥의 흔적을 따라가는 나. 수직으로 갈라진 절벽의 틈새를 따라 들어간 내가 비밀스러운 계곡에서 발견한 것은 눈구멍이 있는 상아빛 바위였는데 그건, 사람의 머리였다. 거인들의 묘지를 발견한 것이다.

그렇게 계곡의 북동쪽을 헤매다가 탈진하여 깊은 잠에 빠져든 내가 차가운 햇살에 눈을 뜨고 본 것은 문신투성이의 얼굴 네 개였다! 그곳은 바로 살아 있는 거인들의 나라였다!! 그들이 내 몸을 돌봐 주었던 것이다. 거인들의 감미로운 노래소리와 어울리며 나는 그들을 알아가고 이해하는 일에 매달렸다.

거인들은 남자 다섯에 여자 넷, 모두 아홉 명이었다. 그들의 온몸에는 복잡한 점선으로 이루어진 금박 문신이 새겨져 있는데 자세히 보면 식물, 동물, 꽃, 강 등의 모습이 보인다. 그리고 거인들 중 가장 키가 큰 안탈라의 등에는 아홉 명의 인간 형상들 사이로 열 번째 인물이 드러나기 시작하는데 바로

'나'였다! 그들은 피부로 말을 하는 것이었다.

일 년 동안 그들의 생활을 익히고 지혜를 배우며 도움을 받았던 나는 그곳을 떠날 시간이 되었고 안탈라와 제올이라는 거인은 멀리 티벳을 지나 중앙 아시아까지 나를 바래다 주었다. 눈물을 흘리던 거인들은 내게 순금 조각 몇 개를 주고 헤어진다.

사막과 시베리아 지역을 통과한 나는 드디어 영국의 집으로 돌아온다. 다음 날부터 나, 아치볼드 레오폴드 루트모어는 일에 착수한다. '거인 나라로 떠나는 여행'이라는 9권의 책을 쓴 것이다. '내'가 발견한 거인족에 대한 장대한 보고서였다. 책은 과학 단체의 반발에도 불구하고 대단한 성공을 거두고 신문들은 '협잡꾼!'이니 '세기의 발견자!'니 하며 소란스레 이 일에 끼어든다. 전국을 돌며 순회 강연을 하고, 미국에서도 성공을 하여 드디어 두 번째 원정단을 계획할 만큼의 충분한 돈이 마련된다. 하지만 미얀마에 도착한 원정단에겐 예기치 못한 놀라운 일이 기다리고 있었다. 나팔소리와 북소리가 울려 퍼지는 가운데 마차에 실려 오는, 아름답고 숭고한 거인 안탈라의 머리가 보였던 것이다! 그 순간 분노와 공포와 고통에 사로잡힌 나에게 들려온, 너무도 익숙한 그 목소리가, 애절하게 말했다.

"침묵을 지킬 수는 없었니?"

결국, 거인들의 나라에서 발견한 건 그들의 시체와 그 주위에 있던 (그 유해들로부터 잇속을 챙기려는) 세상의 온갖 협잡꾼, 사이비 학자, 도적들뿐이었다.

거인들이 실재하고 있다는 달콤한 비밀을 폭로하고 싶었던 내 어리석은 이기심이 이 불행의 원인이 된 것이다. 그 후 아치볼드 레오폴드 루트모어는 더 이상 글을 쓰지 않고 서재의 책들도 모두 기증해 버린 후, 어느 고기잡이배의 선원이 되어 조용히 살아간다. '거인의 이' 이야기는 절대로 하지 않으면서.

아, 이 얼마나 슬픈 결과이던가! 아름다움은 아름다움으로만 보고 느꼈어야 했는데, 괜한 이기심 때문에 모두를 망쳐버린 것이다. 여기에 나온 거인들은 무엇이었을까? 바로 자연 그 자체인 것이다! 그들을 배반하지 말았어야 했는데……. 이 책을 읽은 후부터 우리는 노력해야 한다. 시간 속으로 영원히 사라져 버리는 일이 또다시 일어나지 않도록!

함께 해보기

❶ 선생님이, 부모님이, 어른의 목소리로 읽어 주는 시간을 갖기

아이들에게 들려주자. 집에서는 품에 앉고 읽어 주며, 학교에서는 그림을 스캔하여 커다랗게 보여 주고 책을 읽어 주자. 그거면, 되었다.

❷ 사라진 동물들 조사하기

1492년 콜럼버스가 아메리카 대륙을 발견한 이후로 인간은 지구 구석구석을 약탈하기 시작했고, 신비로운 생물들에게 치명적인 영향을 끼쳤다. 날지 못한 도도새, 반쪽 무늬의 콰가 얼룩말, 추위에도 끄떡없는 매머드, 호랑이보다 강한 검치호, 긴 털로 덮여 있는 털코뿔소와 바바리 사자, 스텔러 바다소들은 인간의 이기심으로 사라져 갔다. 사과하는 마음으로 그들의 모습을 마음속에 기리자.

Tip

이 책의 서두에는 다음과 같은 글이 쓰여 있다.
'저자 프랑수아 플라스는 12세와 13세 청소년을 위하여 이 책을 썼으나, 어른들이 읽어도 좋을 책이라고 덧붙였습니다.'
하지만 그 정도가 아니었다. 인간이라면 나이와 상관없이 반드시 읽어야 하는 책이라고 주장하고 싶어졌다. 그리고 받아들여야 한다. 자연과 더불어 살아가지 못하고 자신을 낳아 준 자연을 파괴하며 살육하는 데에 주저함이 없는 인간의 사악한 이기심, 그것을 비판하고 있는 이 책을!

함께 읽기

『어느 개 이야기』(가브리엘 뱅상 지음 / 별천지)
『창 너머』(찰스 키핑 글·그림 / 박정선 옮김 / 시공주니어)
『캄펑의 개구쟁이』(라트 글·그림 / 박인하, 홍윤표 옮김 / 꿈틀)
『숲을 그냥 내버려 둬!』(다비드 모리송 글·그림 / 크레용하우스)

옛날 옛날 먼 옛날에~

샌지와 빵집 주인
코키 폴 그림
로빈 자네스 글
김중철 옮김
비룡소

주제 옛이야기가 들려주는 인생의 지혜로움
대상 이야기가 주는 현명함을 열린 마음으로 받으려는 사람

마음의 흔들림

"옛날 옛날, 먼 옛날에 비단장수가 살았어. 하루는 비단장수가 산 너머 이웃 마을로 비단을 팔러 간 거야. 가다가 피곤하여 망부석 옆에 비단 짐을 기대놓고 낮잠을 잔 거야. 한참을 자다가 깨어 보니 아, 글쎄! 비단이 몽땅 없어졌네? 이를 어째! 주위에 지나가는 사람에게 물어도 비단을 못 봤다는 거야. 이러지도 저러지도 못하고 있는데 마을 사람 중 한 명이 원님에게 가보라고 조언을 해주네. 그래서 비단장수는 부리나케 원님에게 달려간 거야.

원님이 물었지. '그래, 비단을 가져간 사람을 보지 못했느냐?' 하고. 비단장수는 못 보았다고 했어. 주위엔 그저 망부석만 있었다고 했지. 그러자 곰곰이 생각하던 원님이 아, 글쎄! 그 망부석을 당장 잡아오라고 한 거야! 그 놈이 범인을 봤을 거라는 거지!

'망부석 재판'이 열린다는 소문이 온 사방에 퍼지자 수많은 사람들이 구경을 나온 거야. 드디어 다음 날, 원님은 망부석을 붙잡아 놓고 범인을 말하라고 심문하니, 글쎄~ 망부석이 대답할 리가 없잖아! 화가 난 원님은 포졸들에게 '저 망부석의 볼기를 매우 쳐라~!!' 하고 명령을 내리네. '딱~!!' 하고 볼기를 치는 순간 곤장이 두 동강이 난 거라. 구경꾼들이 하도 우스워 모두 웃고 말았지. 그 모습을 본 원님은, '감히 재판을 하는데 웃어? 이놈들을 모두 옥에 가두거라!' 하시네. 화가 단단히 나셨나 봐. 구경꾼들이 모두 잘못했다고 빌어도 소용이 없는 거야. 모두가 애걸하는데 원님이 얘기하시네. '정 용서를 받고 싶으면 3일의 기한을 줄 테니 모두 비단 한 필씩 가져오너라! 3일이다!' 하시는 거야. 이를 어째? 결국 구경꾼들은 사방에 수소문해서 비단을 사온 거야. 그런데 그 비단이 모두 비단장수가 잃어버린 바로 그 비단이네? 원님이 그 비단들을 어디서 구했냐고 묻자, 모두들 저 산 너머 비단장수한테서 사왔다고 했지. 결국 원님은 산 너머 비단장수를 잡아오고 원래 비단장수에게 모든 비단을 돌려주었다는 이야기네~!! 거참, 현명하신 원님이 아니신가?"

"나도 하나 얘기해 줄게. 옛날 옛날 먼 옛날에 한 아기를 두고 자기가 엄마라고 우기는 두 여인이 있었지. 눈치챘어? 그래도 들어 봐. 서로 엄마라고 우기니 결국 현명한 왕 앞에까지 가게 된 거지. 왕이 물어도 자기가 엄마라고 어찌나 우기는지 해결이 안 날 것 같은 거지. 그때 왕이 말했어. '그렇다면, 저 아기를 반으로 잘라 두 명의 엄마에게 공평하게 나누어 주거라!' 하신 거지. 재판을 구경나온 모든 사람들이 깜짝 놀라는데, 아 이때, 한 여인이 좋다고 한 거야! 그게 공평하겠다고 생각한 거지. 그럼 다른 여인은 뭐라고 했을까? 안 된다고 했지. 그러려면 차라리 저 아기를 상대 여인에게 주라고 한 거지. 과연 누가 진짜 엄마일지는 금방 알아챘겠지? 현명한 왕은 그렇게 해서 아기를 사랑하는 진짜 엄마를 알아낸 거지. 어때? 지혜롭지?"

첫 번째 이야기는 우리나라의 '망부석 재판'이란 옛이야기이고, 두 번째 이야기는 이스라엘의 '솔로몬의 재판'이란 옛이야기였어.

현명하게 사리분별을 할 수 있는 재능은 순간적 판단에서 나올 수 있어. 그러나 그 판단의 밑바탕에는 수많은 책을 통한 간접경험이 있었음을 놓치지 말아야겠지? 옛 사람들의 현명하고 지혜로운 이야기들을 많이 알게 되면 인생을 더 잘 대처할 수 있으리란 생각에, 여기 또 다른 옛이야기를 들려줄게.

책 속으로 풍덩~!!

표지를 보여 주며 누가 샌지이고 누가 빵집 주인인지 맞히기를 하는 건 어렵지 않다. 성품이 나쁜 사람은 그 얼굴에 고스란히 나타나는 걸 알아채는 아이들의 눈치가 귀엽다. "그럼 이야기 속으로 들어가 볼까요? 똑, 또옥~!!"

앞면지를 보면 파란 바탕에 누가 검은 물감을 쫙! 쫙! 뿌려놓은 것처럼 지저분해 있다. 아마도 뭔가 지저분하고 어지러운 사건이 생길 것을 암시해 주는 듯이.

속표지를 보면 빵집 주인이 샌지에게 주먹까지 보이며 화를 내고 있다. 아이들은 '왜 그러지?' 하며 호기심이 더 생긴다.

"젊었을 때 여행을 많이 한 샌지는 거친 바다를 건너고, 넓은 사막을 지나 전설의 도시 후라치아에 도착했어."

그 도시를 본 아이들은 아라비아 지역의 건물들을 보고 금방 그곳이 어딘지 알아챈다.

"샌지는 이곳에 잠시 머물기로 하고 방을 찾았는데 방 밑에 빵집이 있어서 더 좋았나 봐. 아침부터 맛있는 빵 냄새가 풍겨와 베란다에 서서 빵 냄새를 코로 훅훅 들이마셨지. 그리고 빵을 사러 간 거야. 빵 냄새가 좋아서 빵을 사러 왔다는 말에 인상 험악한 빵집 주인이 샌지를 노려보는 거야."

"어휴~ 빵집에 빵이 정말 많아요!" "나도 빵 먹고 싶다!" 하는 아이들을 달래면서 계속 이야기를 한다.

"매일 빵 냄새를 맡는 샌지를 여러 날 동안 빵집 주인이 몰래 훔쳐본 거야. 그러더니 결국 빵 냄새를 훔쳤다고 외치며 돈을 내라는 거야!"

"와~ 억지다. 정말 나쁘다!"

결국 재판까지 가게 된거지. 재판관이 샌지에게 은닢 다섯 냥을 가지고 다음 날까지 다시 오라는 거야. 그런데 자세히 보면 재판관의 얼굴이 빵집 주인과 많이 닮았다. 아이들이 수군거린다. "어? 이거 친척관계 아니야? 샌지 큰일 났네!" 하며 걱정하기 시작한다.

한편 샌지는 은닢 다섯 냥이 없어서 다섯 명의 친구들에게 은닢을 빌리러 간다. 이 장면에서 아이들이 참 재미있어 한다. 자신들의 친구관계와 비교가 되나 보다. 흐흐.

샌지 친구들의 직업이 써 있진 않지만 아이들과 맞히는 재미가 쏠쏠하다. 친구들의 방에 있는 물건들과 옷을 보면서 대~충 맞힐 수 있는 것이다.

"첫 번째 친구는 무얼 하는 친구일까요?" 하고 물으면 아이들은 자세히 관찰하기 시작한다. 책상 위의 펜들, 종이에 그린 그림들을 보면서 '화가'라거나 '작가', 또는 '만화가'라고 유추 한다. 정답은 없으니 크게 외치는 게 답이다!

두 번째 친구는 방에 동물들의 뼈와 화석이 있으니 '고고학자'쯤 되려나?

"세 번째 친구는?" 방에 책들이 가득하고 안경을 쓴 대머리 아저씨인 걸 보

니 '교수님' 같다고 한다. 뭐, 아니어도 상관없으니 얼마나 즐거운가.

그런데 네 번째 친구가 엉뚱하다. 어른들은 잘 모르니 그냥 '마녀'라고 하겠지만, 그림책을 많이 접한 아이들은 소리친다!

"어? 마녀 위니다~!!" "와~ 마녀 위니가 친구라니!"

이럴 때 작은 팁을 준다. 이 책을 쓴 코키 폴이란 작가가 바로 '마녀 위니' 시리즈를 그린 작가라고! "아~하!!" (작지만 깨달음의 '아~하'는 얼마나 유쾌한가.)

마지막 친구는 '과학자' 내지 '발명가'겠지. 한 가지 놀라운 사실은 마지막 친구가 만든 기계에서 은닢이 만들어져 나오는 장면이다. 너무나 즐거워하는 샌지의 모습을 보라. 샌지는 자신을 도와주는 친구들이 있어서 행복하지 않았을까 생각해 본다.

드디어 재판 날, 의심스러운(?) 재판관은 어떤 판결을 내릴까? 재판관은 커다란 놋쇠 그릇을 가져와서 그 위에 동전을 한 번에 한 닢씩, 던지라고 말하는 거다. 과연…… 어떤 일이 일어날까?

"첫 번째 동전이?" 하고 선생님이 외치면 아이들은 자동으로 "짤랑" 한다. "두 번째 동전이?" "딸랑". "세 번째 동전이?" "딸그락". "네 번째 동전이?" "땡그랑". "다섯 번째 동전이?" "떨그덕!" 하며 서로 웃으며 주거니 받거니 하는 우리는 마치 친구 같다.

"동전 소리를 들은 것이 네가 받은 값이니라." 하는 멋진 판결을 내리는 재판관. 재판소에 나와 있는 사람들이 모두 웃고 있고, 샌지는 환호성을 지른다. 그리고 은닢을 돌려주는 재판관. 얼마나 현명한가? 괜히 의심했네. 흐흐.

"어? 그런데 저 사람들은 샌지의 친구들 같아요." 하는 관찰력 좋은 아이는 꼭 있다! 이 책의 하이라이트는 마지막 장면에 있다. 재판소를 나오는 샌지 앞에 차례대로 줄을 서 있는 친구들. 반갑다고 하기에는 샌지의 표정에 황당함이 묻어 있다. 왜냐고? 그 친구들이 모두 한 손을 내밀고 있거든~!! 하하!!

"그래, 얘들아~ 친한 친구일수록 돈 관계는 확실해야 한단다!" 하며 이야기를 마무리한다.

함께 해보기

❶ 내 친한 친구들의 '미래 모습'을 상상해서 써보기

내 친구들은 커서 자신의 꿈을 이루고 있을까? 과연 무엇을 하는 사람이 되어 있을까? 상상하는 것만으로도 흐뭇한 시간을 가질 수 있다. 그리고 친구의 의미를 생각해 보는 시간도 가져봐야겠지.

❷ 지혜로운 판결(또는 해결책)이 나오는 다른 이야기 찾기

'옛이야기'나 '이솝 이야기' '전래동화'에 나오는 또 다른 명재판을 알아내서 다음 시간에 발표하는 건 어떨까. 아이들이 '이야기의 매력'에 흠뻑 빠져 보는 기회가 되기를 기대해 본다.

❸ 각자 쿠키를 만들어서 오븐에 넣고 만들어 먹기

먹을 것이 나오는 그림책(『구름빵』 『쿠키 한입의 인생 수업』 『달 샤베트』 등)을 읽어 줄 때면 항상 침이 꼴깍꼴깍 넘어가기 마련이다. 그럴 때 이야기로만 끝이 난다면 아이들의 원초적(?) 불만은 없어지지 않는다. 그런 수업 후에는 실제 비슷한 빵이나 과자를 만들어 먹으면 좋아한다. 어떻게 아냐고? 만들고, 먹는 아이들의 모습을 보라. 행복 바이러스가 온 교실을 뒤덮을 테니~!! 학교 연구실에 오븐이 있으면 잠시 빌려 와도 좋고, 큰 맘 먹고 하나 장만해도 좋겠다.

실제 『구름빵』을 읽어 준 후에 집에서 아침에 만들어 온 따끈한 구름빵(깨찰빵)을 6학년 아이들에게 나누어 준 적이 있었다. 그때의 반응이란!!

더운 날, 『달 샤베트』를 본 후에는 실제 샤베트(또는 팥빙수)를 만들어 먹으면 좋다. 각자 집에서 200ml 우유를 얼려 오고, 조별 준비물로 팥, 견과류, 시리얼, 꿀 등을 가져와서 얼린 우유에 넣어 먹으면~ 아, 생각만 해도 맛나네~!!

Tip

이 책의 작가인 코키 폴이 몇 년 전, 새로운 『마녀 위니』 시리즈를 들고 우리나라에 왔었다. 그때 한 잡지에 인터뷰를 했는데 이렇게 말했다.
"마녀 위니는 다른 마녀들처럼 완벽하지도 않고, 늘 적절한 행동만 하지도 않아요. 실수로 마법의 지팡이를 세탁기에 넣고 돌려버리는가 하면, 빗자루를 타고 하늘을 날다가 빌딩 벽에 부딪히는 등 실수 연발이지요. 그래도 어떤 일이든 시도하려고 합니다. 그리고 실수를 통해 배워나갑니다. 마녀 위니처럼 나도, 여러분도 탄탄대로만 걸으며 살 수는 없겠지요. 마녀 위니가 우리에게 주는 메시지는 바로 그것입니다."
그리고 덧붙여 말했다.

"우리의 날들엔 흐린 날도 있고 또 햇빛 떨어지는 날도 있는 법입니다. 실수는 실패가 아닙니다. 실수는 '교훈'이란 친구를 데리고 다니며 결국엔 좋은 일을 불러옵니다. 실수를 하나하나 쌓아가는 과정, 그게 바로 인생이라는 이야기를 담고 있는 책이 마녀 위니 그림책입니다."
작가의 말을 듣고 마음이 흔들렸다면, 그림책은 어른도 철들게 하는 책이 맞다.

함께 읽기

『마녀 위니』(밸러리 토머스 글 / 코키 폴 그림 / 김중철 옮김 / 비룡소)
『마녀 위니, 다시 날다』(밸러리 토머스 글 / 코키 폴 그림 / 김중철 옮김 / 비룡소)
『마녀 위니와 우주 토끼』(밸러리 토머스 글 / 코키 폴 그림 / 노은정 옮김 / 비룡소)
『토끼의 재판』(홍성찬 글·그림 / 보림)
『깔깔 옛이야기』(서정오 글 / 서선미 그림 / 보리)

마음속에 큰 뜻을 품었으면, 이제 펼쳐봐!

줄줄이 꿴 호랑이
권문희 글·그림
사계절

주제 숨겨진 재능은 때가 되면 나온다
대상 재능이 발휘되는 재미있는 이야기를 기다리는 친구들

마음의 흔들림

옛날 옛날에 중국 춘추전국시대의 일이었다. 초나라의 왕으로 등극한 초장왕은 3년 동안 술과 노래, 사냥을 하면서 정사를 돌보지 않았다. 그러면서 이를 말하는 자에게는 사형에 처하겠다고 대신들에게 공표했다. 이때 '오거'라는 신하가 있었는데 그는 초장왕의 속내를 떠보기 위해 한 가지 계책을 생각해 냈다. 어느 날 초장왕을 찾아가 물었다.

"대왕님께 한 가지 수수께끼를 여쭙고자 합니다. 한 마리 새가 언덕에 앉아 있는데 3년 동안 날지도 않고 울지도 않고 있습니다. 그렇다면 이 새는 도대체 어떤 새입니까?"

그러자 초장왕은 그가 자신의 큰 뜻을 알아보고자 함을 깨닫고 다음과 같이 대답했다.

"3년 동안 날지 않았으나 한 번 날기만 하면 하늘을 뒤덮을 것이요, 3년 동안 울지 않았으나 한 번 울기만 하면 천하를 놀라게 할 것이다. 그대는 가서 기다리도록 하라."

그 후 초장왕은 정신을 차려 직접 나라를 다스리기 시작했는데, 조정에 있던 간신들을 몰아내고 오거와 같이 어질고 능력 있는 신하들을 중용하여 경제를 살리고 군사력을 강화해 다른 나라들이 감히 초나라 영토를 넘보지 못하게 했다.

이렇듯 때를 살피고 각성의 순간을 맞이하여 마음속 웅장한 뜻을 화려하게 꽃피운 이야기는 많다.

이번엔 고대 유럽의 철학자 탈레스에 관한 이야기다. 탈레스는 무엇이든 매우 열심히 생각하고 관찰하는 사람이었다. 어느 날 우주의 원리를 생각하며 정신없이 하늘만 보고 걸어가다 발 앞의 커다란 웅덩이를 못 보고 그만 빠지고 말았다. "사람 살려~!!" 하는 소리에 지나가던 사람이 구해 주면서 말했다. "우주의 큰 원리를 연구하시는 분이 자기 발 앞의 웅덩이도 보지 못하셨네요?" 이를 본 마을 사람들이 모두 비웃고 말았다. 하지만 탈레스는 열심히 연구하여 천문학에도 통달하게 되었다.

어느 해, 땀을 흘리며 열심히 일하는 농부를 보고는 돕고 싶은 마음에 내년에는 올리브가 풍년이 들 것이라고 알려주자 오히려 농부는 탈레스에게 화를 내며 말했다.

"우리 생활에 가장 필요하지 않은 것이 당신이 하는 학문이오. 그러니 당신 같은 학자들이 모두 가난한 것 아니오!"

이 말을 듣고 집으로 돌아온 탈레스는 모든 돈을 가지고 올리브 기름 짜는 기계를 싼값으로 다 사들였다. 마을 사람들은 바보같은 짓이라고 놀렸다. 하지만 탈레스는 천문학적 지식으로 다음 해에 올리브가 풍년이 들 것을 미리 알고 있었던 것이다. 다음 해 가을이 되자 올리브는 풍년이 들었고 마을 사람들은 모두 기름 짜는 기계를 빌리러 탈레스에게 찾아와야만 했다. 순식간에 큰 돈을 모은 탈레스는 사람들에게 말했다.

"학자도 마음만 먹으면 부자가 될 수 있지만 학자의 목적은 부자가 되는 것이 아니라는 것을 가르쳐 주려고 했던 것이오."

이렇게 어리석은 사람들을 일깨워 주었다. 탈레스는 자기의 학문으로 사람들의 생활에 도움을 주는 방법을 연구하려고 노력한 학자였다.

그리고 여기, 게으른 듯 살고 있지만 마음속에는 큰 뜻을 품고 있는 아이가 있다. 그의 이야기를 그림책으로 만나 보자.

책 속으로 풍덩~!!

우리 옛이야기 그림책 중에서 이렇게 해학적으로 그려진 호랑이가 또 있을까? 『하얀 수염 호랑이』만큼이나 독특하고 재미있게 그려진 호랑이들이 줄줄이 나오는 이야기다.

처음 앞표지를 보여 주면 아이들은 온통 호랑이의 재미있는 모습에만 정신을 판다. 그래서 그 앞에 앉아 있는 강아지를 발견하지 못한다.

앞면지를 펼치면 온통 어떤 게 뿌려져 있다. "여러분, 이것이 무엇일까요?" 하고 묻는다. 글쎄, 아이들은 쥐똥이라고도 하고, 쌀이라고도 한다. 이럴 때 "그럼 몇 개가 있나 세어 볼까요?" 하며 농담으로 아이들을 한번 놀려 주고 이야기 속으로 들어간다. 하하.

'옛날에 게으른 아이가 살았어.'라는 말로 시작되는 이야기. 첫 장면부터 예사롭지 않다. 방바닥에 누운 아이의 뒷모습만 보이는데, 주변은 온통 지저분하

다. 아랫목에서 밥 먹고 윗목에서 똥 싸는 대목에서는 아이들이 난리가 난다.

"더러워도 너~무 더러워~!!"

그럴 만도 한 것이 방안에 파리 날리는 밥그릇과 똥파리 날리는 요강이 함께 있었으니 그렇다.

"문이라도 열어 놓지."

아이들도 한심스러운가 보다. 그 모습에 너무 화가 난 어머니는 소리를 지른다.

"다른 집 애들은 땅도 파고 나무도 해 오는데 너는 밥 먹고 똥만 싸냐?"

화난 어머니의 표정이 무섭지만, 게으른 아이는 "괭이가 있어야 땅을 파지요." 하며 천연덕스럽게 대답한다.

다음 날, 어머니가 괭이를 주자 아이는 마당에 한 길도 넘는 구덩이를 팠다. 이 대목에서 질문을 한다.

"왜 게으른 아이가 구덩이를 저렇게 깊게 팠을까요?"

"글쎄요. 뭘 심으려고 하나?"

"저렇게 깊게 파고 무얼 심을까요?"

하면 대부분 모르겠다고 한다. 나무를 심기에도 너무 깊고, 씨앗을 뿌리기에도 깊으니 말이다.

다음 장면, 아이는 온 동네를 돌아다니며 '똥'을 모아 온다! 만화처럼 여러 컷으로 그려진 장면을 하나하나 관찰하면 너무 재미있다. 소똥을 보고 '와, 크다!' 소리치다 병아리 똥을 보고 '애걔' 하는 장면도 재미있고, 여자아이에게 '똥 안 마렵니?' 묻는 장면은 폭소를 자아낸다.

그렇게 온 동네의 모든 똥을 모아서 구덩이에 붓더니 그 위에 흙을 덮고 '참깨' 한 섬을 몽땅 뿌린다. 싹이 난 것 중 가장 튼튼한 싹 하나만 남겨 놓으니 그 싹이 쑤욱쑥 자라 엄청나게 커다래져서 주먹만 한 참깨가 주렁주렁 열린다~!! 여기에서 옛이야기의 과장과 통쾌함이 느껴진다.

특히 준비성이 투철한 아이의 모습이 엿보이는 부분은, 참깨나무 옆에 수십 개의 돗자리를 미리 준비해 놓은 장면이다. 그리고 이 장면에서 그림책이 위로 열린다~!! 게으른 아이의 치밀함만큼 작가의 섬세한 장치가 돋보이는 장면이다. 신이 난 어머니는 나무 밑 돗자리에서 덩실덩실 춤을 추신다. 하하.

위로 펼쳐진 그림책을 내리고 다음 장을 넘기면, 수십 개의 항아리에 참깨 기름을 다 짜 놓았다. 또 아이는 고소한 냄새에 이끌려 온 강아지를 데려다가 참기름에 밥 말아 먹이고, 참기름에 목욕시키고, 재우고 했더니 강아지는 참기름에 폭 절어서 매끈매끈 반질반질, 고소한 냄새가 폴폴 나게 된다.

"왜 아이는 이렇게 했을까요?"

아이들은 상상도 하지 못한다. 하지만 중간중간 궁금함을 안고 이야기를 따라가는 것도 좋은 방법이다.

다음 장. 이번엔 아이가 칡넝쿨로 긴 밧줄을 꼬아 강아지 다리에 묶었다. 그러거나 말거나 강아지는 드러누워 참기름을 마시는 장면이 재미있다. 하하. 그리고 깊은 산속에 강아지를 묶어 두고 온다.

"왜 이랬을까요?" "선생님! 호랑이를 잡으려고 그러는 것 같아요~!!" 하는 아이가 있다. 산속 저기에 있는 호랑이 등과 꼬리를 본 것이다.

"그런가요? 과연 어떻게 잡을지 넘겨 볼게요~!!" 다음 장면에선 온 산의 호랑이들이 다 몰려온다. 가장 먼저 달려온 호랑이가 덥석 물자마자 미끈한 강아지가 호랑이 '목구멍'으로 미끄러져 들어가 '똥구멍'으로 쏙 빠져 나오는 것이다~!! "푸하하~!!" 아이들이 놀라기도 전에 그다음 호랑이가 꿀꺽! 똥구

멍으로 쏙! 당황한 호랑이들과 상관없이 배가 고픈 다른 호랑이들도 모두 달려든다~!! 삼키면 나오고 삼키면 나오고……. 밤새도록 그리해서 온 산의 호랑이를 줄줄이 꿰어 잡았다는 이야기!!

결국 호랑이 가죽을 내다 팔아 부자가 된 아이는 잘 먹고 잘 살았고, 그 동네에는 지금도 고소한 냄새가 폴폴 난다지 뭐야.

아이들은 '말도 안되는 황당한 이야기'지만 너무나 재미있게 빠져 든다. 이런 게 옛이야기의 매력이 아닐까?

"그런데 여러분, 저 아이는 나중에 어떻게 되었을까요?" 하며 뒷이야기를 생각해 보게 한다. 그림책에는 안 나와 있지만, 대범한 재능과 유쾌한 지혜를 가진 아이가 어른이 된다면 무언가 '큰일'을 하지 않을까? 마치 어렸을 때 온 동네의 말썽쟁이였던 '오성과 한음'처럼 말이다.

"지금 여러분도 엉뚱하고 게으른 모습이 있지만, 마음속에 있는 자신의 커다란 재능을 찾아보세요. 그러면 언젠가는 큰일을 할 수 있을 겁니다!"

함께 해보기

❶ 게으른 아이가 어른이 돼서 일어난 이야기 만들기

그림책의 주인공이 나중에 어른이 되면 어떤 인물이 돼서 어떠한 일을 할지 상상해 본다. 물론 어른이 되어서도 탁월한 재능과 훌륭한 지혜를 발휘하는 장면이 만들어지도록 유도하면 좋겠다.

이미 알고 있는 이야기를 섞어서 써도 좋다. 아는 이야기를 활용한다는 것은 온전히 자신의 것으로 소화시켰다는 것이니까. 모방은 창조의 지름길인 것이다.

❷ 호랑이가 나오는 '속담'과 '옛이야기'를 발표해 보기

'생각의 확산'을 하는 방법 중 하나다.

우선 호랑이가 나오는 '속담'을 먼저 발표시킨다. 1분단 맨 왼쪽 아이부터 차례대로 말하게 한다. 호랑이가 나오는 속담은 꽤 많다. 계속 발표하게 하여 모르는 아이가 나오면 지나가고, 그다음 아이가 말하게 한다. 그렇게 마지막 아이까지 속담을 말하면 성공한 아이들을 교실 앞으로 나오게 한다. 그리고 '다시' 처음부터 호랑이 나오는 속담을 줄 선 순서대로 말하게 한다. 이미 많이 들었기 때문에 자신감도 있고, 필요한 순간에 들은 속담은 쉽게 잊혀지지 않는 법이다! 끝까지 남은 아이가 오늘의 '호랑이 속담왕'이다! 이 아이에게는 칭찬과 함께 부상으로 오늘 읽어 준 『줄줄이 꿴 호랑이』 그림책을 선물로 준다~!! 환호와 함께 선생님은 '화통한 샘'으로 불리게 될 것이다! 크크.

그다음에는 호랑이가 나오는 '옛이야기'를 말하는 것인데, 여기서는 약간의 뜸을 들이는 게 좋다. 한순간에 모든 열정을 쏟아붓는다면 한순간에 끝나 버릴 수도 있으니 '숙제'로 내는 것이다. 그러면 아이들은 다양한 방법(부모님께 여쭙고, 인터넷으로 찾고, 책으로 확인하는 등)으로 호랑이 이야기를 찾아낼 것이다. 스스로 찾아낸 이야기는 아이들 머릿속에 깊이 각인되기 마련이다.

다음 날 발표가 기대된다. 물론, 보고 읽는 발표가 아님을 미리 주지시켜야 한다. 교실 앞에 나와서 멋들어지게 옛이야기 한 자락을 말하는 순간의 아이는, 자신감의 화신이 된다~!!

Tip

아, 그렇다면 면지에 나온 것은 무엇이었을까? 바로 '참깨'였던 것이다. 그건 그렇고 호랑이가 나오는 옛이야기는 이렇다.
'팥죽 할머니와 호랑이' / '해와 달이 된 오누이' / '호랑이와 곶감' / '호랑이 잡는 법' / '은혜 갚은 호랑이' / '토끼의 재판' / '호랑이 뱃속 잔치'

호랑이가 나오는 속담은 이렇다.
'하룻강아지 범 무서운 줄 모른다.'
'호랑이도 제 새끼는 귀여워할 줄 안다.'
'호랑이가 없는 골에 토끼가 왕 노릇 한다.'
'호랑이는 죽어서 가죽을 남기고 사람은 죽어서 이름을 남긴다.'
'호랑이도 제 말 하면 온다.'
'호랑이를 잡으려면 호랑이 굴로 들어가야 한다.'
'호랑이에게 잡혀가도 정신만 차리면 된다.'

또 하나, 속표지를 보면 다 쓰러져 가는 초가집 뒤로 산이 있고, 그곳에는 많은 호랑이 꼬리와 등이 살짝 보인다. 이야기의 복선이 숨어 있는 셈이다. 물론 관찰력 좋은 아이한테만 보일 것이다.

함께읽기

『호랑이 잡는 법』(이윤정 글·그림 / 비룡소)
『팥죽 할머니와 호랑이』(조대인 글 / 최숙희 그림 / 보림)
『팥죽 할멈과 호랑이』(서정오 글 / 박경진 그림 / 보리)
『하얀 눈썹 호랑이』(이진숙 글 / 백대승 그림 / 한솔수북)

아껴 두던 숀 탠의 '도착'을 읽는다

도착
숀 탠 그림
사계절

주제 힘든 시기를 극복할 수 있는 건, 가족의 사랑뿐!
대상 멀리 떨어져 있는 가족들

마음의 흔들림

드디어 아껴 두던 숀 탠의 『도착』을 읽는다. 말 없는 그림 문학이기에, 겨우 책 뒤표지에서 마음의 가닥을 잡고 다시 앞으로 왔다. 중절모를 쓴 신사가 만난 저 흰 괴물은 뭐지? 개인가? 다른 세상의 개일지도 모른다.

한 장을 넘기면 앞면지를 가득 채운 60명의 표정들, 초상들. 뒤표지를 안 봤다면 의아했을 것이다. 이들은, 이민자구나. 작가는 이민자들의 증명사진을 구해서 그렸을까. 직접 찾아다니며 표정을 그렸을까. 아, 여기 한국인일지도 모를 사람도 있구나. 세계 각국의 망명인일 수도 있는 이 장면은 책으로 들어가지도 않았는데 벌써부터 내 마음을 무겁게 한다. 나의 마음에 바위를 걸어 주었다. 그 무거움을 안고 책으로 들어간다.

책 속으로 풍덩~!!

그림책을 펴고, 한 챕터씩 그림을 본 후에 느낀 감상 혹은 떨림을 안고 이 글을 읽어나가면 좋겠다. 마음의 소통과 공감을 위해…….

I

한 손에 얹어진 다른 손, 그 옆의 풀샷은 또 얼마나 가슴 졸이게 하는지. 벌써부터 떨면 안 되는데. 깨진 차주전자의 김만이 이 장면에 온기를 주려고 애쓴다. 그래서 더 애처롭구나.

부모와 가방을 번갈아 쳐다보는 아이. 영문도 모른 채 길을 나서는데 커다란 괴물의 그림자가 벽을 비춘다. 아이는 그놈을 피해서 가는 걸 느낀 걸까. 아이의 시선이 그림자의 실체를 보는 건지, 나를 보는 건지. 내 눈이 슬쩍 돌아간다.

한 장을 넘기니, 아니구나. 온 세상이 그렇구나를 깨닫게 해준다. 그 위험한 곳을 이 가족은 빠져나갈 수 있을까.

기차역. 불안한 표정의 아이를 달래려 아빠는 모자 속에서 종이학을 꺼내 준다. 어, 그런데 왜? 혼자서 기차를 탄 아빠와, 괴물들의 그림자 속 집으로 돌아가는 모녀의 뒷모습. 어? 왜지?

II

가족 사진을 보며 한 끼 죽을 먹는 아빠가 창문으로 밖을 본다. 아니 독자를 본다. 표정이 슬프다. '그는 우리에게 무얼 바랄까' 해줄 수 없는 안타까움만 응어리진다. 배를 타고 있구나. 하늘 아래 저 어두운 바다는 미래를 보여주는 것인가. 그다음 장의 온통 구름인 모습들. 이런 하루하루를 보낸 게지. 시간의 흐름을 나타낸 분할장면. 며칠이나 지났을까……. 60일이 지나갔다. 구름을 세어 봤다. 그러고도 며칠 더. 가라앉은 선상의 이미지.

여러 날이 가고 메모(혹은 일기장인가)를 하던 아빠는 딸 생각에 그만 메모로 종이학을 접는다. 그때 머리 위로 기이한 새들이 지나간다. 일반적이지 않은 낯선 장면. 새로운 세계의 이질성은 앞으로의 험난함을 예고하는 것인지…….

낯선 풍경. 뉴욕같지만 자유의 여신상 대신 이민자를 환영하는 듯한 석상들이 있다. '믿으라고' 말하는 듯하지만 외려 불안감이 더 커지려 한다. 왠지 거북하다. 저대로 되면 좋겠는데, 하는 안타까움에 벌써 독자는 속이 울렁거린다.

타이타닉 같은 배의 도착과 함께 물 위엔 공룡의 꼬리인 듯한 형상이 나타나 있다. 따라온 건가. 그게, 음울한 고향의 기운이.

배 문이 열리고 일렬로 나오는 이민자들. 커다란 광장에 써진 아랍어 같은 글자. 무엇이라고 쓴 건지 알 수 있으면 좋으련만…….

온갖 검사를 하고 덕지덕지 옷에 붙인 판정 스티커. 아무리 설명을 해도 못 알아듣는 출입국 관리소 사람 앞에 아빠는 불안해하고 좌절한다. 아니 또 독자를 보고 있다. 괜히 내 시선이 부끄럽다. 그의 여권엔 수많은 검사 도장이 찍히고, 마지막 도장이 찍힌 후 어딘가로 날아오른다. 그런 수많은 이민자들이 날아오른다. 공장의 굴뚝 같은 곳 너머로.

여기부턴 화면분할이 4컷으로 커진다. 그동안은 12컷이나 30컷이었는데, 더 세밀한 행동과 분위기의 묘사를 시작하려나 보다. 두근.

아, 다시 12컷으로. 아빠의 발길이 어디로 갈지 모르겠다. 낯선 언어로 힘든 순간, 동양인인 듯한 사람이 길을 알려준다. 이제 거처는 정했다.

낯선 환경에 적응하기 힘들어 여러 물건을 조심히 확인하다 불청객 동물의 뜻밖의 안내로 침대방을 찾았다. 고향에선 아빠 없이 모녀가 밥을 먹겠지, 생각하며 구두 뒷굽으로 가족사진부터 벽에 박는다. 자꾸 떠오르는 가족의 얼굴들. 그런데 그런 모습이 아빠만이 아니고 모든 이민자가 다 그러고 있다. 창문 너머. 하, 한숨이 나온다.

Ⅲ

다음 날 아침 남은 돈을 들고 일자리를 찾아나선 아빠는 옆 사람에게 물어 하늘을 나는 배를 타는 방법을 알게 된다. 어, 그런데 그 여자도 같이 탄다. 서로 여권 같은 자기소개서를 꺼내 보이는데 '엇?' 하는 소리가 났다. 아무리 봐도 한국사람인 거다. 아, 아. 그녀의 과거는 노동착취로 갇혀 있던 곳을 도망나온 이민자였다. 탈출할 때 들고 나온 책만이 그녀의 친구가 되었을 듯하다.

그녀와 헤어지고 음식을 사러 갔다가 만난 또 다른 사람. 서로의 고향을 얘기하는데 아빠는 공룡 그림자가 있는 건물 그림을 보여 주고, 그 사람은 거인이 마치 진공청소기 같은 것으로 모든 걸 빨아들이는 고향을 눈에 떠올린다(이건, 나치의 인종청소가 아닌가?). 이렇게 만난

인연으로 아빠는 그들의 집에 초대를 받고 음식과 악기연주의 환대에 동물 종이접기로 답례를 한다. 이 순간만은 모두 행복한 미소를 짓는다. 보는 나도 기쁘다.

Ⅳ

어젯밤의 환대가 꿈이 아니었다는 것을 창가의 선물 받은 도자기로 알았다. 하지만 현실은 고단한 하루의 시작. 동무가 되어 버린 낯선 동물과 음식을 나눠 먹고 일자리를 찾아 나서지만 쉽지가 않다. 간신히 찾은 벽보 붙이기도 쉽지 않고 우편배달까지(여기에 웃을 수만은 없는 유머가 있었다). 그리고 공장에서 불량품 선별하는 일까지 한다. 거대한 공장 안이 이민자로 가득하다. 숨이 막힌다.

공장에서 만난 또 다른 따스한 순간. 할아버지의 음료를 나눠 마시고 그분은 자신의 과거를 얘기한다. 전쟁에 참전한 할아버지. 해골과 뼈들의 산이 쌓이고 쌓인 곳에서 젊음에 상처입고 불구가 되어 집으로 돌아온다.

할아버지와 함께 퇴근한 아빠는 할아버지의 친구들과 함께 게임을 하며 노고를 씻어낸다.

Ⅴ

그동안 모은 돈과 종이학 편지를 담아 고향으로 보낸다. 무사히 도착하기를 비는 아빠의 표정이 불안함으로 가득하다.

다음 장엔 민들레 같은 식물의 일 년 모습(한살이)을 보여 주며 계절의 변화로 시간이 흘렀음을 알려준다. 내겐 겨울의 모습이 가장 인상적이다. 처연한 아름다움이랄까, 슬픈 美가 느껴진다.

선물 받은 항아리에선 새끼 새들이 자라고 있고 세월은 계속 흐른다. 가족사진을 붙잡고 있는 아빠에게 기다리던 편지가 온다. 이렇게 흐뭇하게 웃는 모습은 이 장면이 처음이다. 그야말로 '아빠 미소!' 아, 그 순간~!! 창밖을 보니 날아오는 열기구 하나. 부랴부랴 그곳을 향해 뛰어가는 아빠! 그곳에서 내리는 사람은, 바로, 꿈에도 잊지 못하는 아내와 딸이 아닌가!! 이럴 수가? 이렇게 기쁜 해후가 어디 있단 말인가! 이곳의 낯선 새가 모두 날아오르며 그들의 만남을 축하하는 듯하다. 얼마나 행복할까.

Ⅵ

다시 첫 장처럼. 더 발전된 듯한 풍뎅이 종이 모형, 따뜻한 난로의 커피. 그리고 가족사진이 우릴 보며 환하게 웃고 있다. 잠깐, 첫 장의 가족사진도 이렇게 밝았었나? ……아, 같은 사진이지만 뭔가, 조금 다른 '밝음'이 느껴진다. 마치 첫 장의 가족사진은 불확실한 미래를 바라보는 미소 같고, 지금의 가족사진은 확실한 현재를 바라보는 미소가 아닐까.

뒷장을 넘기면 완전히 큰 화면에 가족이 맛있게, 즐겁게, 활기찬 모습으로 아침을 먹는 장면이 나온다. 이건, 카타르시스다! 이 장면에서는 그럴 수밖에 없다! 이 그림책의 모든 주제를 압축해 이 한 장면에 담아 놓았으니!

이윽고 딸이 신발을 신고 바로 그(아빠와 함께 산) 강아지와 마을 아래로 뛰어간다. 그곳의 광장. 딸은 지리를 몰라 당황해하는 또 다른 이민자를 만난다. 그리고 친절하게 지도에 나온 곳을 가르쳐 주는 장면으로 끝이 난다.

고난 끝에 찾아온 가족의 상봉. 그리고 행복. 이제 또 다른 배려를 보는 것만으로도 눈물이 난다. 기쁨의 눈물이.

함께 해보기

❶ 우리나라에 온 이민자의 생활을 돌아보기

우리 주변에 있는 이민자(혹은 외국인 노동자)들의 삶을 돌아보는 시간을 갖는다. 그들도 자기 조국에서는 엘리트다. 이상한 눈으로 쳐다보지 말고 밝게 웃어 주는 것만으로 우리의 따스함을 전할 수 있지 않을까?

Tip

책의 면지를 보고 우리가 느낄 수 있는 게 있다면, 느껴 보자.
책의 면지를 보고 우리가 울 수 있는 게 있다면, 울자.

함께 읽기

『빨간 나무』(숀 탠 글·그림 / 김경연 옮김 / 풀빛)
『잃어버린 것』(숀 탠 글·그림 / 엄혜숙 옮김 / 사계절)
『먼 곳에서 온 이야기들』(숀 탠 글·그림 / 이지원 옮김 / 사계절)

part 6 그림책의 비밀 속으로

그림책의 한계 - 넘어서는 영화

하이든의 현악 4중주 2번 '농담'. 라디오에서 이 음악을 듣다가 깜짝 놀라며, 웃은 적이 있다. 음악이 끝난 듯한 착각을 주다가 다시 이어지는 재미를 주었기 때문에. 허를 찔렸지만 유쾌한 경험이었다. 그런데 이러한 경험을 그림책에서도 종종 만난다.

나는 그림책에서 여러 가지 숨은 이야기들을 많이 봐왔다. 김영진(펭귄, 양, 행운의 물고기, 아기 요정 찾기)이나 앤서니 브라운(고릴라, 꽃, 명화의 의미 찾기)이 대표적이다. 그런데 어느 날, 레오 리오니의 그림책을 읽고서 그가 만들었다는 동명의 단편영화, 〈프레드릭〉을 보게 되었다. 거기서 깜짝 놀란 부분은 바로, 책에는 그려져 있지 않은 새로운 장면이 있다는 것이다.

'어? 저거 원본이랑 다르면 안되는 거…… 아닌가? 원본훼손 아냐?…… 음, 그런데 재미는 있네?'

하며 걱정 반, 기쁨 반의 심정이 교차된 적이 있었다.

그림책에서는 긴 이야기를 하는 프레드릭만 나오지만, 영화에서는 그 이야기를 모두 새롭게 구성해서 자세히 그려 넣어 더욱 재미있는 장면을 연출한 것이다. 얼음이 녹는 장면의 유머, 클로버가 피는 장면의 재치, 봄, 여름, 가을, 겨울쥐의 개성 있는 모습과 제 5계절까지 깜짝 출연하니 이보다 재미있을 수는 없겠다고 느꼈다.

나중에 어느 책에서 읽었는데 '문제의 그 부분'은 작가가 직접 그린 것이 맞고, 그림책의 한계(지면이라는 공간의 한계) 때문에 표현하지 못한 것을 시간의 제한 없이(영상은 시간의 영향이 크므로) 마음껏 넣었다고 한다. 또한 같은 작가의 다른 영화, 〈으뜸 헤엄이〉를 보면 그림책에는 없는 바닷속 동물들이 더 나온다. 이 모든 것이 바로 창작의 새로운 묘미가 아닐까? 그리고 나는 이 모든(김영진, 앤서니 브라운, 레오 리오니의 작품) 것을 작가의 '장치'라고 부른다. 발견할 사람만 발견할 수 있게 만들어 놓은 재미. 작가도, 그 재미를 느끼며 만들었을 것이다.(작가의 장치는 다음 주제에서 계속 다루겠다.)

내가 그림책 『낱말 공장 나라』의 파워포인트를 만들 때도 약간의 '장치'를 해놓았다. 뭐…… 아직 찾은 사람은 없지만, 만드는 동안 참 재밌었다. 그리고 종이라는 제한적 공간에서 표현하지 못하는 것을 영상으로 표현하며 '극적 효과'를 높여줄 수 있게 만든 건, 우리들의 또 다른 '재미의 장치'가 된다.

그림책을 원작으로 한 폼 나는 영화들!! (참고 : 원작자 – 〈원제 → 영화명〉)

크리스 반 알스버그 – 〈주만지〉, 〈북극행 특급열차 → 폴라 익스프레스〉, 〈자투라〉
윌리엄 스타이그 – 〈슈렉〉

모리스 샌닥 – 〈괴물들이 사는 나라〉
레오 리오니 – 〈레오 리오니의 동물우화 5편 : 프레드릭 → 잠잠이, 물구나무 서는 악어 → 코넬리우스, 내 거야, 물고기는 물고기, 으뜸 헤엄이〉
데이비드 위즈너 – 〈이상한 화요일〉
에릭 칼 – 〈배고픈 애벌레〉, 〈아빠, 저 달 좀 따주세요〉
존 버닝햄 – 〈우리 할아버지〉
레이먼드 브릭스 – 〈스노우 맨〉, 〈산타할아버지의 휴가〉
비아트릭스 포터 – 〈피터 래빗 이야기〉 시리즈, 작가 일대기 영화 〈미스 포터〉
맥스 루카도 – 〈너는 특별하단다〉
권정생 – 〈강아지똥〉

숨겨진 이야기 - 작가의 장치

우리나라 어린이들이 가장 좋아하는 작가는 누구일까? 아니, 우리나라 부모님들이 가장 좋아하는 작가는 누구일까? 두 질문의 대답은 같을 것이다. 그리고 그 작가가 '앤서니 브라운'이란 것에 이견을 다는 사람도 적을 것이다.

그럼 왜, 앤서니 브라운일까? 그의 작품에는 어떤 특징이 있는가.

첫째, 그의 작품에는 세밀한 펜터치가 있다. 섬세한 그림과 사실적인 묘사. 이것만으로도 매력적인 그림책이다.

둘째, 그의 작품에는 일상의 표현이 있다. 아주 가까운 부모와 형제들의 이야기에 그 모티브가 있다. 누구나 공감할 수 있는 작은 일상이 펼쳐져 있는 것이다.

셋째, 숨어 있는 이야기가 많다. 신화 이야기(터널), 작가의 가족 이야기(우리 엄마, 우리 아빠가 최고야, 동물원, 우리 형), 명화 이야기(미술관에 간 윌리, 행복한 미술관, 꿈꾸는 윌리) 등.

넷째, '숨은 그림 찾기'라는 부수적인 재미가 있다. 물론 나름의 의미를 담고 있는데 그것도 독자가 찾기 나름이다. 이 모든 것이 '작가의 장치'라고 생각한다. 발견할 사람만 발견해도 좋고, 아는 만큼 보이는 재미도 있고. 그래서 앤서니 브라운의 작품은 다시 보고, 또 봐도 새로움을 찾을 만한 여지가 있는 것이다. 볼 때마다 새로움을 느끼게 하는 작품. 그게 이 작가의 가장 큰 매력이 아닐까.

『돼지책』: 이 책이야말로 일주일을 떠들어도 이야깃거리가 끊이지 않을 그림책이다. 이 안에 얼마나 많은 이야기가 숨어 있는가? 작가는 모든 걸 글로 얘기하지 않는다. 게다가 겉으로 표현한 주제는, '남녀평등' '가사분담' 정도다. 하지만 이야기를 따라가다 보면 배경의 변화(인물의 감정 상태에 따라 변하는 꽃들과 돼지로 변하는 모든 것들)를 느낄 수 있다. 그리고 명화의 숨겨진 배치와 그 의미도 찾아보는 재미가 있다. 그리고 기억나는가. 마지막에 엄마가 웃으면서 차를 고치는 장면이. 해피엔딩으로 끝나는 것 같지만, 그 차의 번호판인 〈SGIP 321〉을 거꾸로 한번 읽어보시라. 아직 돼지의 성향(?)은 남아있을지도 모를 일이다.

『우리는 친구』: 이 그림책의 한 장면에 나온 명화를 기억하는가. 피터 브뢰헬의 〈이카로스가 추락하는 풍경〉이다. 미술 관련 서적에서 이 그림

을 봤을 때, '도대체 이카로스는 어디 있는 거야?' 하며 눈이 빠지게 찾아본 적이 있었다. 그런데 끝까지 못 찾았다는 게 문제였다.^^; 이 화가의 작품은 교과서에도 실려 있지만, 그 특징 중 하나가 수많은 사람들이 한 작품에 나온다는 것이다. 특히 〈어린이들의 놀이〉라는 1560년 작품에는 250명이 넘는 어린이가 나와 나뭇조각, 돌멩이, 굴렁쇠, 통을 가지고 놀고 있다. 그 당시(16세기)에는 따로 만들어진 장난감이 없어서일 것이다.

〈이카로스가 추락하는 풍경〉

〈어린이들의 놀이〉

다시 그림책 속 명화로 돌아가 보자. 이제 이카로스를 찾았는가? 쉽지 않을 것이다. 큰 그림으로 보면 찾을 확률이 있지만. 이 명화에서 가장 먼저 보이는 인물은 밭을 갈고 있는 농부다. 그리고 그 아래 양치기가 보인다. 또 다른 인물을 찾는다면 가장 오른쪽 아래에서 낚시를 하고 있는 낚시꾼이 있다. 그리고 그 근처 바닷가에 이카로스가 보일 것이다. 우스꽝스럽게 허우적대는 다리만 보이는 이카로스. 하늘에서 떨어졌으니 왜 안 그렇겠나. 이 명화는 조화로운 우주의 법칙에 순종하며 자신의 책무를 충실히 하는 데 만족하라는, 금욕적인 사상이 담겨져 있다고 한다. 앤서니 브라운도 그런 위험한 장난을 부리지 말라는 경고성 '장치'를 한 것이 아닐까.

『터널』: 이 책에 숨겨진 옛이야기들을 찾아보면, 〈빨간 보자〉, 〈잭과 콩나무〉, 〈미녀와 야수〉, 〈헨젤과 그레텔〉 등이 있다. 어디에 그런 장면들이 나오는지 찾아보는 재미도 있을 것이다. 오빠가 돌로 변한 장면도 〈그리스 신화의 메두사 편〉에 기원을 둔 것 같다.

우리나라 작가 중에 앤서니 브라운과 비슷한, 장치를 좋아하는 작가가 있다면 바로 '김영진' 작가일 것이다. 그의 작품에는 꼭 나오는 캐릭터가 있다. 펭귄, 양, 고래, 작은 아기, 그리고 작가가 이름 붙인 '행운의 물고기'가 그것이다. 물론 데이비드 위즈너처럼 자기 작품에 '자기'를 슬쩍 카메오로 출연시키기도 하는 깜찍한 재능도 있다. (『이상한 화요일』에 보면 샌드위치를 먹다가 창문으로 날아가는 개구리들을 보고 깜짝 놀라는 이웃집 아저씨가 나온다. 그가 바로, 데이비드 위즈너 자신~!!)

우리 아이들이 김영진 작가의 작품을 좋아하는 건, 책 내용의 충실함도 있지만 숨어 있는 캐릭터들을 찾는 재미도 느끼게 해주기 때문이 아닐까 한다. 특히 『노래하는 볼돼지』에는 온갖 종류의 캐릭터가 총출동해서 보는 사람을 즐겁게 해준다. 일상의 작은 일들을 시리즈로 묶은 『지원이와 병관이』 이야기도 아이들의 눈으로 읽기에 참으로 좋은 구성을 가지고 있다.

그림책의 향신료 - 음악

어떤 영화를 생각하면 자연스럽게 떠오르는 음악이 있다.

어떤 음악을 들으면 자연스럽게 떠오르는 시절이 있다.

사람의 기억이란 그런 건가 보다. 전체를 기억할 순 없지만 부분을 기억할 순 있나 보다.

〈접속〉이란 영화를 떠올리면 주옥 같은 OST가 떠오른다. 특히 그중 'pale blue eyes'랑 'A Lover's Concerto'는 영화보다 인상이 오래 남는다. 〈쉬리〉를 떠올리면 'when I dream'이, 〈엽기적인 그녀〉는 'I believe'가, 〈겨울 왕국〉 하면 'Let it go'가 떠오른다.

TV 드라마로는 〈꽃보다 남자〉 하면 '파라다이스'가, 〈시크릿 가든〉 하면 '그 여자'와 '그 남자'가, 〈주군의 태양〉 하면 'touch love'가 흥얼거려진다.

이 모든 게 참 잘 어우러진다. 그 장면에서, 그 음악이 흐르면, 보는 사람의 마음을 더욱 흔들어 놓는다. 그게 매력이다.

음악은 뇌의 기억창고보다 가슴의 기억창고에 더 잘 저장되어 있는 듯하다. 잊은 것 같지만 그 음악이 들려오면 문득, 모든 기억을 떠올리게 하는 장치, 음악. 그래서 음악은 사람들의 마음속에 하나의 기억소생장치로 존재할 수 있을지도 모른다.

조용한 카페나 미술관, 혹은 전시회를 가면 항상 음악이 흐른다. 처음에는 잘 모르다가도 어느덧 마음을 차분하게 해주는 음악의 존재를 깨닫게 된다. 그럴 때마다 마음속으로 감탄하는 말이 있다. '거 참, 이곳 분위기와 잘 어울리네.'라는.

그림책에도 어울리는 음악이 있을까? 조금 더 효과적으로 아이들의 마음을 흔들어 놓을 수 있는 음악이 있다면, 하고 생각해 봤다. 그리고 몇 가지 매치를 해봤더니 생각보다 잘 어울리는 그림책과 음악이 있었다.

『낱말 공장 나라』 + 〈Robin Spielberg – Remembering You〉, 〈S.E.N.S. – Your Scene〉

『괴물들이 사는 나라』 + 〈S.E.N.S. – Like Wind〉 : 앞 장면에는 어울리는 음향을, 맨 뒷 장면에는 이 음악을.

『새벽』 + 〈영화 '미션' OST – 가브리엘의 오보에(넬라판타지아)〉 : 시작 부분부터 끝나는 부분까지 자연스럽게 그림책과 어우러지는 음악. 단, 조금 짧다.

『들꽃아이』 + 〈Praha – Winter journey〉

『어리석은 농부와 귀신들의 합창』 + 〈오페라의 유령 OST〉

『어느 개 이야기』 + 〈영화 '샤넬과 스트라빈스키'의 OST – 봄의 제전 〉 : 이 음악을 만나기 전에는 이 그림책에 어울리는 음악은 없을 것이라 생각했다. 그런데 듣는 내내 가슴이 쿵쾅거리고 불안함을 느꼈다. 이 음악과 함께라면 다른 독자의 불안감도 증폭될 것 같아 소개한다.

주로 잔잔한 느낌이 많지만, 그림책의 전개에 맞춰서 어울리는 음악을 고른다. 어두웠다 밝아지는 느낌의 그림책엔 그런 음악을, 신나는 그림책엔 신나는 음악을, 애잔한 그림책엔 애잔한 음악을 고르면, 그림책에 '향'이 더해진다.

장면에 어울리는 음악 찾기, 음악에 어울리는 장면 찾기. 향신료를 찾아 신대륙으로 떠나듯, 음악을 찾아 떠나 보자!

번역의 재미 - 그 통쾌함과 불쾌함

요즘 책을 고를 때 또 하나의 기준이 되는 것은 번역가의 이름이다. 『로마인 이야기』와 『이상한 나라의 앨리스』의 김석희나 『용의자 X의 헌신』과 『물은 답을 알고 있다』의 양억관은 개인적으로 참 좋아하는 번역가다. 그들이 번역한 책을 읽을 때는 정말 매끄럽게 글이 읽힌다. 반대로, 최근에 일본 소설을 번역한 책을 한 권 읽었는데…… 그 부자연스러운 번역(딱히 어울리지 않는 낱말의 나열과 부담스러운 표현들)이 신경에 거슬려, 결국엔 끝까지 못 읽고 책을 반납한 적도 있었다. 좋은 책이 아니라는 게 아니라, 그 책을 누가 번역했는가에 따라 미묘하게 스타일이 달라지는 건 있다고 본다.

그림책의 경우는 크게 거슬리는 번역을 만나본 적이 없었다. 문장의 길이도 한몫했겠지만, 요즘에는 책임감을 가지고 번역한 옮긴이의 이름이 표지에 나오기 때문에 더욱 신뢰가 가는 게 사실이다. (참고로, 옮긴이의 이름이 나오지 않는 그림책도 꽤 있는 편이다. 그런 책은 대부분 번역에 큰 의미를 두지 않거나, 책임을 지지 않겠다거나, 번역비를 아끼려는 단순한 사고의 출판사들이 주로 그렇다.)

그림책을 보다 보면 원래 제목이 무엇일지 참 궁금해지는 책들이 있다. '정말 이런 제목이었을까?' 하는. 그래서 조사를 좀 했는데 참으로 유쾌, 통쾌한 번역본들이 있다는 걸 알았다.

여러분들은 『지각대장 존』의 원제가 무엇일 거라 생각하는가? 외국에도 '지각대장'이란 용어가 있을까? 그래서 찾아본 원제를 직역해 보니 정말로 기가 막혔다. 『존 페트릭 노먼 멕헤너시, 항상 늦는 소년』. 우리나라에서 이런 제목으로 그림책을 내면……. 과연 성공할 수 있을까? 손이 좀 안 가게 되는 건 예상할 수 있을 것 같다.

제목에 함축된 내용을 빠뜨리지 않고, 우리나라 정서에 맞게 한, 촌철살인의 번역은 이런 것이라 생각된다.

『John Patrick Norman McHennessy, the boy who was always late』의
멋진 번역, 『지각대장 존』.

그리고 보다시피, 원제목을 썼을 때는 표지의 절반은 제목, 제목 밑의 절반이 그림이다. 제목의 길이를 줄이면서 표지의 그림이 좀 더 커진 것도 좋은

번역의 소득이 될 수 있다는 걸 우리는 알 수 있다.

처음 『구름 공항』이란 그림책을 만났을 때 참 신선했다. 만화 같은 프레임에 글자는 하나도 없어서 읽는 독자로 하여금 온갖 상상을 하게 만드는 매력이 있는 책이었다. 이 책 역시 원제목을 직역하면 『7구역』쯤 될 것이다. 음, 7구역이라……. 그 나라에서는 익숙한 단어라지만, 참 우리 정서에 안 맞는 제목이다. 그래서 번역한 것이 『구름 공항』. 얼마나 멋지고 낭만적인가? 그런 공항이 있다면 정말 신날 것 같은 상상을 불러일으키는 번역이 아닐 수 없다.

『Sector 7』의 낭만적인 번역, 『구름 공항』

원서의 제목은 눈에 잘 띄지 않는 데 비해, 번역본은 '구름 공항'이란 제목이 선명하게 들어온다. 글자의 굵기와 크기도 중요하다. 제목은 책의 간판 같은 것이니까.

화요일 저녁, 8시쯤에 일어나는 이상한 이야기. 오늘은 온 동네의 개구리가 연잎을 타고 하늘로 날아오른다. 새와 개를 놀라게 하고, 할머니 집에 들어가서 텔레비전을 보고(심지어 그 긴 혀로 채널까지 돌려 본다), 슈퍼맨 놀이도 하면서 신나게 논다. 그다음 주 화요일 저녁 7시 58분. 또 다른 동물이 떠오르기 시작한다. 그건 바로 돼지~!! 그 놀라면서도 흐뭇해하는 표정은, 일주일의 피로를 풀기엔 최고의 기회임을 알려 준다. 아, 사람은 언제쯤 둥둥 떠오를까. 다음 주 화요일 8시엔 온몸에 힘을 주고 뛰어올라 봐야겠다.

이렇게 '이상한 화요일'의 원제가 그냥…… 무미건조하게 '화요일'이었다니. 이 제목을 알고는 조금 실망한 것도 사실이다. 음, 『Tuesday』라…… 정말 매력 없군.

『Tuesday』의 매력 있는 번역, 『이상한 화요일』

다음으로, 그림책 『우리는 친구』의 원제 『Little Beauty』.

이 번역은 좀 생각을 해야겠다. 완전히 다른 제목이 되었기 때문에. 원래 리틀 뷰티란 '미녀와 야수 Beauty and The Beast '의 그 '미녀 Beauty'란 데서 유래한 듯하다. 그렇다면 책 속 고양이의 이름, '예쁜이'란 번역은 잘된 것 같다. 그런데 이 책의 주인공은 누가 뭐래도 고릴라다. 그것도 실제 사람과의 의사소통이 약간은 가능한 고릴라! 주인공을 제치고 조연배우가 작품의 주인공으로 나온 예가 없는 건 아니다. 그림책은 아니지만 테츠카 오사무의 만화책 『도로로』의 주인공은 햐키마루다. 마물에게 신체의 48군데를 빼앗긴 주인공. 그를 따라다니는 꼬마 도둑이 도로로다. 그런데 책 제목은 '도로로' 인 것이다. 그러고 보니 『Little Beauty』도 딱 도로로와 같은 느낌이군.

이런 종류의 작품은 우리말로 번역할 때 고민이 많이 될 것이다. 우리나라에선 주인공의 이름이 무척 중요하니까. 돈키호테의 제목이 산쵸면 이상하잖아? 그렇다고 제목을 '고릴라'로 하면 기존 작품과 차별성도 없고, '야수'에 해당하는 주인공 고릴라는 이름마저 없으니……. 그래서 그 (등장인물) 둘을 묶어서 선택하지 않았을까? 그 둘은 친구니까, '우리는 친구'. 참 단순하지만 명쾌한 번역이 된 책이다.

『Little Beauty』의 고민 끝 번역, 『우리는 친구』

특히, 아동들에겐 좀 모범적인 제목으로 다가가는 게 효과적임을 알고 있는 것이다.

이런 아이가 있을까. 절대로 울지 않고, 항상 즐거운 마음으로, 세상을 밝게 보며, 자신이 해야 할 일이 무엇인지 알고, 주위의 모든 사람에게 그 희망의 빛을 나눠 주는 아이. 한마디로 '천사' 같은 아이다, 리디아는!

『리디아의 정원』의 주인공 리디아는 원예사(혹은 정원사)가 꿈인 소녀다. 할머니와 함께 정원에서 온갖 꽃을 키우는 꼬마 원예사. 이 책의 우리말 번역본이 주인공을 중요시해서 '리디아'거나, 원제를 살려서 '정원사' 혹은 '원예사'였다면, 아이들의 관심을 얻지 못한 책이 되었을지도 모른다. 참 정감 있는 제목이다.

『The Gardener』의 정감 있는 번역, 『리디아의 정원』

"우리 원예사들은 절대로 일손을 놓지 않아요."

라는 마지막 편지의 글귀가 읽는 사람을 흐뭇하게 하고, 리디아의 미래가 어떨지 예상하게 해주는 묘미가 있다.

참고로 이 그림책을 정말로 맛있게 읽고 싶다면 최윤정이 쓴 『그림책』의 '리디아의 정원, 혹은 꽃에 대한 약속' 부분을 꼭 먼저 읽고 그림책을 만나시라. 아는 만큼 보인다고 했던가. 꼭 그만큼 볼 수 있게 될 것이다.

우리나라는 다른 나라에 비해 '정'과 '멋'이 많다고 한다. 그래서 이런 '정'과 '멋'을 정확하게 표현하는 외국어가 없다고 한다. 노래를 들어 봐도 그렇다. 얼마나 감칠맛 나게 부르는가. 거기엔 정감 있는 멋스러움이 녹아 있어서 그런 것 같다. 그래서 요즘 K-POP이 세계적으로 뜨는가 보다.

외국 그림책의 담담한 제목. 우리말로 하면, 『교양이 있는 늑대』지만 이를 번역서로 만들면서 제목도 『난 무서운 늑대라구!』로 하여 한껏 더 생동감과 정감을 더하게 되었다. 외국 책들의 제목은 대개 이성적인 것 같고, 우리나라의 책들은 감성적인 것이 많다고 또 한 번 느끼게 된다.

『A Cultivated Wolf』의 생동감 있는 번역, 『난 무서운 늑대라구!』

이 밖에 재미있는 원제를 살펴보면 다음과 같다.

- 『오른발, 왼발』(토미 드 파올라 저, 비룡소)의 원제 : 『NOW ONE FOOT, NOW THE OTHER』
- 『으뜸 헤엄이』(레오 리오니 저, 마루벌)의 원제 : 『Swimmy』 (이 원제는 발음이 듣기 좋다. 유독 마음에 든다.)
- 『시간 상자』(데이비드 위즈너 저, 베틀북)의 원제 : 『FLOTSAM』

불쾌한 번역도 있는가

그림책에는 그런 예가 별로 없지만, 꼭 하나, 독자를 우롱한 책이 있다. 『유치원에 간 데이빗』.

원제는 『David Goes to School』로 『학교에 간 데이빗』이 맞다. 처음엔 이 제목으로 출판이 되었었다. 하지만 어떤 이유에선지 『유치원에 간 데이빗』으로 바뀌어서 나오게 된 것이다. 왜 학교에 간 데이빗이 다시 유치원으로 내려갔을까? 그림책을 보면 알겠지만 실제 학교 교실을 배경으로 하여 아이들이 나온다. (유치원에는 없는 저 커다란 칠판을 보라. 그것도 표지에 떡 하니 자리한!) 아무래도 그림책을 선택하는 한국 엄마들에게는 '학교'라는 것보다 '유치원'이라는 말이 더 구매욕구가 생기는가 보다.

독자의 판단 - 지극히 주관적인 좋은 그림책과 나쁜 그림책

우리는 책을 고를 때 어떤 기준을 가지고 고르는가

그림책 관련 월간지를 보거나 신문에 나온 그림책 광고를 보고 고를 수도 있다.

직접 서점에 가서 이것저것 읽다가 고를 수도 있다.

소위 베스트셀러 목록을 참고할 수도 있다.

독자 서평란을 보고 고를 수도 있다.

주위 사람들의 추천을 받을 수도 있다.

도서관 사서 선생님의 '추천도서' 목록을 참고할 수도 있다.

그 밖의 여러 가지 루트를 통해서 그림책 정보를 얻고, 책을 고를 수도 있다.

모두가 좋은 방법들이다.

소위 좋은 그림책의 기준이란 게 있다. 이야기 구조가 탄탄한가, 색감은 좋은가, 예술적인 가치가 있는가, 주인공은 어린이에게 친숙한가, 상상력을 자극하는 힘이 있는가, 글과 그림이 상호보완적인 조화가 자연스럽게 이루어졌는가, 올바른 가치관을 가지고 있는가, 진실된 삶이 반영되었는가, 번역은 매끄럽게 되었는가 등등. 그런 기준을 만족시켜 주는 그림책이 있다면 고르면 된다.

하지만 마지막으로 꼭 도움을 받아야 할 '조력자'가 있다는 것을 명심해야 한다. 바로 '어린이'다. 어린이를 서점에 데려가서 직접 책을 고르게 하는 방법이 최고의 방법 중 하나다. 물론 이 어린이가 그동안 도서관에 가서 많은 그림책을 접해 본 경험이 있다면 더욱 좋다.

어린아이들의 눈은 정직하다. 그동안 나보다 더 많이, 좋은 그림책을 나에게 보여 준 아들에게 감사하는 마음에 이 글을 쓰고 있다.

개인적으로 기분 나쁜 그림책도 있었다

책 제목은 기억나지 않지만 이런 내용이었다. 주인공 소년에게서 '코'가 가출을 하는 거다. 그런데 혼자 가지 않고 주위의 모든 코들에게 같이 가자고 한다. 그래서 코들은 자기만의 나라를 만들려고 떠난다. 주인공은 자기 코를 찾아 떠났지만 결국 그냥 돌아오고 만다. 그렇게 그림책은 끝이 나고 만다……. 이 책은 어디서 받은 책이었다. 책을 읽고 난 후, 한참 동안 잠이 안 왔다. 이게 뭐지, 하는 불쾌한 기분만 남은 체 그 밤을 뒤척인 적이 있었다. 결국 그 책은 (아들의 동의하에) 버렸다.

또 한 권, 『토끼가 커졌어!』. 이 책은 무슨 내용인지를 모르겠다. 도대체 무엇을 말하고 싶었는가? 어느 날 토끼가 커졌다. 그래서 그동안 자기를 괴롭힌 동물들을 찾아가 차례차례 복수를 한다. (심지어 자기를 많이 괴롭힌 여우를, 집에까지 찾아가서 잡아먹어버린다. 헉.) 한참 복수를 하다가 다시 작아지자, 다시 자기 집에 돌아와 잠이 든다. 끝.

아……. 여기엔 이야기의 기승전결도, 행동의 이유도, 올바른 주제도 없다. 모든 걸 독자의 상상에 맡긴다면, 참으로 불친절한 그림책으로 남을 것 같다. 내겐 더욱.

2학년 3반
김정엽

부록

교사를 위한 도서관 독서캠프

여름 독서캠프: 환경

여름 독서캠프 계획서

<table>
<tr><td>강 좌 명</td><td>그림책을 활용한 독서교육</td><td>대 상</td><td>초등학교 전 학년</td></tr>
<tr><td>주제</td><td colspan="3">환경</td></tr>
<tr><td>교육목표</td><td colspan="3">•누구에게나 감성과 예술성을 키워 주고 마음을 보듬어 주는 그림책 수업을 통하여 힐링 독서캠프 역할을 하고자 한다.
•환경오염의 심각성을 일깨우고 실천적인 환경보호 활동을 마음에 새긴다.</td></tr>
<tr><td>학생준비</td><td colspan="3">이틀 전에 얼린 우유(200ml), 집에서 가져온 개인 숟가락</td></tr>
<tr><td>도서관준비</td><td colspan="3">팥빙수 재료 약간, 빙수 그릇, 책상 덮을 넓은 비닐, 디지털 카메라</td></tr>
<tr><td>강사준비</td><td colspan="3">노트북, 비타민C, 와인잔, 포비돈(요오드액), 천연휴지 등</td></tr>
</table>

<table>
<tr><th colspan="3">강 의 계 획</th></tr>
<tr><th>차 시</th><th>강 의 내 용</th><th>비 고</th></tr>
<tr><td rowspan="3">1차시</td><td>▶ 동기유발하기
• 우리 몸과 비타민의 관계를 마술로 보여 주기
• 친해지기 레크리에이션 활동하기
• 활동 : 조별 대항 독서골든벨 하기</td><td rowspan="3">설치물 :
빔 프로젝터,
스크린,
스피커</td></tr>
<tr><td>▶ 그림책 활용 수업 1. 〈 누구 그림자일까? 〉
• 그림자만을 보고 주인공을 알아맞히는 흥미진진한 게임하기
• 그림자를 통하여 대상의 다양한 해석이 가능함을 알기
• 감상 : 그림자 연극 동영상 감상하기</td></tr>
<tr><td>▶ 그림책 활용 수업 2. 〈 투발루에게 수영을 가르칠 걸 그랬어! 〉
• 남태평양의 작은 나라 투발루와 기후난민의 의미 알기
• 지식채널 ⓔ 〈Somewhere over the rainbow〉 시청하기
• 감상 : 환경보호 관련 사진전 감상하기</td></tr>
</table>

2차시	▶ 그림책 활용 수업 3. 〈 달 샤베트 〉 • 지구가 더워지는 이유 조사하기 • 지구를 위해 할 수 있는 방법 발표하기 • 활동 : 얼린 우유(200ml)에 팥빙수 재료 넣고 만들어 먹기	
	▶ 그림책 활용 수업 정리 • 그림책 속의 주인공들을 알아맞히고 그들의 본받을 점을 확인하기	

동기유발하기

교사의 복장은 청반바지에 조끼를 입고, 멋진 넥타이를 매고, 시원한 모자를 쓴다. 더운 여름에 학교 도서관을 찾은 아이들에게 청량감을 주는 것도 교사의 임무다. 그리고 마술을 보여 주겠다고 예고한다. 아이들의 환호와 함께 투명한 와인잔에 물을 붓는다.

"여기 물이 있어요. 우리 몸은 70퍼센트 정도가 물로 이루어져 있지요? 우리 몸에 비타민C가 얼마나 좋은지 눈으로 보여드릴게요. 요즘 사람들이 가장 많이 아프게 되는 곳이 어딘지 아세요? 여기가 막히면 한순간에 죽어요. 네~ 그래요, 혈관이죠! 그럼 왜 혈관이 막힐까요? 그래요, 우리들이 기름기 있는 음식을 많이 먹어서 지방찌꺼기가 혈관에 쌓여서 막히는 거예요. 그래서 성인병 중에 가

장 위험한 것이 뇌출혈, 뇌졸중, 심근경색 등 혈관과 관계된 병이에요. 그럼 우리는 어떻게 피를 맑게 할 수 있을까요? 운동을 자주 하고 물을 많이 마셔야겠지요? 그리고 하나 더! 비타민C를 먹어야 해요. 비타민C가 우리 몸에 들어가면 피를 맑게 해줍니다. 그래서 혈관이 막히지 않고 깨끗해진답니다. 잘 모르겠지요? 그럼 여기 유리잔에 피를~! 넣을 순 없으니까, 하하~ 상처가 났을 때 바르는 빨간 약으로 대신할게요."

빨간약을 부은 후 천연휴지와 일반휴지를 꺼낸다.

"여기 여러분이 집에서 쓰는 일반적인 휴지가 있어요."

세 칸을 뜯어서 접은 후 유리잔에 넣었다가 빼낸다.

"자~ 보세요. 색이 어떻게 되었어요?", "시커매졌어요!" "더러워졌어요."

"그럼 이번엔 화학색소가 없는 천연휴지를 넣어볼게요."

천연휴지를 넣어다가 빼면 약간 노르스름해진다. 천연휴지에는 나쁜 색소가 없어서 그렇다고 말해 주고 두 휴지는 유리잔에 걸쳐 둔다. 이번엔 비타민C를 꺼낸다.

"이건 비타민C인데요, 선생님이 오늘 아침에도 먹고 온 거예요. 제가 지금 비타민C를 작은 망치로 가루를 낼게요. 그리고 이 빨개진 유리잔에 넣으면 어떻게 되는지 자세히 보세요!"

하고 말한다. 모든 아이들의 집중적인 시선을 받으며 가루를 유리잔에 붓는다. 하지만 아무 변화도 일어나지 않는다!

"에이~ 뭐예요?" "하하하하~" 아이들이 황당해할 때 말한다.

"여러분! 여기 유리잔 위에 가루가 떠 있는 거 보이죠? 아직 섞지 않았잖아요! 자~ 지금부터 잘 보세요. 흔들어 볼게요!" 하며 유리잔을 흔드는 순간~!! 금새 투명해지는 유리잔과 "오오~!!" "우와~!!" 하는 아이들의 환호성!!

"봤지요? 비타민C는 우리 몸의 찌꺼기를 없애서 피를 맑게 해주는 효과가 있어요. 그러니 매일 비타민C를 먹으면 건강해지겠지요?"

그리고 유리잔에 걸쳐 두었던 두 휴지도 꺼내보면, 다시 하얗게 색이 돌아온 것을 볼 수 있다. 그 시각적 효과가 아이들에게 비타민C의 섭취를 도울 것이다. (가루로 되어 있는 비타민C를 넣어도 효과는 같다.)

마술이 끝난 후 각 학년, 각 반에서 온 아이들이 서로 친해지기 위한 레크리에이션을 한다. 선생님 소개를 할 때는 '다'라는 말에 박수를, '넥타이 만지는 손'에 환호를 지르는 게임 형식으로 한다고 말해 둔다. "이것으로 여러분의 집중력과 아이큐를 알 수 있답니다. 크크"

교 사	아 동
"안녕하세요? 저는 여러분과 독서캠프를 할 김,	
용, 찬, 선생님입니다!"	짝짝짝짝짝~!!
"만나서 반갑습니다."	짝짝짝짝짝~!!
(넥타이 한 번 만지고!)	"와아~와아~!! 휘익~"
"이렇게 환영해 주어서 고맙습니다."	짝짝짝짝짝~!!
"멋지고 예쁜 여러분들과 만나게 되어 다시	
한 번! (침묵^^) 다시 한 번 감사드립니다."	짝……, 짝짝짝짝짝~!!
(넥타이 만지고!!)	"와아~짝짝~!! 꺄아~짝짝~!!"
"이렇게 열렬히 환영해 주니 너무 기쁩니다."	짝짝짝짝짝~!!
"오늘 독서캠프시간엔 이런 활동을 하겠습니다.	짝짝짝짝짝~!!
우선……."	

열렬한 환영과 환호 속에 선생님 소개와 활동 소개를 마치면, 다른 게임을

한다고 한다. 바로 '가라사대 게임'이다. 그런 흥겨움으로 더위를 없앤 후, 본격적인 독서활동을 들어간다.

첫 번째, 도서관 독서캠프에 참여한 만큼 독서에 대한 기본상식을 물을 수 있는 독서골든벨을 간단히 진행한다. 화면에 그림책 장면 중 하나를 보여 주고 책 제목을 맞히는 문제. 난이도는 3단계로 해서 진행하고, 시간을 적절히 안배한다.

예를 들어, 1단계에서 보여 주는 그림책의 한 장면은 '겁쟁이 빌리'와 '고릴라' '괴물들이 사는 나라'로, 유명한 그림책을 선보인다. 2단계에서는 '너는 특별하단다'와 '말썽꾸러기 데이빗' '돼지책'을 보여 준다. 특히 가운데 데이빗 책은 아이들이 헷갈릴 수 있는 책이다. 그런 고비를 넘기면 너무도 쉬운 돼지책으로 아이들 마음에 다시 자신감을 심어 준다. 3단계는 본 주제와 관련이 있는 그림책을 두 권 선별했다. 옥토끼를 보여 주고 '달 샤베트'를, 방귀 뀌는 장면으로 '방귀 만세'를, 마지막으로 로자와 투발루가 수영하는 장면을 보여 주고 '투발루에게 수영을 가르칠 걸 그랬어!'를 보여 준다. 아이들이 잘 모른다면 힌트를 준다.

"저기 고양이 이름은 투발루예요. 지금 저 아이와 고양이가 무엇을 하고 있지요? 그래요, 수영을 하고 있지요? 그런데 고양이는 수영을 좋아할까요? 아니죠! 그럼 주인공 아이는 무엇을 가르치고 있나요? 하하. 지금 말한 모든 것을 합치면 바로 책 제목이랍니다~!! 아는 사람?"

그림책 활용 수업 1. 『누구 그림자일까?』

그림책에 나온 그림자만 보여 주고 누구인지 맞혀 본다. 그림자를 통하여 다양한 해석이 나올 수 있다는 것을 인지한다. 즉, 겉모습만 보면 우산 같지만 박쥐도 그렇게 보일 수 있다는 사실을 인식하고, 안경 같지만 두 마리 뱀이 나올 수 있다는 사실에 아이들은 감탄한다. 사물을 새롭게 볼 수 있다는 것은 놀라움을 넘어 경이로움에 들어선다는 것이다. 단, 이 그림책을 이미 읽은 아이가 있다면 처음엔 답을 말하게 하고, 다른 아이들을 위해 맨 나중에 발표할 기회를 갖자고 부탁한다. (시간이 된다면 과학실에서 스탠드 조명을 가져와서 조별로 그림자 놀이를 해도 좋다.)

그림책 속 그림자 놀이를 마치면 이번엔 그림자 연극을 영상으로 보여 준다고 한다. 사람의 손만으로 이토록 환상적인 장면을 연출할 수 있다는 사실에 놀라움을 금할 수 없을 것이다. 영상은 '대륙의 혼'이라는 중국의 그림자 연극이다. 그 속에 나오는 첫 번째 이야기는 새에 관한 것이고, 두 번째는 그룹 웸의 팝송에 맞는 사람의 얼굴 뮤직비디오다. 세 번째는 또 다른 동물들이 나오는 재미있는 영상이 담겨 있다. 시간과 반응에 맞게 하나 또는 두 개의 영상을 보여 준다.

그림책 활용 수업 2. 『투발루에게 수영을 가르칠 걸 그랬어!』

그림책 독서골든벨 3단계에서 나온 그림책, 『투발루에게 수영을 가르칠 걸 그랬어!』를 읽어 준다. 책을 읽어 줄 때는 책 제목, 지은이, 그린이, 출판사도 함께 읽어 주자.

그림책을 다 읽은 후에 묻는다. "여러분, 잘 보셨나요? 어때요? 그런데 투발루란 나라가 정말로 있을까요? 아니면 그림책 속에만 있는 나라일까요? 정말로 있다고 생각되는 사람 손들어 보세요! 아니다, 그림책 속에만 있는 나라다?" 아이들이 어슷비슷하게 손을 든다. 그러면 말해 준다. 투발루는 진짜로 있는 남태평양의 나라라고! 그러면서 실제 투발루가 나오는 지식채널 ⓔ의 〈Somewhere over the rainbow〉를 시청한다. 단, 보여 주기 전에 "여기에 나오는 할아버지가 계신데 누구일까요? 실제 로자의 할아버지는 아니지만 여러분들은 로자와 같은 아이들의 할아버지라고 생각하고 보면 좋을 것 같습니다."라고 동기부여를 해준다.

5분짜리 영상을 본 후, 아이들과 함께 실제 존재하는 섬나라 투발루에 대한 생각과 기후난민에 대한 이야기를 나누어 본다. 그리고 '지구 상상 사진전'의 몇 가지 사진을 가지고 미래의 지구를 생각해 본다. 사막화된 지구, 물에 잠긴 지구 사진을 보며 환경에 대한 심각성을 조금이라도 느낀다면 좋겠다.

이렇게 1교시 수업을 마친다. 화장실에 다녀오라고 하고, 손도 깨끗이 씻고 오라고 한다.

그림책 활용 수업 3. 『달 샤베트』

2교시가 시작되기 전에 간단한 몸풀기 운동을 한다. 박지성 선수가 건강한 척추를 위한 재미있는 운동을 보여 주는 영상이 있다. 앉은 자리에서 아이들과 함께 스트레칭을 하며 몸을 풀어 주자.

차분히 눈을 감고 잠시 지구 환경에 대한 생각을 해보자고 한다. 아이들이 책을 볼 준비가 되면 백희나 작가의 『달 샤베트』를 보여 주며 책을 읽어 준다.

"어때요, 여러분? 왜 달이 녹았을까요?" "지구가 더워져서 그래요!" "그러면 지구가 더워지는 이유가 무엇일까요?" 아이들은 환경오염 때문이다, 자동차 매연과 공장 매연 때문이다, 쓰레기를 함부로 버리기 때문이다 등등 많은 원인들을 찾아낸다. 그런데 대부분 자신들의 생활과는 상관없다는 듯이 마치 교과서에서 배운 대로 재잘거리는 것이다. 그 순간에 아이들을 현실로 돌려놓는 질문을 해보자. "여러분의 집에서도 오염물질이 나오는데, 어떤 것이 있을까요?" "냉장고요, 에어컨이요!!" 아이들은 잘도 안다. 냉장고와 에어컨에서 프레온 가스가 나오고, 실외기에서는 더운 바람이 나온다는 것을.

"그래요! 여러분의 집에 있는 냉장고도 환경오염의 원인이 된답니다. 그런데 냉장고를 안 쓰고 살 수 있을까요? 그건 쉽지 않겠지요? 그렇다면 에어컨은 어떨까요? 집에 에어컨이 있는 사람? 네, 얼마나 사용하나요?" 질문해 보면 한여름에만 잠깐 사용한다, 사용하고 싶어도 엄마가 안 틀어 준다, 아빠랑 있을 때만 틀어 준다 등등의 대답이 나온다.

"선생님은 환경보호에 대해서 여러분께 자랑할 게 하나 있어요. 바로바로 선생님의 집에는 에어컨이 없답니다!! 아무리 더워도 반장 할머니처럼 창문을 활짝 열어놓고 자요. 그렇게 하고 자면 여름철에 더위를 못 참을 날은 겨우 하루 정도 되는 것 같아요. 지구 환경을 위해 그 정도는 참을 수 있는 거죠! 그렇다고 여러분의 집에 있는 에어컨을 버리라는 얘기가 아니에요. 그 에어컨은 누구의 것인가요? 그래요, 부모님 것이죠. 선생님이 바라는 것은 여러분들

이 나중에, 10년 20년 후에 자기 집이 생기면 지구 환경을 위해 에어컨을 사지 말았으면 하고 바라는 것이에요. 어때요? 그 정도는 약속할 수 있나요? 물론 나중에 확인하러 가진 않을 거예요. 흐흐."

그리고 또 지구를 위해 '우리'가 할 수 있는 방법들을 찾아본다. 쓰레기 분리수거 잘하기, 길가에 과자나 아이스크림 껍데기 버리지 않기, 샴푸 사용 줄이기, 함부로 꽃 꺾지 않기, 침 뱉지 않기 등등을 찾아서 발표한다.

아이들과 그런 방법들을 나누고, 꼭 실천하자고 약속한 후에 기다리고 기다리던 시원한~ 시간을 갖는다. 바로 무더위를 한번에 씻어 줄 '팥빙수 만들어 먹기' 시간이다.

아이들이 하루나 이틀 전에 집에서 미리 얼려 온 우유(200ml)를 팥빙수 그릇에 담고, 팥과 젤리, 떡, 시럽, 견과류 등을 적당량 넣어서 팥빙수를 만들어 먹는 활동을 한다. 이때 동영상이 있는 '팥빙수' 노래를 틀어 주고 함

께 부르면서 흥을 돋운다.

즐겁고 시원한 독서캠프 활동이 끝나면 다 같이 자리 정리를 한다.

Tip

만약 겨울에 이 활동을 한다면, 팥빙수는 너~무 차갑다. 그럴 때는 달 샤베트를 만들어 먹자고 한다. 작은 그릇에 얼린 블루베리와 딸기, 그리고 망고를 넣고, 그 위에 요거트를 넣는다. 그 후에 집에서 가져온 숟가락으로 잘게 자르면서 휘휘 젓다 보면 어느새 샤베트처럼 시원해진다. 물론, 달 샤베트처럼 노랗게 하려면 망고만 넣는 센스~!! 그 위에 바나나와 견과류를 뿌리고 섞은 후, 길다란 빵으로 떠먹는 재미는 또 얼마나 좋은지~!! 크크크.

하나 더. 독서캠프가 진행되는 동안 사서 선생님이 강의와 관련된 그림책들을 쉬는 시간에 전시해 주셨다. 관심이 높아졌을 때 적절한 정보를 주는 것은 교사의 센스다.

그림책 활용 수업 정리

자리가 정리되면 마지막 활동으로 그림책 속의 주인공들을 알아맞히고, 그들의 본받을 점을 하나하나 확인해 가는 시간을 갖는다.

먼저 화면에 그림책 속의 주인공 한 명을 보여 주면서 묻는다. "어떤 그림책일까요?" "괜찮아!" "네, 이 주인공처럼 크게 웃고!" 그다음 그림책은 '구름빵'의 "홍비, 홍시!" "처럼 효도 하고!" '우리 엄마 맞아요'의 아이처럼 친구 도와주고, '으뜸 헤엄이'처럼 창의력 있고, '노래하는 볼돼지'처럼 꿈을 간직하고, '무지개 물고기'처럼 나눌 줄 알고, '짧은 귀 토끼'처럼 노력하고, '프레드릭'처럼 희망을 주고, '누가 내 머리에 똥 쌌어?'처럼 끈기를 가진, "이런 멋진 주인공이 되세요~!!"

Tip

독서캠프를 이틀 동안 진행한다면 '환경'과 '스토리텔링'을 묶어서 한다. 하루 2시간씩 진행했던 수업이라 무리 없이 할 수 있다. 만약 삼 일 동안 진행하고자 한다면 세 번째 독서캠프인 '관찰력 & 상상력' 수업을 더한다.

겨울 독서캠프: 스토리텔링

겨울 독서캠프 계획서

<table>
<tr><td>강 좌 명</td><td colspan="2">그림책을 활용한 독서교육</td><td>대 상</td><td>초등학교 전 학년</td></tr>
<tr><td>주제</td><td colspan="4">스토리텔링</td></tr>
<tr><td>교육목표</td><td colspan="4">• 누구에게나 감성과 예술성을 키워 주고 마음을 보듬어 주는 그림책 수업을 통하여 힐링 독서캠프 역할을 하고자 한다.
• 전설과 신화, 그 신비로운 이야기를 통하여 다양한 경험을 할 수 있다.</td></tr>
<tr><td>학생준비</td><td colspan="4">• 플라스틱 쟁반 하나(개인별), 집에서 가져온 개인 숟가락, 과자 1봉지, 연필</td></tr>
<tr><td>도서관준비</td><td colspan="4">• 비스킷류 과자, 딸기잼(조별 하나), 책상 덮을 B4 이면지, 디지털 카메라, 매직</td></tr>
<tr><td>강사준비</td><td colspan="4">• 노트북, 마술도구, 학습지, 상품 등</td></tr>
<tr><td colspan="5">강 의 계 획</td></tr>
<tr><td>차 시</td><td colspan="3">강 의 내 용</td><td>비 고</td></tr>
<tr><td rowspan="2">1차시</td><td colspan="3">▶ 동기유발하기
• 잠에서 깨어나는 레크리에이션 활동하기
• 수학적 상상력을 키우는 마술을 보여 주고 응용하기
• 활동 : 조별 대항 독서골든벨 하기</td><td rowspan="4">준비물 : 학습지, 과자집 만들기 재료들</td></tr>
<tr><td colspan="3">▶ 그림책 활용 수업 1. 〈 열두 띠 동물 이야기 〉
• 열두 띠 동물의 순서를 바르게 외워 보기(해마학습법)
• 등장인물들의 행동을 보고 성격 발표하기
• 숙제 : 가족의 띠를 조사하여 가족도 완성하기</td></tr>
<tr><td rowspan="2">2차시</td><td colspan="3">▶ 그림책 활용 수업 2. 〈 터널 〉
• 그림책 작가를 알아내는 미니 독서골든벨 하기
• 그림책 속에서 다양한 이야기를 찾아보고 간단히 발표하기
• 활동 : 그림 속 과자집을 발견하고 나만의 과자집 만들기</td></tr>
<tr><td colspan="3">▶ 그림책 활용 수업 정리
• 그림책 속의 주인공들을 알아맞히고 그들의 본받을 점을 확인하기</td></tr>
</table>

동기유발하기

교사의 복장은 가죽 점퍼에 찢어진 청바지를 입고, 멋진 선글라스를 쓴다. 한쪽 뺨에는 귀여운 캐릭터 밴드를 하나 붙인다. 여름과는 다른(혹은 양복을 입은 어제와는 다른) 복장으로 등장한다. 똑같은 무대에 똑같은 복장의 교사가 오늘도 서 있다면 이 얼마나 지루한가. 이건 테러에 다름 아니다. 그러니 어제의 그 사람이 아닌 것 같은 무대의상을 골라야 한다. 아이들의 지루함마저 달래 주고 청량함을 뿜어 주는 무대의상, 그것도 교사의 배려다.

"잘 잤나요(혹은 잘 지냈나요)? 방학인데 아침 일찍 일어나서 학교에 오기 힘들었지요? 하하. 열심히 배우기 위해 이 자리에 모인 여러분은 이미 훌륭한 사람들입니다! 하지만 아직 잠에서 덜 깬 친구들을 좀 깨워야겠네요. 정신이 번쩍 들 수 있도록, '가라사대 게임'을 해볼까요?"

잠깐! 여기서 '가라사대 게임'을 진행하는 요령과 핵심 포인트를 알아보자. 우선, 가라사대 게임의 규칙을 모르는 몇몇 학생을 위해 간단히 설명해 준다. 선생님이 하라는 대로 하면 되는데, '가라사대'라는 말이 들어갔을 때만 해야 한다는 점~!

"그럼 가라사대 게임 시작! 전체 차렷!" 벌써 따라하는 학생들이 있다. 물론 첫판은 연습이라는 점~! "다시 할게요. 가라사대 차렷! 열중 쉬어!" 열중 쉬어 한 사람은 탈락. "가라사대 앞으로 나란히! 가라사대 옆으로 나란히!" 여기까지는 쉽다. 진행자가 오른손을 들면서 말한다. "가라사대 오른손 들어!" 이때 '가라사대 얼음!'을 외치고 자세히 관찰해 보자. 진행자는 분명 오른손을 들었지만 마주 보는 아이들 중 몇 명은 왼손을 든다. 그러면 탈락. 자, 이제부터 어떤 순간에 집중력이 갈리는지 ☹로 확인해 보자.

"살아있는 사람은 가위 하세요."라며 진행자가 오른손으로 가위를 낸다.☹ "가라사대 가위!" 한 후, "가위 바위 보!" 하며 주먹을 내본다.☹ "자~ 가라사대 가위 바위 보!" "와~ 이긴 사람 일어나 보세요."☹ "네, 방금 탈락했습니다. 크크." 여기까지가 1단계.

"좋아요. 가라사대 아직 살아있는 사람 일어나세요." "자, 이 사람들은 왼손을 드세요!" 하며 진행자도 왼손을 든다. 여기까지 온 아이들은 잘 안 넘어간다. "가라사대 왼손 들고 브이!"라고 한 후, 천천히 좌우로 흔들라고 한다. "가라사대 좌우로 천천히 흔드세요~, 가라사대 조금 더 빨리~ 가라사대 더 빨리~ 스톱!!" 하며 진행자가 손을 멈춘다. 순간 주춤, 하는 아이들은 탈락. 여기까지가 2단계.

실제 가라사대 게임을 한다고 하면 청소년이나 어른들은 피식 웃는다. 하지만 청소년과 대학생들, 어른들마저 깜빡하게 만드는 비법이 있다. 마치 게임을 끝내는 듯이 "와~ 대단한데요. 좋아요, 살아 있는 사람은 앞으로 나오세요." 방심은 금물. 한발짝이라도 나오려던 사람은 탈락! 그렇게 해도 살아 있는 사람이 두세 명 된다면 앞으로 불러낸다. 그냥 나오라면 절대로 안 나오는 사람들이라, "알았어요~ 가라사대 제발 좀 나오세요!"라고 한다. 그리고 서로 마주 보게 하여 양팔로 '청기 백기 놀이'를 한다. "오른팔 내려! 왼팔 올려! 왼팔 내리지 말고 오른팔 올려!" 서로 마주 보고 하기 때문에 쉽지 않다. 보는 사람은 무척 즐겁다. 탈락했기에 마음도 편하고! (그러니 진행자는 앞을 가리면 안 된다.) 혹시라도 결판이 안 난다면, 두 명 혹은 세 명 모두에게 우승이라는 명예를 준다. 우승자가 많을수록 기쁨도 커질 테니. 그렇게 아침 잠을 깨운 후에 예고했던 마술을 보여 준다.

"자, 오늘은 숫자 마술을 보여 주겠어요! 여러분들이 생각하는 숫자를 선생님이 짠~!! 하고 맞히는 마술입니다. 여기 종이(이면지)가 있어요. 선생님은 안 볼 테니 이 종이 위에 매직으로 숫자를 하나 쓰는 겁니다. 하지만 약간의 조건이 있답니다. 숫자는 1부터 60 사이에서만 골라 쓰는 겁니다. 왜냐하면, 선생님이 여러분이 생각한 숫자를 짜짠~ 하고 바로 맞히면, 그게 해리포터지요! 저는 마법 지팡이가 없어요. 히잉. 그래서 마법사가 아니라 마술사이기 때문에, 약간의 조건이 필요해요. 이해하시죠? 그러면 오늘 도서관에 가장 먼저 온 학생이 누군가요?"

그 아이를 앞으로 나오게 하여 종이와 매직을 주고 마음에 드는 숫자를 쓰라고 한다. 그리고 아이들한테만 조용히 보여 주고 힘껏 구겨서 집어던지라고 한다. 물론 선생님은 저 구석으로 가서 벽을 보고 서 있는다. 잠시 후 자리로 돌아온 선생님은 말한다.

"자, 선생님은 마법사가 아니라?" 하고 물으면, "마술사요~!" 한다. 그 틈을 놓치지 않고 파고든다. "그래요! 그래서 저는 약간의~ 힌트가 필요하답니다. 바로 이 숫자판이지요~!!" 하며 미리 준비한 전지 크기의 숫자판을 보여 준다(화이트 보드 뒷면에 미리 붙여 두고 그 순간에 돌리거나, 스크린 뒤에 미리 붙여 둔 후 스크린을 올린다).

"여기에 여섯 개의 숫자판이 있습니다. 지금 이 학생이 쓴 숫자가 있으면 있다, 없으면 없다만 말해 주면 이 마술사가, 맞힐 수 있습니다. 자, 준비됐나요?"

(여러분도 사용할 수 있게 숫자판과 마술 방법을 공개합니다~!!)

* 겨울독서캠프 학습지 *

수학 숫자판 마술

①

1	3	5	7	9	11
13	15	17	19	21	23
25	27	29	31	33	35
37	39	41	43	45	47
49	51	53	55	57	59

②

2	3	6	7	10	11
14	15	18	19	22	23
26	27	30	31	34	35
38	39	42	43	46	47
50	51	54	55	58	59

③

4	5	6	7	12	13
14	15	20	21	22	23
28	29	30	31	36	37
38	39	44	45	46	47
52	53	54	55	60	

④

8	9	10	11	12	13
14	15	24	25	26	27
28	29	30	31	40	41
42	43	44	45	46	47
56	57	58	59	60	

⑤

16	17	18	19	20	21
22	23	24	25	26	27
28	29	30	31	48	49
50	51	52	53	54	55
56	57	58	59	60	

⑥

32	33	34	35	36	37
38	39	40	41	42	43
44	45	46	47	48	49
50	51	52	53	54	55
56	57	58	59	60	

수학 숫자판 마술의 해법

① 1부터 60까지의 숫자 중 하나를 마음속으로 생각하라고 한다.

② 그 마음속의 숫자를 바로 맞히면, 해리포터겠지만…… 선생님은 약간의 힌트가 필요하다고 말하고 6개의 숫자판을 전지 프린터기로 크게 뽑아서 칠판 앞에 붙여 둔다.

③ 6개의 숫자판마다 숫자가 약간씩 다르다고 하고 첫 번째 숫자판에 마음속 그 숫자가 있다, 없다만 말해달라고 한다.

④ 이렇게 여섯 개의 숫자판을 다 물은 후, (속으로) 있다고 말한 숫자판의 맨 앞 숫자들을 다 더하면 마음속 숫자와 일치한다.

예를 들어, 마음속 숫자가 35라면,

①②⑥의 숫자판에만 35가 들어 있다. 그 숫자판의 맨 앞 숫자들은,

1, 2, 32이다. 다 더하면, 1+2+32=35가 된다. 짜잔~~!!

만약 숫자가 60이라면,

③④⑤⑥의 숫자판에만 60이 들어 있다. 그 숫자판의 맨 앞 숫자들은,

4, 8, 16, 32이다. 다 더하면, 4+8+16+32=60이 된다.

이 마술은 특히 저학년에서 큰 빛을 본 마술이다. 머릿속으로 빠르게 숫자들을 더하는 훈련이 되기 때문에 수학공부에도 그만이다. 재미도 있고~!!

이제, 집에 가서 부모님께 멋진 수학 마술을 보여 주자~!!

세 명 정도의 지원자를 타당한 방법으로 뽑아서 마술을 진행한다. 그리고 이 마술의 비법은, "내일 공개합니다~!!" 하면서 뜸을 들인다. 아이들에게 바로 비법을 알려주면 생각할 기회를 빼앗는 것이기 때문이다. 혹은 하루 독서

캠프라면 수업 후에 비법을 학습지로 나누어 준다고 말해 준다.

그다음 간단한 레크리에이션으로 몸과 정신을 스트레칭하고 본격적인 독서 캠프로 들어간다. 오늘의 독서골든벨도 그림책의 제목을 맞히는 것이다. 선생님이 좋아하는 그림책 취향에 맞게 하면 더욱 좋다. 예를 들면, 1단계에서는 지난 시간을 복습해 본다. 옥토끼로 '달 샤베트'를, 줄무늬 소녀로 '줄무늬가 생겼어요'를, 로자와 투발루로 '투발루에게 수영을 가르칠 걸 그랬어'를 보여 준다. 2단계는 '뿌웅' 장면으로 '방귀 만세'를, 게으른 소년으로 '줄줄이 꿴 호랑이'를, 그리고 마지막엔 미피 시리즈 55권을 보여 주며 묻는다. "이 그림책은 무슨 시리즈일까요?" 3단계는 조금 생소한 그림책을 보여 준다. '샌지와 빵집 주인'의 한 장면을 보여 주며 힌트를 준다. "이 사람의 이름은 '샌지'예요. 그리고 저기 나온 사람은 빵집 주인이랍니다. 아, 제목을 다 말해 버렸네?" 그다음엔 팝업북인 '이상한 나라의 앨리스'를 펼쳐든 '내'가 나온 사진을 보여 준다. "무슨 책일까요?" 마지막엔 오늘의 주제와 관련된 수많은 동물들이 나온 장면을 보여 준다. 그리고 힌트를 준다. "여러분은 무슨 띠인가요? 이 책은 그 띠와 관계가 있답니다. 그러면 띠는 모두 몇 가지나 있을까? 자, 제목을 맞힐 사람은?"

그림책 활용 수업 1. 『열두 띠 동물 이야기』

"여러분은 열두 띠를 다 알고 있나요? 한번 발표해 볼 사람?" 여러 명의 아이들을 발표시켜 본다. 생각보다 열두 띠를 다 외우는 학생은 많지 않다. 특히 순서대로 띠를 외우는 학생은 반에 한 명 정도다.

"선생님은 닭띠인데요, 오늘은 열두 띠에 대한 전설을 들려 드릴게요. 그리고 그림책을 다 읽어 준 후에 누가 열두 띠를 순서대로 다 외우는지 발표해 볼게요! 다 맞힌 학생은 선물~!!" 하며 그림책을 읽어 준다. 아, 읽어 주기 전엔 약간의 소란스러움을 잠재울 시간이 필요하다. 이미 아이들은 퀴즈로 꽤 흥분한 상태이기 때문에. "빨간 옷을 입은 학생이 조용히 하면 읽을게요, 머리 염색한 학생이 자세를 바르게 하면 읽을게요." 하며 분위기를 정돈한다.

그림책을 다 읽어 준 후에, 이 이야기는 실제 일어난 것이 아니라 전설이기 때문에 쥐를 미워할 필요는 없다는 것을 알려 준다. 전설은 전설일 뿐이니까.

띠를 순서대로 다 외우는 아이들을 발표시키고 바로 사서 선생님한테 가서 선물(사탕)을 받으라고 하자. 보상은 즉시 이루어져야 효과가 높다.

그 후에는 선생님의 '우리집 띠 가족도'를 보여 준다. 이때 잘한 아이들의 샘플이 있다면 그것도 보여 준다. 그 화면을 보면서, 아빠와 엄마가 몇 살 차이인지도 물어보고, '나'와 '형'의 나이 차이와 '누나'와 '나'의 나이 차이도 질문해 본다. 띠의 순서를 알기에 나이 차이도 알아내는 재미가 있다.

"여러분에게 숙제가 있어요. 오늘 열두 띠 학습지를 나누어 주면, 내일까지 여러분의 띠 가족도를 만들어 오는 거예요. 그냥 오려서 딱, 딱! 붙여서 가져와도 선물을 주고요, 아까 보여 준 것처럼 예쁘게 꾸미거나, 실제로 동물을 그리고 내용을 써 본다면 가족의 성격까지도 잘 외워지겠지요? 그렇게 한 사람은 선물 두 배~!! 공부는 손으로 한다는 것! 기억하세요."

쉬는 시간엔 반드시 화장실에 가서 비누로 손을 씻고 오라고 한다. 그리고 분위기 있는 캐롤을 잔잔히 틀어 놓는다.

그림책 활용 수업 2. 『터널』

아이들이 자리에 앉으면 '그림책 작가 맞히기'를 한다. 화면에 힌트를 하나씩 보여 준다. '곰 세 마리 → It's a raining men → 명화 → 영국 → 판타지 → 윌리 → 킹콩'까지 힌트를 준다. 정답은 '앤서니 브라운!' 화면 위에서 힌트와 관련된 그림들이 쏟아진다. '나와 너' '윌리와 악당 벌렁코' '고릴라' '거울 속으로' 등이.

세상에서 가장 유명한 그림책 작가 앤서니 브라운의 인터넷 사진을 보여 주고, 선생님이 직접 찍은 요즘 사진과 비교해 본다. 핸섬한 모습은 크게 바뀌지 않았다. 그리고 앤서니 브라운의 가족 3부작과 섬세한 펜터치, 원화 전시회, 싸인회와 나만의 명장면들을 보여 주며 작가를 소개한다. 아이들은 그림책만큼 그림책 작가에 대해 궁금해한다.

"오늘은 지금 소개한 앤서니 브라운의 작품 중~ '터널'을 읽어 드릴게요!" 아이들은 엄마를 나타내는 '우리 엄마'와 아빠를 나타내는 '고릴라', 그리고 남매관계를 나타내는 '터널'을 이미 읽었지만 그중 가장 매력적인 책으로 터널을 꼽았다.

그림책을 다 읽어 준 후에 그림책 속의 다양한 이야기들을 찾아본다. 자세한 내용은 『마음으로 떠나는 그림책 여행』 1권에 써 두었다. 예를 들어, 과자집을 보고 '헨젤과 그레텔' 이야기를, 계속 자라는 나무를 보고 '잭과 콩나무' 이야기를, 늑대 모양 나무와 빨간 외투를 입은 로즈를 보고 '빨간 모자' 이야기를, 돌이 된 오빠를 보고 '메두사(그리스 로마 신화)' 이야기를 찾아낸다.

"이제 재미있는 활동을 해볼 텐데요, 여러분이 찾은 터널 속 다양한 이야기 중에서 '과자집 만들기'를 해보겠습니다!" 하며 아이들에게 과자집 만드는 간단한 방법을 알려 준다.

우선 개인별로 준비물(과자, 접시, 숟가락, 책상 덮을 B4 크기의 이면지)을 나누어 준다. 과자집은 각자의 접시 위에 지어야 하고, 접착제로는 잼을 이용하는데 절대로 각자의 숟가락을 입으로 빠는 실수는 하지 말자고 한다. 조별로 잼을 사용하니까. 그리고 너무 넓은 집을 지으려 하면 벽을 세우기가 쉽지 않다고 조언해 주고, 타워나 아파트, 탑으로 지어도 좋고, 비행기나 자동차집도 멋지다고 한다. 개성껏 집을 만들자고 한다. 시작~!!

아이들이 다양한 설계로 재미있는 집을 만들 동안 선생님은 돌아다니며 응원해 주고, 칭찬해 주고, 그 과정을 사진에 담는다. 그리고 집을 절반 정도 지

을 때까지는 과자를 먹지 못하게 한다. 약간의 제한이 아이들에게 인내와 발전을 키워 줄 수 있다는 걸 느꼈기 때문이다. 하지만 어느 정도 시간이 흘렀다면 '부서진 과자'는 먹어도 좋다고 한다. 뭐, 일부러 살짝 부시는 것도 애교로 봐줄 수 있다. 아이들은 아이들이니까.

그림책 활용 수업 정리

자리가 정돈되면 '터널' 속과 비슷한 신비한 숲이 세계에 정말로 존재한다고 이야기한다. 아이들이 웅성거릴 때 그 신비한 숲을 사진으로 보여 준다. 폴란드에 있는 '비틀어진 숲'이 그것이다! 마치 수십 그루의 나무들이 춤을 추는 듯한 모양으로 자라나 있다. 인터넷에 여러 사진들이 있으니 몇 장 골라서 보여준다. 그리고 또 하나, 아이들한테 이렇게 설명을 한다.

"여러분! 아주 커다란 산꼭대기에 아파트만 한 크기의 맷돌이 올려져 있다면, 믿으시겠습니까?"

"에이~, 우우~, 설마? 놀리지 마세요!"

하는 답변이 나온다. 그때 중국의 경추봉(봉추산-고미숙의 열하일기 참고) 사진을 보여 준다!

"……!"

"여러분! 세상에는요, 정말로 터널 속 같은 신비한 장소들이 많이 존재합니다. 그 신비하고 비밀스러운 장소들을 어른이 되기 전에 꼭 한번 찾아가세요~!! 저 넓은 세상 속을 꼭 한번 여행하시기 바랍니다~!!"

하며 강한 동기를 부여해 준다!

마지막 활동으로 그림책 속의 주인공들을 알아맞히고, 그들의 본받을 점을 하나하나 확인해 가는 시간을 갖는다. (여름 독서캠프와 동일)

또 다른 독서캠프: 관찰력 & 상상력

또 다른 독서캠프 계획서

<table>
<tr><td>강 좌 명</td><td>그림책을 활용한 독서교육</td><td>대 상</td><td>초등학교 전 학년</td></tr>
<tr><td>주제</td><td colspan="3">관찰력 & 상상력</td></tr>
<tr><td>교육목표</td><td colspan="3">• 누구에게나 감성과 예술성을 키워 주고 마음을 보듬어 주는 그림책 수업을 통하여 힐링 독서캠프 역할을 하고자 한다.
• 관찰력과 상상력을 키워 주는 유쾌한 그림책을 통하여 무한한 상상의 나래를 펼칠 수 있다.</td></tr>
<tr><td>학생준비</td><td colspan="3">색연필 하나, 딱풀</td></tr>
<tr><td>도서관준비</td><td colspan="3">학습지, 마술도구(빨대), 디지털 카메라</td></tr>
<tr><td>강사준비</td><td colspan="3">노트북, 마트 전단지, 상품(사탕) 등</td></tr>
<tr><td colspan="4">강 의 계 획</td></tr>
<tr><td>차 시</td><td colspan="2">강 의 내 용</td><td>비 고</td></tr>
<tr><td rowspan="3">1차시</td><td colspan="2">▶ 동기유발하기
• 빨대 마술을 보여 주고 묶임과 풀림의 놀라움을 배우기
• 관찰력을 활용하여 두 개의 그림에서 다른 부분 찾기</td><td rowspan="3">준비물 :
학습지,
손가락
지시봉,
종이류
담을 상자</td></tr>
<tr><td colspan="2">▶ 그림책 활용 수업 1. 〈 움직이는 ㄱㄴㄷ 〉
• 한글의 자음을 함께 발음해 보고, 14개의 순서 알아두기
• 한글을 활용하여 상상력을 키우는 놀이하기</td></tr>
<tr><td colspan="2">▶ 그림책 활용 수업 2. 〈 어떤 목욕탕이 좋아? 〉
• 다양한 목욕탕 중에서 마음에 드는 것 발표하기
• 미로 목욕탕 통과하기와 뽀글머리 아저씨 찾기</td></tr>
</table>

2차시	▶ 그림책 활용 수업 3. 〈 오늘의 일기 〉 • 짝꿍과 협동하여 관찰력과 집중력을 키우기 • 글과 그림이 주는 상상의 즐거움 느끼기	
	▶ 그림책 활용 4. 〈 고 녀석 맛있겠다 〉 • '공룡쏭' 듣고 따라 불러 보기 • 좋아하는 공룡 정하기 • 활동 : 자기가 좋아하는 음식으로 공룡의 몸을 채우기	
	▶ 그림책 활용 수업 정리 • 그림책 속의 주인공들을 알아맞히고 그들의 본받을 점을 확인하기	

동기유발하기

한 명당 빨대를 두 개씩 준다. 이때 색을 다르게 하여 준다. 그리고 두 빨대를 십자가 모양으로 놓고 묶는다. 입김을 후~ 불면서 잡아당기면 풀린다. 아이들에게 따라해 보라고 하며 같이 해본다. 어느 아이는 풀리고, 어느 아이는 안 풀린다. 그 순간의 반응은 재밌다! 풀린 아이는 어떻게 풀렸는지도 모른 채 마냥 신기해하고, 옆의 안 풀리는 아이는 있는 힘껏 잡아당기면서 인상을 쓴다. 하하. 한 번 더 시연해 본 후, 이제 방법을 알려 준다.

"이 마술은 마술사 이은결 씨한테 직접 배웠습니다!" 하고 자랑스럽게 말하면, "우~ 에~." 하는 반응들이 나오는 건 당연지사! "선생님은 절대 거짓말을 하지 않아요! 좋아요. 좀 더 정확히 말하자면, '이은결 씨의 동영상'에서 직접 배웠습니다!!" 하고 방법을 차근차근 설명해준다. (자세한 방법은 인터넷에 '빨대 마술'이라 치고 이은결 씨의 동영상을 검색하면 된다. 사전에 선생님이 방법을 숙지하고 어떻게 가르칠 것인지 연습해야 한다.)

"자, 오늘은 여러분들의 관찰력과 상상력을 알아보고, 더 키우는 시간도 가질 것입니다. 누가누가 관찰력이 좋은지 확인해 볼게요." 하며 미리 붙여 둔 '틀린 그림 찾기'를 보여 준다. 참, 이 말은 틀렸다. 원래는 '다른 그림 찾기'가 맞다. 하지만 이미 고유명사처럼 되어 버려서 그냥 '틀린 그림 찾기'라 부르기로 하자(이 말까지 할 것인지는 선생님의 판단에 맡긴다). 플로터로 전지 크기나 이절지만 한 크기로 뽑아서 보여 준다. 일단 눈으로만 찾아보게 하고 1분 정도 흐른 후에 한 가지씩 발표시킨다. 칭찬과 즉석보상으로 진행!

그림책 활용 수업 1. 『움직이는 ㄱㄴㄷ』

"오늘 보여 줄 첫 번째 그림책은 이것입니다." 하며 화면에 그림책 표지를 보여 준다. 한 장을 넘기면 앞면지가 나온다. '터널'에서 앞면지의 중요성을 이야기했다면 여기서도 말해 준다. 앞면지 가득 담긴 한글 자음을 짚어가며 한 자씩 읽어 본다. 그리고 'ㅣ으'법칙에 어긋난 세 자음도 찾아본다(자세한 활동은 이 책의 268쪽 '움직이는 ㄱㄴㄷ' 참고).

그림책 활용 수업 2. 『어떤 목욕탕이 좋아?』

두 번째 그림책의 표지를 보여 주면, 여자아이들이 "큭큭" 웃는다. 왜 그런지는 표지의 아이를 보면 알 수 있다. 앞면지를 지나 놀랍고, 새롭고, 의미도 있는 목욕탕들이 나타난다. 미로 목욕탕에서는 실제 미로를 통과해 보고, 수십 가지 목욕탕들이 나오는 장면에서는 '○○ 목욕탕 찾기'처럼 각자가 좋아하는 목욕탕을 말해 보자. 그리고 뽀글머리 아저씨 찾는 놀이도 빠뜨리지 말자. 이 책의 하이라이트니까!

그림책 활용 수업 3. 『오늘의 일기』

10분 쉬는 시간을 갖고 자리를 정돈한다. "이번엔 짝꿍을 정해서 두 명이 한 팀이 되어 게임을 할 거예요." 하며 팀별 한 장의 학습지를 나누어 준다. 학습지 왼쪽에는 '1~50'까지의 숫자가 적혀 있고, 오른쪽에는 '하나~쉰'까지의 글자가 적혀 있다. 예를 들어, '1'에 색연필로 동그라미를 치라고 하고,

오른쪽에서 '하나'를 찾아 같이 동그라미를 치라고 한다. '7'을 찾고, '일곱'을 동그라미 치는 연습을 마치면 말한다.

"지금부터 팀별 시합입니다. 가장 먼저 한 팀은 바로 손을 드세요. 10개의 숫자를 찾아볼 텐데요, 예를 들어 1부터 10까지 찾아서 동그라미 치라고 하면 오른쪽의 하나부터 열까지도 순서대로 찾는 겁니다. 그러니까 1을 찾고, 바로

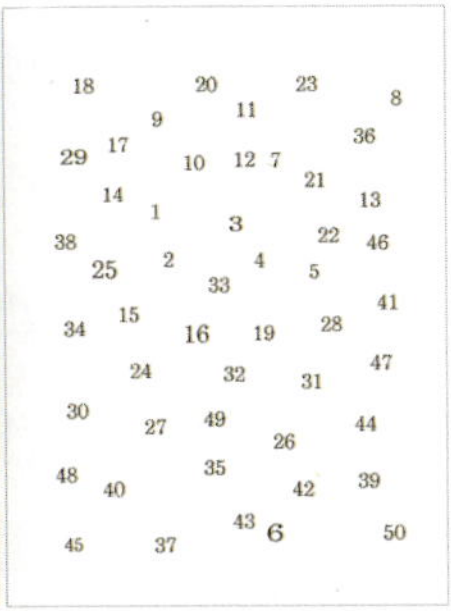

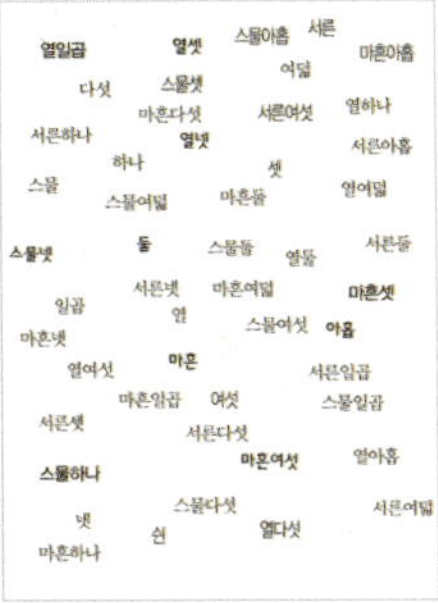

하나를! 2를 찾고, 바로 둘을 찾는 거예요. 아셨지요? 짝꿍끼리 협동하여 순서대로 찾는 겁니다! 자~ 준비! 11부터 20까지 찾기 시작~!!"

이 활동은 개개인의 관찰력과 집중력, 그리고 협동까지 필요한 활동이다. 그렇게 진행을 끝내면 보상을 해주고 세 번째 그림책을 소개한다.

"이번 그림책은 좀 특별합니다. 어느 아이의 일기를 보여줄 텐데요, 여러분이 한 줄씩 읽어 주세요!" 하며 글만을 소개한다. 활동내용은 『마음으로 떠나는 그림책 여행』 1권에 실려 있다. 간단히 말하면 처음엔 글만 읽어 준다. 아이들의 의견을 물으면 "평범하네요." "지루해요."라고 대답한다. 하지만! 그림과 함께 본다면 결코 평범하지 않은, 몹시 특별한 일기를 만날 수 있다!!

그림책 활용 4. 『고 녀석 맛있겠다』

즐거움을 만끽한 세 번째 그림책을 접고, 엘스워스 할머니의 정체인 공룡에 관한 그림책으로 넘어가 본다. 그 전에 '공룡쏭'을 틀어 주고 재미있는 공룡들의 이름을 배워 본다. 그리고 '고 녀석 맛있겠다'의 표지를 보여 준다.

"이번에 볼 그림책은 다 읽어 주진 않습니다. 모두 아시죠? 영화로도 나왔잖아요." 하면 대부분의 아이들은 읽어 봤다고 하고 영화도 봤다고 씩씩하게 대답한다. 화면에는 여러 공룡의 모습만 보여 주고, 육식공룡과 초식공룡을 알아 본 후에 B4크기의 종이에 복사한 커다란 공룡을 나누어 준다. 그리고 마트에서 가져온 전단지를 한 장씩 나누어 준다.

"이제부터 여러분이 좋아하는 음식들을 손으로 직접 찢어서 공룡의 머리 아래쪽에 채우는 겁니다. 여러분이 좋아하는 음식들을 손으로 찢어서 공룡의 몸에 붙여 보세요. 자신이 좋아하는 바닷가재나 바나나, 삼겹살, 포도, 치킨 등 어떤 음식이라도 좋아요. 잘 찾아보고 공룡 몸에 붙여 보세요!"

생각보다 다양한 결과물이 나온다. 온통 고기로만 빨갛게 채운 공룡도 있고, 앞다리에까지 바나나로 가득 채운 공룡도 나타난다. 우유를 앞발로 잡은 공룡, 심지어 자동차나 노트북을 먹은 공룡도 있지만 음식물이 아닌 것은 지

양하자고 한다.

그림책 활용 수업 정리

주변의 종이 조각들은 종이 상자에 각자가 담도록 지도하고, 그림책 주인공들의 본받을 점을 이야기하며 독서캠프를 마무리한다.

Tip

막무가내 1학년 남자 아이와의 일화 :
가끔, 아니 사실은 자주 엉뚱한 상황에 처하게 되는 게 수업이다. 경기도의 어느 학교에서 독서캠프를 할 때였다. 재미있는 마술로 동기유발을 하려는데 맨 앞의 남자아이가 앞의 여자아이에게 계속 장난을 쳤다. 여자아이는 나한테 그걸 얘기하고, 나는 수업의 진행을 위해 빠른 조치를 취했다. "자리 바꾸면 되지." 쌍방이 좋다고 하여 자리를 옮겼다. 하지만 그게 기분이 나빴는지 남자아이는 계속 일어나서 떠들고, 나를 공격했다. 괜히 소리 지르고, 크게 웃고, 내 몸을 툭툭 건드렸다. 뒷자리에 서 계신 선생님들과 학부모님도 조금 난감해하셨다. 결국에는 일어나서 온몸으로 나를 밀기 시작했다. 아이의 팔을 붙잡고 하지 말라고 해도 막무가내였다. 간신히 진정시키고 다시 수업을 시작하려는데(난 아직 시작도 못한 셈이다) 자리를 바꾼 대각선의 그 여자아이를 다시 괴롭히기 시작한다. 이젠 나도 정색을 하고 한마디 해야 하는 상황.
"어이, 친구! 지금 이 독서캠프에는 신청자가 많아서 절반 이상이 떨어졌다는데, 이 자리에서 장난만 치고 하기 싫다면 지금이라도 다른 신청자에게 기회를 주는 게 어때? 정말 하기 싫으면 나가도 좋아."
말이 끝나자마자 아이는 "아~ 잘됐다!" 하며 문밖으로 나가는 게 아닌가. 원래 우리반 아이였다면 잡지 않았을 것이다. 다른 기회에 다른 방법으로 설득할 수 있으니까. 하지만 더 당황하신 그 학교 선생님들이 따라나가려 했다. 그래서 내가 만류했다. 어차피 이 수업은 나의 수업이었다. 돌발상황이 발생하면 모두 나의 책임이었기 때문에. "제가 데려올게요." 하며 문을 반쯤 열고 아이를 찾았다.

복도 5미터쯤 앞 꺾어진 곳에 아이의 앉은 다리가 보였다. 녀석! "야~!! 돌아와~!! 네가 보고 싶단 말이야~!!" 1초도 안 지나서 아이는 흐뭇한 표정으로 행진하듯이 돌아왔다. 한 번 안아주며 "잘 왔어! 이제 수업하자." 했다.

그렇게 아무 일도 없었다는 듯 수업을 시작하고, 드디어 아이들이 좋아하는 '과자집 만들기' 활동 시간이었다. 아이들은 너나없이 즐거운 표정으로 과자에 잼을 발라 집을 만들기 시작했다. 거기서 또 약간의 잡음이. "선생님, 얘(그 아이)가 과자 먹었어요!" 어디를 가든 고자질에 순발력이 좋은 아이는 있다. 과자집이 절반 정도 완성될 때까진 과자를 먹지 말라고 한 내 말에 충실한 고자질쟁이. 그걸 탓할 수도 없다. 얌전하게 그러지 말라고 타일렀다. 그러자 아이가 하는 말, "선생님! 그럼 부서진 과자는 어떡해요?" "음, 좋아! 만약 부서진 과자가 생기면 선생님 몰래, 눈치껏 그냥 먹어도 됩니다~!!" 그리고 잠시 후, 그 아이가 조용히 나한테 나왔다. '아, 왜, 또?' 하는 속마음을 감추고 최대한 부드럽게 물었다.

"(온화한 미소를 지으며) 왜에?"
"(눈을 내리깔고 차분하게) 선생님, 이거 부서졌어요."
"(다행이라는 표정으로) 그래? 그럼 먹어도 좋아!"
"(수줍은 듯 얌전하게, 공손한 자세로) 이거, 선생님 드세요."
"(너무 놀라는 표정으로) 응? 와~!! 고마워~!! 배고팠는데~!! 히히."
그러다가 문득, 이런 생각이 들었다. '혹시 이 아이, 일부러 부서뜨린 게 아닐까? 나 주려고?' 그래서 아이의 얼굴에 가까이 대고 살짝 물었다.
"(작은 목소리로) 너 혹시~ 선생님 주려고 일부러 부서뜨린 거 아니니, 응?"
"(살짝 머리를 긁적이며) 헤헤헤~."

이것으로 되었다. 이 행복한 마무리로 최고의 수업이 되었다. 그 긴박했던 순간의 위기와 빠른 해결, 그리고 잔잔한 감동의 여운까지 있는 살아 있는 수업!
돌아오는 차 안에서 든 생각은 이랬다.
'자주 엉뚱한 상황에 처하게 되는 게 인생이지, 뭐. 재밌잖아? 하하하~!!'

운영의 묘) 이틀이나 사흘 동안 독서캠프를 진행할 계획이라면, 마지막 '그림책 활용 수업 정리'는 마지막 날에만 진행하도록 한다.

그림책 읽기에 도움이 되는 책들(저자가 공부한 순서대로 나열함)

이상금. 2004. 그림책을 보고 크는 아이들. 사계절

마쓰이 다다시, 이상금. 2007. 어린이와 그림책. 샘터사

가영아빠 외. 2004. 하하 아빠, 호호 엄마의 즐거운 책 고르기. 휴머니스트

최윤정. 2001. 그림책. 비룡소

김소희. 2006. 참 좋은 엄마의 참 좋은 책읽기. 화니북스

탁정은. 2006. 비교해 보는 재미, 그림책 이야기. 한림출판사

최은희. 2006. 그림책을 읽자, 아이들을 읽자. 우리교육

현은자 외. 2004. 그림책의 그림읽기. 마루벌

서남희. 2005. 그림책과 작가 이야기. 열린어린이

현은자·김세희. 2005. 그림책의 이해 1. 사계절출판사

현은자·김세희. 2005. 그림책의 이해 2. 사계절출판사

이선주. 2007. 그림책과 놀아요. 열린어린이

존 버닝햄. 2006. 존 버닝햄 – 나의 그림책 이야기. 비룡소

이지유. 2002. 그림책 사냥을 떠나자. 미래 M&B

조월례. 2005. 아이 읽기, 책 읽기. 사계절 출판사

엄혜숙. 2005. 나의 즐거운 그림책 읽기. 창비

한복희. 2008. 책 읽는 엄마, 책 먹는 아이. 여성신문사

가와이 하야오. 마쓰이 다다시, 야나기다 구니오. 2003. 그림책의 힘. 마고북스

김성혜. 2006. 독서, 사람을 키우는 힘. 위즈덤북

짐 트렐리즈. 2007. 하루 15분, 책 읽어주기의 힘. 북라인

다니엘 페나크. 2004. 소설처럼. 문학과 지성사

최윤정. 2000. 슬픈 거인. 문학과 지성사

와키 아키코. 2006. 그림책에서 이야기책까지. 현문미디어
야나기다 구니오. 2006. 마음이 흐린 날엔 그림책을 펴세요. 수희재
가와이 하야오, 다치바나 다카시, 다니카와 순타로. 2007. 읽기의 힘, 듣기의 힘. 열대림
강승숙. 2010. 선생님, 우리 그림책 읽어요. 도서출판 보리
이상금. 1996. 어린이 그림책의 세계. 한림출판사
하제. 2006. 아이의 마음을 열어주는 독서치료 열려라 참깨!. 교보문고
나카가와 모토코. 2006. 그림책은 작은 미술관. 주니어김영사
전국초등국어교과 구리남양주모임. 2003. 그림동화로 여는 국어수업. 나라말
앤서니 브라운, 조 브라운. 2011. 앤서니 브라운 나의 상상 미술관. 웅진주니어
다케우치 오사무. 2008. 그림책은 재미있다-그림책의 다섯 가지 표현 기법. 문학동네어린이
해리 데이비스, 타샤 튜더. 2008. 타샤의 그림 인생. 윌북
도로시 버틀러. 2003. 쿠슐라와 그림책 이야기. 보림
데이비드 스몰. 2012. 바늘땀-여섯 살 소년의 인생 스케치. 미메시스
시공주니어 편집부. 2009. 네버랜드 그림책을 빛낸 거장들. 시공주니어
가와이 하야오. 2006. 어린이 책을 읽는다. 비룡소
가와이 하야오. 2006. 판타지 책을 읽는다. 비룡소
신명호. 2009. 그림책의 세계. 주니어김영사
그리고...
황선미. 2006. 동화 창작의 즐거움. 사계절출판사
엘렌 E. M. 로버츠. 2002. 그림책 쓰는 법. 문학동네어린이
도러시아 브랜디. 2010. 작가 수업-글 잘 쓰는 독창적인 작가가 되는 법. 공존
스티븐 킹. 2002. 유혹하는 글쓰기. 김영사
조제희. 2013. 5000만의 글쓰기. 들녘
바바라 애버크롬비. 2013. 인생을 글로 치유하는 법. 책읽는수요일

그림책 수업에 좋은 영역별, 주제별, 대상별 그림책 목록

영역	도서명	주제	대상	출판사
가족	우리 엄마	엄마의 꿈과 인생	꿈 많았던 엄마와 그걸 몰랐던 아이들	웅진주니어
	고릴라	아빠의 일과 인생	아빠의 직장을 한 번도 가본 적 없는 아이들	비룡소
	터널	형제자매의 우애	형제자매와 자주 다투는 아이들	논장
	우리 엄마 맞아요?	엄마에게 진심 전하기	엄마에게 할 말 많은 아이들	웅진주니어
	용돈 좀 올려주세요	엄마에게 어떻게 말할까?	엄마한테 부탁할 것이 있는 아이들	창비
	원숭이 오누이	아웅다웅 서로를 아끼는 남매	형제끼리 다툼이 많은 아이들	한림출판사
	까마귀네 빵집	행복한 가족이란?	엄마, 아빠가 바쁜 아이들	고슴도치
	석수장이 아들	우리 아빠가 최고야!	직업에 편견을 가지고 있는 아이들	창비
	언제까지나 너를 사랑해	부모님의 내리사랑	부모님을 생각하는 모든 부모님	북뱅크
	행복한 질문	나를 얼마만큼 사랑해?	두근두근 설레던 사랑을 조금씩 잊어가는 어른들	프로메테우스
	채마밭의 공주님	아이가 부모에게 바라는 것은?	자녀가 어른아이의 특성을 보여 걱정인 부모들	아이세움
	리디아의 정원	사람을 기쁘게 해주는 사람 또한, 행복하다!	현재의 자리에서 최선을 다하고 싶은 친구들	시공주니어
	피터 래빗 이야기	어린 시절의 장난도 추억이 된다	천진한 말썽꾸러기 친구들	한국프뢰벨주식회사
	행복한 우리 가족	분노하라~!!	가짜 인생으로 살기 싫은 사람들	문학동네
	엄마를 화나게 하는 10가지 방법	역지사지의 지혜를 깨닫자	엄마를 화나게 하고 싶은 모든 친구들	어린이작가정신

영역	도서명	주제	대상	출판사
가족	도깨비를 빨아 버린 우리 엄마	결단력과 실천력이 통쾌하신 엄마를 닮자	결단력과 실천력 사이에서 머뭇거리는 친구들	한림출판사
	무엇이든 삼켜버리는 마법상자	내 마음대로 할 수 있는 능력에도 책임이 필요해~!!	세상이 나를 슬프게 한다고 느끼는 친구들	고래이야기
	엄마 마중	엄마를 기다리는 자식의 사랑	일하시는 엄마를 둔 자녀와 엄마	보림
	동강의 아이들	소중한 자연, 소중한 아이들	자연의 아름다운 비밀과 기다리는 마음을 알고 싶은 친구들	길벗어린이
친구	메리 크리스마스, 늑대 아저씨!	상냥한 마음과 따뜻한 배려와 사랑을 나누자	친구와의 소통이 어려운 아이들	시공주니어
	아모스와 보리스	좋은 친구란 무엇일까?	친구를 돕는 데 소극적인 아이들	시공주니어
	무지개 물고기	나눔의 기쁨은 우정의 시작!!	자기만 아는 아이들	시공주니어
	구합니다! 완벽한 애완동물	친구의 조건	친구의 부족한 부분을 감쌀 줄 모르는 아이들	책과콩나무
	공원에서 일어난 이야기	모습도 생각도 다른 우리들	다른 친구의 입장을 잘 이해하지 못하는 아이들	곧은나무
	도서관에 간 사자	도서관에서 지켜야 할 약속	도서관 이용 규칙을 모르는 아이들	웅진주니어
	들꽃 아이	첫 마음으로 돌아가다!	처음처럼 살고 싶은 선생님, 부모님	길벗어린이
	친구를 데려가도 될까요?	어린이들에게 다가가는 능숙한 방법을 배우자	친구와 함께하고픈 어린이의 마음을 알고 싶은 어른들	시공주니어
	안녕, 친구야	경험으로 자라나는 아이를 위하여	첫아이를 맞이할 준비를 하는 부모님들	웅진주니어
	사랑과 사랑	사랑이란 무엇일까?	인생에서 무수한 질문과 마주하는 당신	미래아이
	윌리와 악당 벌렁코	신은 사람마다 특별한 재능을 하나씩 주신다	내가 받은 재능을 알고 싶은 친구들	웅진주니어

영역	도서명	주제	대상	출판사
친구	방귀 만세	살아 있는 생물은 모두 방귀를 뀐다	방귀로 인한 추억이 있는 모든 사람	아이세움
	어느 개 이야기	사랑의 다른 이름은 책임이야	애완동물에 관심이 많은 친구들	별천지
	고향의 봄	그리운 고향에 가고 싶다	그리운 고향에 가고 싶은 우리들	파랑새
자아존중감	칠판 앞에 나가기 싫어	용기 낼 기회는 꼭 온다!	발표하기를 두려워하는 소심한 아이들	비룡소
	난 무서운 늑대라구!	책 읽는 즐거움 알기	책읽기를 싫어하는 아이들	고슴도치
	짖어봐 조지야	아이들의 행동에는 다~ 이유가 있다	말 안 듣는 아이 때문에 고민인 부모님, 선생님	보림
	짧은 귀 토끼	나는 너무 못났어!	자기 외모에 만족하지 못하는 아이들	고래이야기
	틀려도 괜찮아	진짜 틀려도 괜찮아!!	틀리는 것을 무서워하는 아이들	토토북
	루비의 소원	우리는 혼자가 아니야	힘이 되어주는 든든한 멘토를 찾는 사람	비룡소
	소피의 달빛 담요	베푸는 삶	마음 표현이 서툰 아이들	파란자전거
	느끼는대로	느끼는 대로 표현하는 게 가장 아름답다	그림 그리기를 싫어하는 아이들	문학동네어린이
	점	우연한 발견(칭찬)이 나를 변화시킨다	그림에 소질이 없다고 생각하는 아이들	문학동네
	혼나지 않게 해 주세요	칭찬받고 싶어요!	만날 혼만 나는 아이들, 만날 혼내는 부모님·선생님	베틀북
	프레드릭	꿈꿀 수 있는 인생	꿈 꾸기를 희망하는 모든 아이들	시공주니어
	난 내가 좋아!	자신을 사랑한다는 것의 아름다움 깨닫기	자아존중감을 키우고 싶은 친구들	보물창고
	빨간 매미	용서받지 못할 과거는 없다!	물건을 훔쳐본 적이 있는 아이들	책 읽는 곰

영역	도서명	주제	대상	출판사
자아 존중감	고릴라 왕과 대포	속마음을 알아내는 기막힌 방법	왜 그런 행동을 하는지 속마음을 알고 싶어하는 사람	한림출판사
	줄무늬가 생겼어요	난 나야! 내가 좋아하는 걸 해야 해~!!	친구들 눈에 비치는 내가 걱정인 친구들	비룡소
	다이빙을 사랑한 한국인 소년 새미 리	마음을 다해 노력하면 무엇이든 이룰 수 있어~!!	꿈이 필요한 친구들	길벗어린이
	고마워요, 선생님	누군가 손을 내밀려 할 때 그걸 알아채는 게 중요하다	손 내밀고 싶은 모든 사람들	주니어 김영사
	괜찮아	단점도 장점이 된다!	단점의 장점을 알고 싶은 친구들	웅진주니어
상상	에르베 튈레의 색색깔깔 : 책놀이	마법 같은 장난감, 책!	책은 단지 책일 뿐이라고 생각하는 모든 사람들	LÜKbooks
	낱말 공장 나라	내 인생에 소중한 것은?	작은 것은 소중하지 않다고 하는 아이들	세용출판
	오늘의 일기	상상 – 그 이상의 상상!!	여름방학이 끝나고 개학을 맞은 아이들	풀빛
	도대체 그 동안 무슨 일이 일어났을까?	상상의 즐거움 맛보기	상상력이 부족한 아이들	재미마주
	노래하는 볼돼지	어떤 일이 있어도 좌절은 안 돼!!	꿈을 갖고 싶은 아이들	길벗어린이
	구름 공항	상상은 이루어질 수 있다	상상은 상상일 뿐이라고 말하는 아이들	베틀북
	어떤 목욕탕이 좋아?	목욕탕 하나로 우주까지 날 수 있다!	공상의 매력에 빠지고 싶은 친구들	노란우산
	이게 다일까?	신비롭고도 아찔한 시각 여행!	공간에 대한 새로운 시선이 궁금한 친구들	문학동네
	누구 자전거일까?	관찰력과 추리력으로 즐거운 상상하기	두근두근 즐거운 책읽기가 필요한 친구들	크레용 하우스
	괴물들이 사는 나라	상상의 즐거움, 사랑의 고마움	부모님께 혼이 나 본 친구들	시공주니어

영역	도서명	주제	대상	출판사
상상	이상한 화요일	상상의 즐거움, 기대의 설레임	마법 같은 일이 일어나길 기대하는 친구들	비룡소
	낱말 수집가 맥스	취미 생활로 인생의 활력을 주자!!	무언가를 수집하고 싶은 사람들	보물창고
	해리스 버딕의 미스터리	한 조각의 실마리에 우주가 담겨 있다!	글을 잘 쓰고 싶은 어린이, 청소년, 어른들	문학과 지성사
	파란 의자	다양하게 놀 줄 안다면 상상력이 높은 거야	망설임 없이 놀고 싶은 친구들	비룡소
	이상한 나라의 앨리스	이야기를 즐겨! 책의 아름다움을 느껴!	팝업북의 황홀함을 느끼고 싶은 친구들	넥스트 주니어
	움직이는 ㄱㄴㄷ	한글의 자음으로 상상력을 키워봐~!!	암호 같은 수수께끼를 풀기 원하는 친구들	길벗어린이
	세상에서 가장 아름다운 달걀	진정한 아름다움	천진난만한 감성과 풍부한 상상력을 가진 친구들	시공주니어
또 다른 세상	투발루에게 수영을 가르칠 걸 그랬어!	환경오염이 심각해요	환경에 관심이 필요한 아이들, 부모님	미래아이
	달 샤베트	우리 이웃과 환경에 대해 생각하기	나눔, 환경에 대한 인식이 필요한 아이들	스토리보울
	마법의 여름	시골에서 여름 나기	시골에서의 추억이 없는 아이들	아이세움
	나의 를리외르 아저씨	책을 아끼는 사람들	책을 함부로 다루는 아이들	청어람 미디어
	The Blue Day Book	누구에게나 우울한 날은 온다	부쩍 우울한 아이들, 어른들	바다출판사
	누가 내 머리에 똥 쌌어?	똥의 종류를 알아보자~!!	똥으로 즐거움을 느끼는 아이들	웅진주니어
	열두 띠 동물 이야기	열두 띠에 얽힌 전설	가족의 띠가 궁금한 아이들	예림당
	설빔, 여자아이 고운 옷 설빔, 남자아이 멋진 옷	아름다운 우리 옷	한복 입는 것을 싫어하는 아이들	사계절

영역	도서명	주제	대상	출판사
또 다른 세상	내가 라면을 먹을 때	눈을 돌려 세상을 바라봐요!	세상 일에 관심이 적은 아이들	고래이야기
	그래, 책이야!	무엇에 쓰는 물건인고?	책보다 컴퓨터 게임을 좋아하는 아이들	문학동네
	호랑이 뱃속 잔치	엉뚱한 발상이 위기를 기회로 만든다	옛이야기의 위트와 유머를 즐기고 싶은 모든 사람	사계절
	똥벼락	선은 권하고, 악은 벌한다	성실한 삶의 행복에 대해 확인하고 싶은 사람	사계절
	숲을 그냥 내버려 둬!	실천적 환경 보호를 하자	말로만 환경 보호를 외치고 싶지 않은 사람	크레용하우스
	샌지와 빵집 주인	옛이야기가 들려주는 인생의 지혜로움	이야기가 주는 현명함을 열린 마음으로 받으려는 사람	비룡소
	쌍둥이 빌딩 사이를 걸어간 남자	마음먹은 일을 해내는 용기를 현실에서 배우다	아름답지만 사실이 아니라는 진실에 실망하는 아이들	보물창고
	어리석은 농부와 귀신들의 합창	자유로운 해석을 해봐!	이야기가 주는 재미를 느끼고 싶은 친구들	솔
	마지막 거인	더불어 살아가지 못하는 인간의 이기심을 비판하라	스스로 자기 집을 부수고 있는 인간들	디자인하우스
	줄줄이 꿴 호랑이	숨겨진 재능은 때가 되면 나온다	재능이 발휘되는 재미있는 이야기를 기다리는 친구들	사계절
	도착	힘든 시기를 극복할 수 있는 건, 가족의 사랑뿐!	멀리 떨어져 있는 가족들	사계절

에필로그

그림책은 철학책이다

지난 일 년 동안 이 책의 초고를 썼다.
그리고 반년 동안 퇴고를 했다.
혼자서 카페에 들어가 글을 쓴다는 것은 외로운 일이다.
그렇게 일 년 반을 보냈다.
우울함과 외로움, 심각한 두통이 자주 찾아왔다.
그럴 때마다 약을 먹듯이, 내게 위로를 주는 책을 펼쳤다.

『인생을 글로 치유하는 법』으로 글쓰기의 힘을 얻었고
『지식ⓔ 6』으로 도전할 만한 낯선 자극을 받았고
『미생』으로 새로운 세계의 열정을 배웠고
『여덟 단어』로 인문학의 매력에 빠졌고
『열하일기』로 기록한다는 것의 의미를 깨달았다.

그리고 내내 나의 곁을 떠나지 않았던 그림책들.

매일 한 권의 그림책을 읽으며 감동하고, 흔들리며, 나를 치유했다.

그림책을 통한 마음의 치유.

그림책은 철학책보다 철학적이다.

철학의 본질은 내적 치유인 것이다.

리디아를 보며 희망을 키웠고, 피터 래빗을 보며 어릴 적 추억을 떠올렸고, 윌리를 보며 나의 재능을 알아냈고, 고릴라 왕을 보며 타인의 속마음을 이해했고, 맥스를 보며 상상력의 치유를 배웠다.

앨리스와 함께 멋진 여행을 했으며, 새미 리를 통해 인생의 목표를 정했고, 샌지를 통해 정의와 진정한 친구의 의미를 깨달았다.

어느 개를 통해 부조리함에 분노했고, 고마운 선생님을 통해 교사의 역할을 돌아봤고, 마지막 거인을 통해 자연을 사랑하려는 마음을 키웠다.

이 모든 그림책 속 친구들이 힘겨운 일상에서 나를 들어올려 주었다.

그리고 이제 여러분이 만날 차례다.

매일 감동하고 기록하는 선생님, 김용찬 씀.

이 책을 쓰면서 많은 영감과 도움을 준 분들이 있다.

내 그림책 공부의 스승인 정엽이와 지윤이, 가깝고도 먼 곳에서 한결같이 응원해 준 가족과 친척들, 그림책 공부를 같이 한 '그림책 식구들', 초고를 보고 조언해 준 서태규 선생님과 'PART 5' 표지에 깜짝 출연을 해주신 김숙영 선생님께 감사를 드린다.

그리고 의미있는 활동을 할 수 있게 도와주신 인천화도진도서관의 황숙경 사서 선생님과 북뱅크의 김숙 작가님, 서울어린이도서관의 김계숙 사서 선생님께도 감사를 드린다.

또한 연구년을 예술적으로 풍성하게 해주신 1분임 선생님들과 세밀한 편집력을 보여 주신 학지사의 백소현 과장님, 예쁜 일러스트를 그려주신 모든 분들께 감사를 전한다.

올해는 더 많은 사람들과 수다스러운 그림책 이야기를 나누는 해가 될 듯하다. 그래서, 행복하다.

책을 읽고 흔들림을 적다

'리디아의 정원'을 보면서 눈물이 나왔다, 그 아이를 생각하면. 하지만 절대로 눈물을 흘릴 수는 없었다. 그건 그 아이의 해맑은 미소와 행동에 대한 나만의 예의이기 때문이다.

미국의 대공황이 찾아왔을 때 리디아네 가족도 예외 없이 힘든 생활을 하고 있었다. 그래서 어쩔 수 없는 선택으로 리디아를 외삼촌네로 보내게 되었다. 슬픈 상황이었지만 리디아는 단 한 번도 슬픈 내색을 하지 않았다. 너무나 밝게 외삼촌에 대한 상상과 거기에서 정원을 만들 생각, 만나는 모두에게 친절한 행동으로 일관했다. 분명히 시대적 상황만 대공황이 아니었다면 전원의 모습을 생각하며 유쾌하게 볼만한 책이었을 것이다. 리디아는 그랬다. 주위의 모든 사람들에게 꽃이라는 희망으로 밝은 햇살을 뿌려준 것이다.

처음 이 책을 만난 것은 정작 그림책이 아니라 그림책을 소개하는 책에서였다. 최윤정님이 쓴 '그림책'이란 책에서다. 몇 십 페이지에 걸쳐서 '리디아의 정원'을 소개하는 글을 먼저 읽고 정말로 궁금했다. 도대체 어떤 아이길래 이렇게 순수하고 철이 들었을까 하는 생각으로 머리가 꽉 찼다. 그리고 만나본 아이, 리디아. 그 소녀는 언제나 희망적이고 낙천적이며 꽃을 키우는 것을 자기의 소명으로 알고 실천한 진정한 '원예사'인 것이다. 더불어 내가 느낀 그 소녀에 대한 감동은 이러했다.

첫째, 가족의 불행을 절대 겉으로 드러내지 않는 깊은 속을 가진 아이이다.

둘째, 주위의 사람들에게 기쁨과 희망을 주는 일을 진정으로 즐거워하는 아이이다.

셋째, 말하지 않아도 행동으로 모든 사람들에게 감동을 주는 아이이다.

'마음의 흔들림'이 있어야 사람은 감동할 수 있다. 그렇다면, 우리 주변에서 하얀 백지같은 아이들을 가르치는 교사에게 있어서 가장 큰 소명이라면 바로 리디아와 같은 아이들을 소개하고 우리반 아이들에게 '마음의 흔들림'을 불어넣어 주는 것이 아닐까 생각된다.

그리고 리디아가 진정한 '원예사'인 것처럼 나도 진정한 '교사'가 되기를 희망해본다.

이 책이 당신의 마음을 흔들었다면,

그것으로 사명을 다한 것입니다.

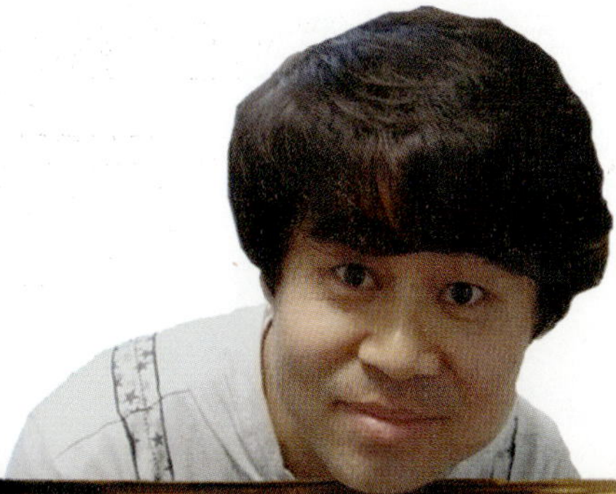

저자 소개

김용찬 선생님 (Kim Yongchan)

● 93년 교육계 데뷔, 첫 마음의 순수함을 이십여 년 동안 간직한 채 여전히 아이들과 뛰어놀고 있는 씩씩한 선생님. 항아리반 첫해부터 지금까지 아이들과의 추억을 학급문집에 담아내는 열정적인 선생님. 꿈이 담긴 항아리라는 학급신문을 53권째 만드는 끈기 있는 선생님. 1,749명의 제자들에게 부끄럽지 않은 삶을 생활에서 보여 주려는 선생님. 앞으로 이룰 '꿈 너머 꿈'을 서른 가지 이상 키우며 아이들에게도 많은 꿈을 키우라고 이야기하는 선생님. 화가, 여행가, 동기부여가, 영화배우 겸 감독, 그림책 작가, 시인, 소설가, 만화가, 요리사, 가수, 사진작가, 북카페 사장님, 독서치료사, 줄넘기지도사, 풍선아트지도사, 건강관리사 등의 활동을 계획하는 선생님. 일 년에 100회 이상의 강의를 준비하는 선생님. 대학에서 교대생들을 가르치려는 선생님. 뉴욕과 런던에서 강의하면 재밌을 것 같다고 생각하는 선생님. 이 모든 꿈이 이뤄질 것이라고 단단히 믿는 선생님.

● 앞으로 낼 98권의 책 중 현재 집필 중인 목록은, 지혜 (세상의 모든 지혜), 작은 보물섬 (깨달음이 있는 책), 아이디어 교실 (학급경영집), 1학년이 나가신다! (1학년 학교생활), 초등학생 도안사전 (학생이 직접 그린 그림), 그림책 읽어주는 아빠 (아들과 떠나는 그림책 탐험), 그림책 세상을 이야기하다 (그림책의 모든 것), 요즘 6학년은 무슨 생각을 할까? (6학년 심리탐구), 로마인 이야기를 통한 인간 심리연구 (인간심리학) 가 있음.

〈경 력〉

광화문 교보문고 강의. 한국출판문화산업진흥원 강의. 전국교장단 창의·인성교육 컨설턴트 양성과정 강의. 부산 사서교사직무연수 강의. 인천 교생실습학교 강사. 경기 혁신학교 강사. NTTP 연수원 강사. 교사 독서감성교육 강사. 학생 진로교육 강사. 학부모 독서치료 강사. 신규교사연수 강사. 도서관 독서캠프 강사. 교육과학기술부·한국과학창의재단 주최 '선생님 저자 되기 프로젝트' 당선.

마음으로 떠나는 그림책 여행 2

The Picture Book Journey Into The Heart

2014년 10월 17일 1판 1쇄 발행

2020년　4월 10일 1판 5쇄 발행

지은이 • 김용찬
펴낸이 • 김진환
펴낸곳 • (주) 학지사
04031 서울특별시 마포구 양화로 15길 20 마인드월드빌딩
대표전화 • 02)330-5114　　팩스 • 02)324-2345
등록번호 • 제313-2006-000265호

홈페이지 • http://www.hakjisa.co.kr
페이스북 • https://www.facebook.com/hakjisa

ISBN 978-89-997-0531-1 73800

정가 17,000원

저자와의 협약으로 인지는 생략합니다.
파본은 구입처에서 교환해 드립니다.

이 책을 무단으로 전재하거나 복제할 경우 저작권법에 따라 처벌을 받게 됩니다.

이 도서의 국립중앙도서관 출판시도서목록(CIP)은 서지정보유통지원시스템 홈페이지(http://seoji.nl.go.kr)와 국가자료공동목록시스템(http://www.nl.go.kr/kolisnet)에서 이용하실 수 있습니다.
(CIP제어번호: 2014027581)

출판 · 교육 · 미디어기업 학지사

간호보건의학출판 **학지사메디컬** www.hakjisamd.co.kr
심리검사연구소 **인싸이트** www.inpsyt.co.kr
학술논문서비스 **뉴논문** www.newnonmun.com
원격교육연수원 **카운피아** www.counpia.com